LEI DE ARBITRAGEM INTERPRETADA

LEI DE ARBITRAGEM INTERPRETADA

2023

Luis Fernando Guerrero

ALMEDINA

LEI DE ARBITRAGEM INTERPRETADA

AUTOR: LUIS FERNANDO GUERRERO

DIRETOR ALMEDINA BRASIL: Rodrigo Mentz
EDITORA-CHEFE: Manuella Santos de Castro
EDITOR PLENO: Aurélio Cesar Nogueira
PRODUTORA EDITORIAL: Erika Alonso
ASSISTENTES EDITORIAIS: Letícia Gabriella Batista e Tacila da Silva Souza
ESTAGIÁRIA DE PRODUÇÃO: Natasha Oliveira

DIAGRAMAÇÃO: Almedina
DESIGN DE CAPA: FBA

ISBN: 9788584936526
Dezembro, 2023

Dados Internacionais de Catalogação na Publicação (CIP)
(Câmara Brasileira do Livro, SP, Brasil)

Guerrero, Luis Fernando
Lei de arbitragem interpretada / Luis Fernando
Guerrero. -- São Paulo : Almedina, 2023.

ISBN 978-85-8493-652-6

1. Arbitragem - Leis e legislação 2. Conflitos -
Resolução (Direito) 3. Direito processual civil -
Brasil I. Título.

23-175650 CDU-347.918 (81)

Índices para catálogo sistemático:

1. Brasil : Arbitragem : Direito processual civil
347.918 (81)

Eliane de Freitas Leite - Bibliotecária - CRB 8/8415

Este livro segue as regras do novo Acordo Ortográfico da Língua Portuguesa (1990).

EDITORA: Almedina Brasil
Rua José Maria Lisboa, 860, Conj.131 e 132, Jardim Paulista | 01423-001 São Paulo | Brasil
www.almedina.com.br

Para a Fernanda por ser o incentivo e o equilíbrio que só o amor pode trazer: "Clavo mi remo en el agua – Llevo tu remo en el mío – Creo que he visto una luz – Al otro lado del río"

(Jorge Drexler)

Para os meus "dois moleques", Rafael e Caetano, por me fazerem brincar e fantasiar de novo.

Ao grande Alan Torquato pela ajuda com os acórdãos.

Às queridas Olga Maria Fontana e Betoca (Elisabet Facchini) por me ajudarem com os conflitos internos, que não são poucos.

E para os lendários José Orlando A. de Arrochela Lobo e Valdo Cestari de Rizzo, sim, o Lobo e o De Rizzo, representando minhas sócias e sócios, por tudo que pude aprender com eles.

AGRADECIMENTOS

O estudo da arbitragem tem grande origem no direito internacional e na experiência dos estrangeiros com o instituto.

Não por acaso, os tribunais superiores brasileiros tiveram e tem um papel de liderança nesta disciplina. Tudo, exatamente, porque até 2005 o STF era o guardião da ordem pública e da internalização das sentenças estrangeiras, função que passou a ser do STJ com a Emenda Constitucional n. 45/2005.

Este trabalho de harmonização dos direitos representa uma contribuição inestimável do Brasil no âmbito internacional e foi importantíssimo para dar estabilidade ao instituto da arbitragem e à opção que os jurisdicionados fazem por ele.

Por isso uma compilação e uma análise à luz destes Tribunais.

Não se trata, como se vê, de um sistema etéreo, mas sim que tem forte ligação com a prática.

E prática depende de acesso à informação. Daí o fundamental é profícuo trabalho do direitocom.com detendo legislação de qualidade comentada, como é o caso da Lei de Arbitragem.

Por tudo isso, vale um agradecimento especial às cortes superiores pela generosidade do acesso às informações dos julgamentos, aos amigos e amigas do escritório Lobo de Rizzo Advogados e das instituições na qual leciono, com destaque para o IBMEC que participa ativamente da edição desta obra, pelas discussões profícuas e diárias que compõem este livro.

APRESENTAÇÃO

O livro Comentários à Lei de Arbitragem tem como autor o renomado advogado e professor Luis Fernando Guerrero, processualista e arbitralista de formação acadêmica sólida e prática profissional irrepreensível.

A obra de Guerrero tem como objetivo oferecer uma interpretação atualizada de todos os dispositivos da Lei de Arbitragem, com menção à jurisprudência do Supremo Tribunal Federal e do Superior Tribunal de Justiça, de fácil referência para profissionais e estudantes. Guerrero conseguiu traduzir nesses Comentários à Lei de Arbitragem sua toda sua experiência profissional e acadêmica em arbitragem. Com evidente êxito, a jurisprudência selecionada dos Tribunais Superiores, aliada aos comentários objetivos e extremamente práticos, dão o tom da contemporaneidade da obra. A consequência disso foi não só o oferecimento de um livro que vem para reforçar a utilização do instituto no Brasil, mas também para servir de instrumento imprescindível para quem lida com arbitragens no dia-a-dia.

A estrutura da redação da obra contribui para sua utilização na prática porque é composta pelo texto de lei, seguido de comentário do autor e transcrição dos principais julgados dos Tribunais Superiores a respeito daquele dispositivo comentado. E isso torna a obra ainda mais valiosa para aqueles que desejam compreender melhor a jurisprudência arbitral brasileira. A obra traz, portanto, artigo por artigo, extenso repertório de informações relativas à aplicação do instituto da arbtiragem no Brasil. Guerrero faz isso com rigor metodológico e profundidade teórica, sem descuidar de sua aplicabiliadade prática, objetivo final de todo operador do direito. O resultado desse trabalho é uma obra de referência e de utilidade ímpar para a comunidade jurídica em geral, inclusive dos estudantes, que desejam se especializar em arbitragem e precisam ter contato com a prática ainda não adqurida.

A obra aborda pontos importantes e temas atuais, como o princípio da autonomia da cláusula compromissória e do *favor arbitratum*, destacando que qualquer discussão acerca da nulidade ou da anulabilidade do instrumento não tornará a cláusula compromissória anulada ou nula.

A extrema utilidade no contexto nacional dessa obra é constatada também ao abordar direta ou indiretamente temas como a judicialização dos procedimentos arbitrais, a posição dos tribunais brasileiros a respeito da validade e eficácia das sentenças arbitrais, o baixo índice de anulações de sentenças arbitrais, a necessidade de criação ou formação de uma jurisprudência arbitral e a segurança jurídica de saber como a arbitragem é interpretada pelos tribunais brasileiros.

Portanto, ao citar julgados de referência sobre temas sensíveis, auxilia enormemente a sistematização dos temas relacionados à chamada jurisprudência arbitral. Em paralelo, a obra também reforça as tendências recentes que apontam para a criação de repositórios de jurisprudência de decisões arbitrais por Câmaras Arbitrais, o que pode ajudar a formar uma jurisprudência arbitral consistente e confiável, em uma interface desejável e extemamente útil para reforço da segurança jurídica de quem se utiliza da arbtiargem como meio de resolução de seus conflitos e para permitir uma desejada ampliação de sua utilização.

Apesar da crescente utilização da arbitragem no Brasil, ainda existem desafios a serem enfrentados, os quais são enfrentados pela obra de Guerrero com maestria. Um dos desafios é a judicialização dos procedimentos arbitrais para discutir questões relacionadas à validade da cláusula compromissória ou à anulação da sentença arbitral. Outro desafio enfrentado pela arbitragem no Brasil é a criação de uma jurisprudência arbitral. Embora a Lei de Arbitragem já tenha mais de 20 anos, ainda há poucos casos relevantes julgados pelos tribunais brasileiros sobre a interpretação da lei e a validade das sentenças arbitrais. Daí a importância da obra, ao compilar e sistematizar os julgados existentes no Superior Tribunal de Justiça.

Por essas razões que a obra Lei de Arbitragem Interpretada de Luis Fernando Guerrero é uma importante contribuição para a compreensão e melhor aplicação da Lei de Arbitragem no Brasil.

Vale!

São Paulo, agosto de 2023

João Paulo Hecker da Silva
Coordenador da Coleção Direito Ibmec São Paulo na Editora Almedina
Professor do Curso de Pós graduação em Direito do Ibemc-SP
Mestre e Doutor em Direito pela USP
Advogado em São Paulo – jphecker@vh.adv.br

PREFÁCIO

Com muita honra recebi o convite de Luis Fernando Guerreiro para prefaciar seu livro comentando a Lei de Arbitragem brasileira.

Primeiro, é importante que se fale um pouco sobre o Autor. Estudioso dedicado há décadas ao estudo da arbitragem, com uma formação de alto nível, Doutor e Mestre em Direito Processual pela Faculdade de Direito da Universidade de São Paulo, o que lhe permitiu seguir na docência jurídica. Mas além de ser um estudioso e professor do tema, o Autor é experiente advogado em arbitragens também há muitos anos. É essa relevante vivência prática, aliada à sólida formação acadêmica, que permitiram ao Autor navegar com facilidade sobre os tópicos da Lei de Arbitragem brasileira.

O Autor se propõe, com êxito, a selecionar os principais julgados dos tribunais superiores sobre a lei de arbitragem. Já contando a lei de arbitragem com 27 anos de existência, e considerando o sucesso da sua utilização no Brasil, sobretudo nos últimos 15 anos, a jurisprudência dos tribunais superiores brasileiros é vasta. E o estudo desses julgados é importante para nortear a atuação do advogado, seja na arbitragem, seja no processo civil, nas questões que a antecedem ou que, eventualmente, sucedem a arbitragem (execução ou anulatória).

O Autor comenta brevemente cada artigo da lei de arbitragem e seleciona os julgados que entende como paradigmáticos. A exemplo, vale mencionar o SEC 5.206 (Sentença Estrangeira Contestada): trata-se do primeiro pedido de reconhecimento e homologação de Sentença Arbitral, vindo da Espanha, após a edição da lei de arbitragem. Demorou cerca de 4 anos para ser julgado no Supremo Tribunal Federal que, por maioria, incidentalmente decidiu pela constitucionalidade da Lei de Arbitragem. A partir do julgamento desse julgado, em 2001, é que se pode dizer que a arbitragem tomou importante impulso.

O Autor também procura alertar para as discussões candentes sobre determinado tema, e que, por vezes, desencadearão um estudo mais direcionado e aprofundado, a depender do que o leitor busca. A esse propósito, por exemplo, quando comentada a arbitrabilidade objetiva, já no artigo 1º da lei, diz o Autor: "Há grande polêmica em relação a determinadas categoriais e a análise deve ocorrer caso a caso como em questões empresariais, trabalhistas (art. 507-A da CLT), consumerista, cíveis em geral, etc."

Com linguagem leve e acessível, o Autor explica conceitos básicos, porém extremamente importantes para o iniciante no estudo. Nessa linha, ao comentar sobre o artigo 5º da lei, explica com clareza a diferença entre a arbitragem institucional e a arbitragem *ad hoc*, ou quando explica a diferença entre a cláusula cheia e a vazia, ao comentar o artigo 6º da Lei.

Ao comentar o artigo 8º da Lei de Arbitral, uma das colunas de sustentação do instituto, traz com clareza os contornos do princípio da separabilidade (caput), e da competência-competência (parágrafo único).

Mas adiante, explica em detalhes o que é preciso contar no compromisso arbitral (uma das espécies da convenção arbitral quando o litígio já existe, ao lado da cláusula arbitral).

Passa o autor, então, a comentar os artigos 13 até xxx, que tratam da figura do árbitro, incluindo requisitos, deveres, forma de indicação, atributos, função, impedimentos e os contornos de um dos temas mais debatidos: a extensão do dever de revelação.

Após tratar dos artigos dedicados ao árbitro, o Autor aborda os artigos dedicados ao procedimento arbitral. Novamente, sua experiência prática é evidente quando explica a instituição da arbitral, a importância do Termo de Arbitragem (que passou a ser largamente utilizado no Brasil), o momento de impugnação do árbitro, a ampla liberdade das partes para disporem sobre o procedimento arbitral, e, na sua falta, a ampla liberdade dos árbitros, desde que respeitados o contraditório e a igualdade das partes.

O Autor também trata do papel dos advogados na arbitragem, bem como o do árbitro na busca de provas, *ex oficio*, e na determinação de medidas coercitivas após a constituição do Tribunal Arbitral (na medida em que, antes, podem as Partes socorrerem-se do judiciário).

Enfim, desce a algumas minúcias quando aborda os depoimentos, e a própria ausência injustificada do comparecimento da testemunha. Ainda traz o importante tema dos efeitos da revelia na arbitragem, que diferem em muito do processo judicial.

Terminado o capítulo do procedimento, o Autor habilmente se embrenhará no capítulo das tutelas cautelares e de urgência decididas pelo Juiz Estatal, o *juge d'apui,* bem como sobre o momento da transferência da jurisdição, lembrando de recentes novidades como o árbitro de emergência.

Passa, então, a tratar dos contornos da Sentença Arbitral, prazo, voto divergente, requisitos da sentença arbitral, decisão sobre custas, o polêmico tema das "verbas sucumbenciais" no procedimento arbitral, as estritas hipóteses para a apresentação dos pedidos de esclarecimento à sentença arbitral e, finalmente, o encerramento da jurisdição. Tratará o Autor, então, do importantíssimo artigo 32 da Lei de Arbitragem, que contém as específicas hipóteses de anulação da sentença arbitral, e os efeitos daí decorrentes para um "novo" laudo. Para além da anulação, a sentença arbitral, se não cumprida voluntariamente, será objeto de ação de cumprimento seguindo o rito do Código de Processo Civil.

Terminada esta etapa, o Autor não deixa de tratar do fenômeno bastante comum das sentenças arbitrais estrangerias, aquelas cuja sede é fora do território brasileiro. Esmiuça o regramento da Lei, que dá prevalência aos tratados internacionais sobre o tema. Na falta de tratado, o Autor explica as hipóteses legais de não reconhecimento da sentença estrangeira, *numerus clausus* (em linha com a Lei Modelo Uncitral e a Convenção de Nova Iorque, e muito semelhantes às hipóteses de anulação previstas no artigo 32 da lei). Traz o Autor, em suporte, uma ampla gama de relevantes julgados.

Finalmente, trata das regras internas que tratam do processo de homologação e das disposições finais.

Trata-se, pois, de uma obra que certamente enriquecerá as bibliotecas daqueles que se debruçam ao tema da arbitragem. Didática, clara e apontando para as principais posições jurisprudenciais. Vale a leitura.

Adriana Braghetta

SUMÁRIO

LISTA DE ABREVIATURAS

Ap.	Apelação
art.	artigo
CCBC	Câmara de Comércio Brasil Canadá
CC	Código Civil Brasileiro, Lei nº 10.406, de 10 de janeiro de 2002
CCI	Câmara de Comércio Internacional
CDC	Código de Defesa do Consumidor, Lei nº 8.078, de 11 de setembro de 1990
CLT	Consolidação das Leis do Trabalho, Decreto-lei nº 5.452, de 1º de maio de 1943
Convenção de Viena ou CISG	*United Nations Convention on Contracts for the International Sale of Good,* Convenção da ONU sobre Contratos de Compra e Venda Internacional de Mercadorias, Decreto nº 8.327, de 16 de outubro de 2014.
CP	Código Penal Brasileiro, Decreto-lei nº 2.488, de 7 de dezembro de 1940
CPC/1973	Código de Processo Civil Brasileiro, Lei nº 5.869, de 11 de janeiro de 1973
CPC	Código de Processo Civil Brasileiro, Lei nº 13.105, de 16 de março de 2015
CPP	Código de Processo Penal Brasileiro, Decreto-lei nº 3.689, de 7 de dezembro de 1940
Des.	Desembargador
Ed.	Edição
FAA	Federal Arbitration Act (EUA)

FDIC	*Federal Deposit Insurance Corporation*
IACCM	*International Association for Contract & Commercial Management*
Inc.	Inciso ou Incisos
Lei da Ação Civil Pública	Lei nº 7.437, de 24 de julho de 1985
Lei de Arbitragem	Lei nº 9.307, de 23 de setembro de 1996
Lei de Introdução às Normas do Direito Brasileiro	Decreto-lei nº 4.657, de 4 de setembro de 1942
Lei dos Juizados Especiais Cíveis	Lei nº 9.099, de 26 de setembro de 1995
Lei Uniforme da UNCITRAL	Lei Modelo da UNCITRAL sobre Arbitragem Comercial Internacional, de 21 de junho de 1985
MASC	Método Adequado de Solução de Controvérsias
Min.	Ministro
OMC	Organização Mundial do Comércio
ONU	Organização das Nações Unidas
Op. cit.	Obra já citada
p.	Página
PLS	Projeto de Lei do Senado
REsp	Recurso Especial
RExt	Recurso Extraordinário
RISTF	Regimento Interno do Supremo Tribunal Federal
SEC	Pedido de Homologação de Sentença Estrangeira
STF	Supremo Tribunal Federal
STJ	Superior Tribunal de Justiça
TAC	Tribunal de Alçada Civil
TJBA	Tribunal de Justiça do Estado da Bahia
TJSP	Tribunal de Justiça do Estado de São Paulo
T.	Turma
UNCITRAL	*United Nations Commission on International Trade and Labour*
v.	Volume

CAPÍTULO 1
DISPOSIÇÕES GERAIS

Art. 1. As pessoas capazes de contratar (1) poderão valer-se da arbitragem para dirimir litígios relativos a direitos patrimoniais disponíveis (2).

1. Capacidade de Contratar. Estabelece aqui que se chama de arbitrabilidade subjetiva, isto é, quem são as pessoas físicas ou jurídicas que podem ser titulares de direitos e contrair obrigações. Somente essas pessoas poderão tomar parte de arbitragens. Assim, pessoas físicas maiores e capazes e pessoas jurídicas devidamente representadas estão incluídas nesse conceito.

2. Direito Patrimoniais Disponíveis. Nesse caso discute-se aquilo que se convencionou chamar de arbitrabilidade objetiva, isto é, quais são matérias que podem ser objeto de arbitragens como métodos de solução de conflitos. Os objetos devem ser lícitos, possíveis, física e juridicamente, e obedecer a formas descritas ou não prescritas em lei. A Lei de Arbitragem indica que as questões devem ser passíveis de constar do patrimônio daqueles capazes de contratar e, além disso, devem ser disponíveis. Há grande polêmica em relação a determinadas categoriais e a análise deve ocorrer caso a caso como em questões empresariais, trabalhistas (art. 507-A da CLT), consumerista, cíveis em geral, etc.

§ 1º A administração pública direta e indireta poderá utilizar-se da arbitragem para dirimir conflitos relativos a direitos patrimoniais disponíveis. (Incluído pela Lei nº 13.129, de 2015) (Vigência)

A Administração Pública na Arbitragem. Trata-se de uma especificação da lei que já vinha sendo adotada ba prática. Embora a arbitragem já fosse reconhecida no âmbito da administração pública direta e indireta, considerou-se útil a inclusão na lei.

§ 2º A autoridade ou o órgão competente da administração pública direta para a celebração de convenção de arbitragem é a mesma para a realização de acordos ou transações. (Incluído pela Lei nº 13.129, de 2015) (Vigência)

Capacidade de Contratar. A indicação faz referência à capacidade de contratar, isto é, à Arbitrabilidade subjetiva. É uma mera especificação do *caput* deste artigo.

§ 3º A arbitragem que envolva a administração pública será sempre de direito (1) e respeitará o princípio da publicidade. (2) (Incluído pela Lei nº 13.129, de 2015) (Vigência)

1. Restrição. Trata-se de uma restrição imposta pelas alterações legislativas de 2015. A Arbitragem será sempre de direito, ou seja, é vedado o julgamento por equidade. Nesses casos, as regras de direito, não se diz se brasileira ou estrangeira, poderiam ser aplicadas, bem como regulamentos específicos em setores específicos.

2. Publicidade e Sigilo. Aparentemente há uma contradição com o sigilo típico , não essencial das arbitragens. Contudo, essa regra já vem sendo aplicadas às arbitragens societárias envolvendo, por exemplo, empresas listadas no Novo Mercado da BOVESPA. Divulgam-se algumas informações relativas ao procedimento, sua existência, especialmente, mas não necessariamente todos os detalhes que cercam.

STF – SE 5206 AgR / EP – ESPANHA, SEC 5828 / NO – NORUEGA
08/05/1997
COORD. DE ANÁLISE DE JURISPRUDÊNCIA
D.J. 30.04.2004
EMENTÁRIO Nº 2149-6
TRIBUNAL PLENO
AG.REG. NA SENTENÇA ESTRANGEIRA 5.206-7 REINO DA ESPANHA
RELATOR: MINISTRO PRESIDENTE
AGRAVANTE: M B V COMMERCIAL AND EXPORT MANAGEMENT ESTABLISMENT

ADVOGADO: EVANDRO CATUNDA DE CLODOALDO PINTO E OUTROS

AGRAVADO: RESIL INDUSTRIA E COMERCIO LTDA

ADVOGADO: MARCIA SERRA NEGRA E OUTROS

ADVOGADO: ANDRÉ CARMELINGO ALVES

EMENTA: 1. Sentença estrangeira: laudo arbitral que dirimiu conflito entre duas sociedades comerciais sobre direitos inquestionavelmente disponíveis – a existência e o montante de créditos a titulo de comissão por representação comercial de empresa brasileira no exterior: compromisso firmado pela requerida que, neste processo, presta anuência ao pedido de homologação: ausência de chancela, na origem, de autoridade judiciária ou órgão público equivalente: homologação negada pelo Presidente do STF, nos termos da jurisprudência da Corte, então dominante: agravo regimental a que se dá provimento, por unanimidade, tendo em vista a edição posterior da L. 9.307, de 23.9.96, que dispõe sobre a arbitragem, para que, homologado c laudo, valha no Brasil como título executivo judicial.

2. Laudo arbitral: homologação: Lei da Arbitragem: controle incidental de constitucionalidade e o papel do STF.

A constitucionalidade da primeira das inovações da Lei da Arbitragem – a possibilidade de execução específica de compromisso arbitral – não constitui, na espécie, questão prejudicial da homologação do laudo estrangeiro; a essa interessa apenas, como premissa, a extinção, no direito interno, da homologação judicial do laudo (arts. 18' e 31), e sua consequente dispensa, na origem, como requisito de reconhecimento, no Brasil, de sentença arbitral estrangeira (art. 35).

A completa assimilação, no direito interno, da decisão arbitral à decisão judicial, pela nova Lei de Arbitragem, já bastaria, a rigor, para autorizar a homologação, no Brasil, do laudo arbitral estrangeiro, independentemente de sua prévia homologação pela Justiça do país de origem.

Ainda que não seja essencial à solução do caso concreto, não pode o Tribunal – dado o seu papel de "guarda da Constituição" – se furtar a enfrentar o problema de constitucionalidade suscitado incidentemente (v.g. MS 20.505, Néri).

3. Lei de Arbitragem (L. 9.307/96): constitucionalidade, em *teser* do juízo arbitral; discussão incidental da constitucionalidade de vários dos tópicos da nova lei, especialmente acerca da compatibilidade, ou não,

entre a execução judicial específica para a solução de futuros conflitos da cláusula compromissória e a garantia constitucional da universalidade da jurisdição do Poder Judiciário (CF, art. 5º, XXXV).

Constitucionalidade declarada pelo plenário, considerando o Tribunal, por maioria de votos, que a manifestação de vontade da parte na cláusula compromissória, quando da celebração do contrato, e a permissão legal dada ao juiz para que substitua a vontade da parte recalcitrante em firmar o compromisso não ofendem o artigo 5º, XXXV, da CF.

Votos vencidos, em parte – incluído o do relator – que entendiam inconstitucionais a cláusula compromissória – dada a indeterminação de seu objeto – e a possibilidade de a outra parte, havendo resistência quanto à instituição da arbitragem, recorrer ao Poder Judiciário para compelir a parte recalcitrante a firmar o compromisso, e, consequentemente, declaravam a inconstitucionalidade de dispositivos da Lei 9.307/96 (art. 6º, parág. único; 7º e seus parágrafos e, no art. 41, das novas redações atribuídas ao art. 267, VII e art. 301, inciso IX do C. Pr. Civil; e art. 42), por violação da garantia da universalidade da jurisdição do Poder Judiciário.

Constitucionalidade – aí por decisão unânime, dos dispositivos da Lei de Arbitragem que prescrevem a irrecorribilidade (art. 18) e os efeitos de decisão judiciária da sentença arbitral (art. 31).

ACÓRDÃO

Vistos, relatados e discutidos estes autos, acordam os Ministros do Supremo Tribunal Federal, em sessão plenária, na conformidade da ata do julgamento e das notas taquigráficas, por unanimidade de votos, em prover o agravo para homologar a sentença arbitral, e, por maioria, declarar constitucional a L. 9307, de 23.9.96, vencidos, em parte, os Senhores Ministros Sepúlveda.

Pertence, Sydney Sanches, Néri da Silveira e Moreira Alves, que declaravam a inconstitucionalidade do parágrafo único do artigo 6º; do artigo 7º e seus parágrafos; no artigo 41, das novas redações atribuídas ao artigo 267, inciso VII e ao artigo 301, inciso IX, do Código de Processo Civil; e do artigo 42, todos do referido diploma legal.

Brasília 12 de dezembro de 2001.

(...)

O SR. MINISTRO NELSON JOBIM – Com aquilo que V.Exa. se preocupa está resolvido como contrato de adesão. Esse argumento não vale.

O SENHOR MINISTRO MOREIRA ALVES – E O contrato de trabalho?

O SR. MINISTRO NELSON JOBIM – Mas contrato de trabalho é contrato patrimonial disponível? É direito patrimonial disponível?

O SENHOR MINISTRO MOREIRA ALVES – Sim.

O SR. MINISTRO NELSON JOBIM – Ministro, esta Lei não se destina a contrato de trabalho. Ela trata de relações patrimoniais decorrentes de contratos patrimoniais disponíveis: patrimônio, negócio jurídico, patrimônio, e não contrato de trabalho, salvo se V.Exa. achar que o trabalho é um patrimônio. No sentido legal da expressão não é tratado como tal.

O SENHOR MINISTRO MOREIRA ALVES – São patrimoniais. E por que não posso estabelecer arbitragem com relação aos direitos patrimoniais?

O SR. MINISTRO NELSON JOBIM – Vou continuar o meu voto para ver se termino, mas dizer claramente que entendo estarmos diante de uma hipótese absolutamente razoável, necessária e igual em todo o mundo. Não há nenhuma novidade em relação a esta regra. Aliás, há um atraso do Brasil, de muitos anos, de ter instituído um sistema de arbitragem que nunca funcionou aqui.

O SENHOR MINISTRO MOREIRA ALVES – Em geral, não existe, inclusive como cláusula pétrea, o livre acesso ao Poder Judiciário.

***

3. **Lei de Arbitragem (L. 9.307/96):** constitucionalidade, em *teser* do juízo arbitral; discussão incidental da constitucionalidade de vários dos tópicos da nova lei, especialmente acerca da compatibilidade, ou não, entre a execução judicial específica para a solução de futuros conflitos da **cláusula compromissória** e a garantia constitucional da universalidade da jurisdição do Poder Judiciário (CF, art. 5º, XXXV).

Constitucionalidade declarada pelo plenário, considerando o Tribunal, por maioria de votos, que a manifestação de vontade da parte na cláusula compromissória, quando da celebração do contrato, e a permissão legal dada ao juiz para que substitua a vontade da parte recalcitrante em firmar o compromisso não ofendem o artigo 5º, XXXV, da CF.

Votos vencidos, em parte – incluído o do relator – que entendiam inconstitucionais a cláusula compromissória – dada a indeterminação de seu objeto – e a possibilidade de a outra parte, havendo resistência quanto à instituição da arbitragem, recorrer ao Poder Judiciário para compelir a parte recalcitrante a firmar o compromisso, e, consequentemente, declaravam a inconstitucionalidade de dispositivos da Lei 9.307/96 (art. 6º, parág. único; 7º e seus parágrafos e, no art. 41, das novas redações atribuídas ao art. 267, VII e art. 301, inciso IX do C. Pr. Civil; e art. 42), por violação da garantia da universalidade da jurisdição do Poder Judiciário.

Constitucionalidade – aí por decisão unânime, dos dispositivos da Lei de Arbitragem que prescrevem a irrecorribilidade (art. 18) e os efeitos de decisão judiciária da sentença arbitral (art. 31).

COORD. DE ANÁLISE DE JURISPRUDÊNCIA
D.J. 23.02.2001
EMENTÁRIO NQ 2020
SENTENÇA ESTRANGEIRA CONTESTADA N. 5.323-7 REINO DA NORUEGA

RELATOR: MIN. ILMAR GALVÃO
REQUERENTE: ELKEM CHARTERING A/S
ADVOGADO: MARCO ANDRÉ DUNLEY GOMES
ADVOGADOS: ARTUR R. CARBONE E OUTROS
REQUERIDA: CONAN – CIA NAVEGAÇÃO DO NORTE
ADVOGADO: HENRIQUE O. MOTTA
ADVOGADOS: JACKSON PARAGUASSÚ DE LIMA E OUTROS

EMENTA: SENTENÇA ARBITRAL ESTRANGEIRA. PEDIDO HOMOLOGAÇÃO. CONTRATO DE AFRETAMENTO. REQUISITOS PREVISTOS NO REGIMENTO INTERNO DO STF E NA LEI Nº 9.307/96 (LEI DA ARBITRAGEM).

Tendo as normas de natureza processual da Lei nº 9.307/96 eficácia imediata, devem ser observados os pressupostos nela previstos para homologação de sentença arbitrai estrangeira, independentemente da data de início do respectivo processo perante o juízo arbitrai.

Pedido que cumpre os requisitos dos arts. 37 a 39 da mencionada lei, bem como os dos arts. 216 e 217 do RI/STF. Homologação deferida.

ACÓRDÃO

Vistos, relatados e discutidos estes autos, acordam os conformidade da ata do julgamento e das notas taquigráficas, por unanimidade de votos, em homologar a sentença, nos termos do voto do Senhor Ministro--Relator.

Brasília, 06 de dezembro de 2000.

3. **Lei de Arbitragem (L. 9.307/96):** constitucionalidade, em *teser* do juízo arbitral; discussão incidental da constitucionalidade de vários dos tópicos da nova lei, especialmente acerca da compatibilidade, ou não, entre a execução judicial específica para a solução de futuros conflitos da **cláusula compromissória** e a garantia constitucional da universalidade da jurisdição do Poder Judiciário (CF, art. 5º, XXXV).

Constitucionalidade declarada pelo plenário, considerando o Tribunal, por maioria de votos, que a manifestação de vontade da parte na cláusula compromissória, quando da celebração do contrato, e a permissão legal dada ao juiz para que substitua a vontade da parte recalcitrante em firmar o compromisso não ofendem o artigo 5º, XXXV, da CF.

Votos vencidos, em parte – incluído o do relator – que entendiam inconstitucionais a cláusula compromissória – dada a indeterminação de seu objeto – e a possibilidade de a outra parte, havendo resistência quanto à instituição da arbitragem, recorrer ao Poder Judiciário para compelir a parte recalcitrante a firmar o compromisso, e, consequentemente, declaravam a inconstitucionalidade de dispositivos da Lei 9.307/96 (art. 6º, parág. único; 7º e seus parágrafos e, no art. 41, das novas redações atribuídas ao art. 267, VII e art. 301, inciso IX do C. Pr. Civil; e art. 42), por violação da garantia da universalidade da jurisdição do Poder Judiciário.

Constitucionalidade – aí por decisão unânime, dos dispositivos da Lei de Arbitragem que prescrevem a irrecorribilidade (art. 18) e os efeitos de decisão judiciária da sentença arbitral (art. 31).

***

STJ – REsp 606345 / RS, REsp 791260 / RS, MS 11308 / DF e REsp 1.733370 / GO

RECURSO ESPECIAL Nº 606.345 – RS (2003/0205290-5)
RELATOR: MINISTRO JOÃO OTÁVIO DE NORONHA
RECORRENTE: AES URUGUAIANA EMPREENDIMENTOS LTDA
ADVOGADO: ARNOLDO WALD E OUTRO(S)
RECORRIDO: COMPANHIA ESTADUAL DE ENERGIA ELÉTRICA CEEE
ADVOGADO: MARCELO SILVEIRA TORCATO E OUTRO(S)
EMENTA

PROCESSO CIVIL. JUÍZO ARBITRAL. CLÁUSULA COMPROMISSÓRIA.
EXTINÇÃO DO PROCESSO. ART. 267, VII, DO CPC. SOCIEDADE DE ECONOMIA MISTA. DIREITOS DISPONÍVEIS.

1. Cláusula compromissória é o ato por meio do qual as partes contratantes formalizam seu desejo de submeter à arbitragem eventuais divergências ou litígios passíveis de ocorrer ao longo da execução da avença. Efetuado o ajuste, que só pode ocorrer em hipóteses envolvendo direitos disponíveis, ficam os contratantes vinculados à solução extrajudicial da pendência.
2. A eleição da cláusula compromissória é causa de extinção do processo sem julgamento do mérito, nos termos do art. 267, inciso VII, do Código de Processo Civil.
3. São válidos e eficazes os contratos firmados pelas sociedades de economia mista exploradoras de atividade econômica de produção ou comercialização de bens ou de prestação de serviços (CF, art. 173, § 1º) que estipulem cláusula compromissória submetendo à arbitragem eventuais litígios decorrentes do ajuste.
4. Recurso especial provido.

***

RECURSO ESPECIAL Nº 791.260 – RS (2005/0175166-1)
RELATOR: MINISTRO PAULO FURTADO (DESEMBARGADOR CONVOCADO DO TJ/BA)
RECORRENTE: AESCOM SUL LTDA
ADVOGADOS: GILBERTO DEON CORRÊA JUNIOR E OUTRO(S) GUILHERME HENRIQUE MAGALDI NETTO ARTHUR LIMA GUEDES
ADVOGADA: PATRICIA VASQUES DE LYRA PESSOA
RECORRIDO: DARIO BRANDÃO BESTETTI E OUTROS
ADVOGADO: GUILHERME PUCHALSKI TEIXEIRA E OUTRO(S)
EMENTA PROCESSUAL CIVIL.

ARBITRAGEM. OBRIGATORIEDADE DA SOLUÇÃO DO LITÍGIO PELA VIA ARBITRAL, QUANDO EXISTENTE CLÁUSULA PREVIAMENTE AJUSTADA ENTRE AS PARTES NESTE SENTIDO. INTELIGÊNCIA DOS ARTS. 1º, 3º e 7º DA LEI 9.307/96. PRECEDENTES. PROVIMENTO NESTE PONTO. ALEGADA OFENSA AO ART. 535 DO CPC. NÃO OCORRÊNCIA. RECURSO ESPECIAL PARCIALMENTE PROVIDO.

MANDADO DE SEGURANÇA Nº 11.308 – DF (2005/0212763-0)

(...)

Destarte, uma vez convencionado pelas partes cláusula arbitral, o árbitro vira juiz de fato e de direito da causa, e a decisão que então proferir não ficará sujeita a recurso ou à homologação judicial, segundo dispõe o artigo 18 da Lei 9.307/96, o que significa categorizá-lo como equivalente jurisdicional, porquanto terá os mesmos poderes do juiz togado, não sofrendo restrições na sua competência. Outrossim, vige na jurisdição privada, tal como sucede naquela pública, o princípio do Kompetenz-Kompetenz, que estabelece ser o próprio juiz quem decide a respeito de sua competência. Ante os argumentos expostos, acertada a solução adotada em sentença proferida pelo Juízo da 42ª Vara Cível da Comarca do Rio de Janeiro, a qual não merece qualquer ressalva, haja vista a inexistência de qualquer óbice de ordem material ou formal à instituição de cláusulas compromissórias em sede de contratos administrativos firmados entre sociedade de economia mista e empresas comerciais privadas. A referida decisão privilegia a segurança jurídica, pilar que sustenta o administrado, posto depositar credibilidade nas leis que regulam os contratos, na legitimidade dos atos do Poder Público e nos contratos que engendra, por isso que, uma vez exsurgindo Portaria exarada por Ministro de Estado rescindindo unilateralmente contrato administrativo dependente de compromisso arbitral, há que se anular o ato administrativo inquinado, sob pena de negar-se eficácia ao próprio contrato.

(...)

Ex positis, concedo a segurança, para confirmar o teor da liminar dantes deferida, em que se determinava a conservação do *status quo* ante, face a sentença proferida pelo Juízo da 42ª Vara Cível da Comarca do Rio de Janeiro, porquanto o presente litígio deverá ser conhecido e solucionado por juízo arbitral competente, eleito pelas partes.

***

RECURSO ESPECIAL Nº 1.733.370 – GO (2018/0002529-8)
RELATOR: MINISTRO RICARDO VILLAS BÔAS CUEVAR.
P/ACÓRDÃO: MINISTRO MOURA RIBEIRO
RECORRENTE: APARECIDO BARRIOS COSTA
ADVOGADOS: APARECIDO BARRIOS COSTA (EM CAUSA PRÓPRIA) E OUTROS - GO013881 ANTÔNIO BALIAN - GO016824 DIOGO DA SILVA LIMA - GO031313 ULISSES SILVA DA COSTA - GO038001
RECORRIDO: CONDOMINIO HOUSING FLAMBOYANT
ADVOGADO: IDELCIO RAMOS MAGALHÃES E OUTRO(S) - GO030283
EMENTA CIVIL E PROCESSUAL CIVIL. RECURSO ESPECIAL. RECURSO MANEJADO SOB A ÉGIDE DO NCPC. CONDOMÍNIO. CONVENÇÃO CONDOMINIAL DEVIDAMENTE REGISTRADA. NATUREZA JURÍDICA INSTITUCIONAL NORMATIVA. CLÁUSULA COMPROMISSÓRIA ARBITRAL. NOVO CONDÔMINO. SUBORDINAÇÃO À CONVENÇÃO. INCOMPETÊNCIA DO JUÍZO

ESTATAL. DOUTRINA. PRECEDENTES. RECURSO ESPECIAL NÃO PROVIDO.

1. O recurso ora em análise foi interposto na vigência do NCPC, razão pela qual devem ser exigidos os requisitos de admissibilidade recursal na forma nele prevista, nos termos do Enunciado Administrativo nº 3, aprovado pelo Plenário do STJ na sessão de 9/3/2016: Aos recursos interpostos com fundamento no CPC/2015 (relativos a decisões publicadas a partir de 18 de março de 2016) serão exigidos os requisitos de admissibilidade recursal na forma do novo CPC.

2. A matéria discutida no âmbito da Convenção de condomínio é eminentemente institucional normativa, não tendo natureza jurídica contratual, motivo pelo qual vincula eventuais adquirentes. Diz respeito aos interesses dos condôminos e, como tal, não se trata de um contrato e não está submetida às regras do contrato de adesão. Daí a desnecessidade de assinatura ou visto específico do condômino.

3. Diante da força coercitiva da Convenção Condominial com cláusula arbitral, qualquer condômino que ingressar no agrupamento condominial está obrigado a obedecer às normas ali constantes. Por consequência, os eventuais conflitos condominiais devem ser resolvidos por arbitragem.

4. Havendo cláusula compromissória entabulada entre as partes elegendo o Juízo Arbitral para dirimir qualquer litígio envolvendo o condomínio, é inviável o prosseguimento do processo sob a jurisdição estatal.

5. Recurso especial não provido.

Art. 2. A arbitragem poderá ser de direito ou de eqüidade, a critério das partes (1).

1. Arbitragem de direito ou de equidade. A lei de arbitragem permite que as partes escolham entre o julgamento realizado de acordo com leis e regras específicas de um grupo corporativo, por exemplo, mas também permite que, a critério das partes, os árbitros possam julgar por equidade, buscando aquilo que consideram justo de acordo com o caso concreto, sem a necessidade de balizas legais.

STF - ADI 3090 MC / DF - DISTRITO FEDERAL e SEC 5847 / REINO UNIDO DA GRÃ-BRETANHA E DA IRLANDA DO NORTE

Coordenadoria de Análise de Jurisprudência

DJE nº 131 Divulgação 25/10/2007 Publicação 26/10/2007 DJ 26/10/2007

Ementário nº 2295 -1

TRIBUNAL PLENO

MED. CAUT. EM AÇÃO DIRETA DE INCONSTITUCIONALIDADE 3.090-6 DISTRITO FEDERAL

RELATOR: MIN. GILMAR MENDES

REQUERENTE(S): PARTIDO DA SOCIAL DEMOCRACIA BRASILEIRA - PSDB

ADVOGADO(A/S): GUSTAVO ARTHUR COELHO LOBO DE CARVALHO E OUTRO(A/S)

REQUERIDO(A/S): PRESIDENTE DA REPÚBLICA

ADVOGADO (A/S): ADVOGADO-GERAL DA UNIÃO

EMENTA: Medida cautelar em ação direta de inconstitucionalidade. Medida Provisória nº 144, de 10 de dezembro de 2003, que dispõe sobre a comercialização de energia elétrica, altera as Leis nºs 5.655, de 1971, 8.631, de 1993, 9.074, de 1995, 9.427, de 1996, 9.478, de 1997, 9.648, de 1998, 9.991, de 2000, 10.438, de 2002, e dá outras providências.

2. Medida Provisória convertida na Lei nº 10.848, de 2004. Questão de ordem quanto à possibilidade de se analisar o alegado vicio formal da medida provisória após a sua conversão em lei. A lei de conversão não convalida os vícios formais porventura existentes na medida provisória, que poderão ser objeto de análise do Tribunal, no âmbito do controle de constitucionalidade. Questão de ordem rejeitada, por maioria de votos.

Vencida a tese de que a promulgação da lei de conversão prejudica a análise dos eventuais vícios formais da medida provisória.

3. Prosseguimento do julgamento quanto à análise das alegações de vícios formais presentes na Medida Provisória nº 144/2003, por violação ao art. 246 da Constituição: "É vedada a adoção de medida provisória na regulamentação de artigo da Constituição cuja redação tenha sido alterada por meio de emenda promulgada entre Io de janeiro de 1995 até a promulgação desta emenda, inclusive". Em princípio, a medida provisória impugnada não viola o art. 246 da Constituição, tendo em vista que a Emenda Constitucional nº 6/95 não promoveu alteração substancial na disciplina constitucional do setor elétrico, mas restringiu-se, em razão da revogação do art. 171 da Constituição, a substituir a expressão "empresa brasileira de capital nacional" pela expressão "empresa constituída sob as leis brasileiras e que tenha sua sede e administração no país", incluída no § 1º do art. 176 da Constituição. Em verdade, a Medida Provisória nº 144/2003 não está destinada a dar eficácia às modificações introduzidas pela EC nº 6/95, eis que versa sobre a matéria tratada no art. 175 da Constituição, ou seja, sobre o regime de prestação de serviços públicos no setor elétrico. Vencida a tese que vislumbrava a afronta ao art. 246 da Constituição, propugnando pela interpretação conforme a Constituição para afastar a aplicação da medida provisória, assim como da lei de conversão, a qualquer atividade relacionada à exploração do potencial hidráulico para fins de produção de energia. 4. Medida cautelar indeferida, por maioria de votos.

ACÓRDÃO

Ministros do Supremo Tribunal Federal, em Sessão Plenária, sob a presidência da senhora Ministra Ellen Gracie, na conformidade da ata de julgamento e das notas taquigráficas, rejeitar a questão de ordem proposta pelo Relator e, por maioria de votos, indeferir a medida cautelar.

Brasília, 11 de outubro de 2006.

***

COORD. DE ANÁLISE DE JURISPRUDÊNCIA
D.J. 04.10.2002
13/06/2002 EMENTÁRIO Nº 2085 - 2 TRIBUNAL PLENO
SENTENÇA ESTRANGEIRA CONTESTADA N. 6.753-7 REINO UNIDO DA GRÃ-BRETANHA E DA IRLANDA DO NORTE
RELATOR: MIN. MAURÍCIO CORRÊA
REQUERENTE: PLEXUS COTTON LIMITED ("PLEXUS") ADVOGADOS: LÚCIA MARIA DE FIGUEIREDO E OUTRO REQUERIDA: SANTANA TÊXTIL S/A ("SANTANA") ADVOGADOS: PEDRO GORDILHO E OUTRAS
EMENTA: SENTENÇA ARBITRAL ESTRANGEIRA. CONVENÇÃO DE ARBITRAGEM. INEXISTÊNCIA. COMPETÊNCIA NÃO DEMONSTRADA. HOMOLOGAÇÃO. IMPOSSIBILIDADE.

1. O requerimento de homologação de sentença arbitrai estrangeira deve ser instruído com a convenção de arbitragem, sem a qual não se pode aferir a competência do juízo prolator da decisão (Lei 9.307, artigos 37, II, e 39, II; RISTE, artigo 217, I).

2. Contrato de compra e venda não assinado pela parte compradora e cujos termos não induzem a conclusão de que houve pactuação de cláusula compromissória, ausentes, ainda, quaisquer outros documentos escritos nesse sentido. Falta de prova quanto à manifesta declaração autônoma de vontade da requerida de renunciar à jurisdição estatal em favor da particular.

3. Não demonstrada a competência do juízo que proferiu a sentença estrangeira, resta inviabilizada sua homologação pelo Supremo Tribunal Federal.

Pedido indeferido.

ACÓRDÃO

Vistos, relatados e discutidos estes autos, acordam os Ministros do Supremo Tribunal Federal, em sessão plenária, na conformidade da ata do julgamento e das notas taquigráficas, por unanimidade de votos, negar a homologação à sentença estrangeira e condenar a requerente nas custas e honorários advocatícios no percentual de 5% (cinco porcento) sobre o valor da causa.

Brasília, 13 de junho de 2002.

***

STJ – SEC 3035 / FR e AgRg no MS 11308 / DF

SENTENÇA ESTRANGEIRA CONTESTADA Nº 3.035 - EX (2008/0044435-0)

RELATOR: MINISTRO FERNANDO GONÇALVES

REQUERENTE: ATECS MANNESMANN GMBH

ADVOGADO: SÔNIA MARIA GIANNINI MARQUES DOBLER E OUTRO(S)

REQUERIDO: RODRIMAR S/A TRANSPORTES EQUIPAMENTOS INDUSTRIAIS E ARMAZÉNS GERAIS

ADVOGADO: IVES GANDRA DA SILVA MARTINS E OUTRO(S)

EMENTA SENTENÇA ARBITRAL ESTRANGEIRA. LEGITIMIDADE ATIVA. INTERESSE. CONTRATO DE COMPRA E VENDA. MÉRITO DA DECISÃO ARBITRAL. ANÁLISE NO STJ. IMPOSSIBILIDADE. AUSÊNCIA DE VIOLAÇÃO À ORDEM PÚBLICA.

1. O pedido de homologação pode ser proposto por qualquer pessoa interessada nos efeitos da sentença estrangeira.

2. O mérito da sentença estrangeira não pode ser apreciado pelo Superior Tribunal de Justiça, pois o ato homologatório restringe-se à análise dos seus requisitos formais. Precedentes.

4. (sic) O pedido de homologação merece deferimento, uma vez que, a par da ausência de ofensa à ordem pública, reúne os requisitos essenciais e necessários a este desideratum, previstos na Resolução nº 9/2005 do Superior Tribunal de Justiça e dos artigos 38 e 39 da Lei 9.307/96.

4. Pedido de homologação deferido.

***

MANDADO DE SEGURANÇA Nº 11.308 - DF (2005/0212763-0)

(...)

Destarte, uma vez convencionado pelas partes cláusula arbitral, o árbitro vira juiz de fato e de direito da causa, e a decisão que então proferir não ficará sujeita a recurso ou à homologação judicial, segundo dispõe o artigo 18 da Lei 9.307/96, o que significa categorizá-lo como equivalente jurisdicional, porquanto terá os mesmos poderes do juiz togado, não sofrendo restrições na sua competência. Outrossim, vige na jurisdição privada, tal como sucede naquela pública, o princípio do Kompetenz-Kompetenz, que estabelece ser o próprio juiz quem decide a respeito de sua competência. Ante os argumentos expostos, acertada a solução adotada em sentença proferida pelo Juízo da 42ª Vara Cível da Comarca do Rio de Janeiro, a qual não merece qualquer ressalva, haja vista a inexistência de qualquer óbice de ordem material ou formal à instituição de cláusulas compromissórias em sede de contratos administrativos firmados entre sociedade de economia mista e empresas comerciais privadas. A referida decisão privilegia a segurança jurídica, pilar que sustenta o administrado, posto depositar credibilidade nas leis que regulam os contratos, na legitimidade dos atos do Poder Público e nos contratos que engendra, por isso que, uma vez exsurgindo Portaria exarada por Ministro de Estado rescindindo unilateralmente contrato administrativo dependente de compromisso arbitral, há que se anular o ato administrativo inquinado, sob pena de negar-se eficácia ao próprio contrato.

(...)

Ex positis, concedo a segurança, para confirmar o teor da liminar dantes deferida, em que se determinava a conservação do *status quo* ante, face a sentença proferida pelo Juízo da 42ª Vara Cível da Comarca do Rio de Janeiro, porquanto o presente litígio deverá ser conhecido e solucionado por juízo arbitral competente, eleito pelas partes.

§ 1º Poderão as partes escolher, livremente, as regras de direito que serão aplicadas na arbitragem, desde que não haja violação aos bons costumes e à ordem pública (1).

1. Escolha das regras de direito. Dentre as regras de direito, como mencionado, as partes poderão escolher entre lei, em sentido amplo, nacionais e estrangeiras para que sejam aplicáveis ao caso desde que não ofendam os bons costumes e a ordem pública, ou seja, sem que preceitos gerais do direito brasileiro sejam contrariados e não sejam afastados direitos fundamentais como, por exemplo, o contraditório. Nesse contexto, regras corporativas também poderiam ser utilizadas, tais como de Conselhos Profissionais, órgãos de classe, associações de produtores, etc. Vige a completa autonomia da vontade.

STJ - SEC 826 / KR e SEC 978 / GB

SENTENÇA ESTRANGEIRA CONTESTADA Nº 826 - EX (2005/ 0031322-7)

RELATOR: MINISTRO HAMILTON CARVALHIDO

REQUERENTE: SSANGYONG CORPORATION

ADVOGADO: ALEXANDRE LINS MORATO E OUTRO(S)

REQUERIDO: ELDORADO INDÚSTRIAS PLÁSTICAS LTDA

ADVOGADO: JOSÉ VALÉRIO DE SOUZA E OUTRO(S)

EMENTA SENTENÇA ARBITRAL ESTRANGEIRA. HOMOLOGAÇÃO. HABILITAÇÃO E DEPÓSITO NOS AUTOS DE CONCORDATA PREVENTIVA NA JUSTIÇA BRASILEIRA. SOBERANIA. OFENSA.

1. É de se indeferir, pena de ofensa à soberania brasileira, o pedido de homologação da sentença arbitral estrangeira se a autora se habilita em concordata previamente deferida à ré pela Justiça brasileira, tem seu crédito ali declarado, é efetuado, a seu requerimento, o depósito do valor correspondente ao contrato mercantil que deu origem à decisão arbitral e há agravo de instrumento por ela interposto impugnando a decisão que julgou suficiente o depósito, no referente ao dies a quo dos juros moratórios e à taxa de câmbio aplicável.

2. Pedido de homologação de sentença arbitral estrangeira indeferido.

***

SENTENÇA ESTRANGEIRA CONTESTADA Nº 978 - EX (2006/ 0173771-1)

RELATOR: MINISTRO HAMILTON CARVALHIDO

REQUERENTE: INDUTECH SPA

ADVOGADOS: SÉRGIO PALOMARES E OUTRO(S) JOÃO BATISTA LIRA RODRIGUES JUNIOR E OUTRO(S)

REQUERIDO: ALGOCENTRO ARMAZÉNS GERAIS LTDA

ADVOGADOS: ANGELA MARIA AMARAL DA SILVA - DEFENSORA PÚBLICA - CURADOR ESPECIAL DEFENSORIA PUBLICA DA UNIÃO - CURADOR ESPECIAL

EMENTA SENTENÇA ARBITRAL ESTRANGEIRA. HOMOLOGAÇÃO. CLÁUSULA COMPROMISSÓRIA. AUSÊNCIA DE ASSINATURA. OFENSA À ORDEM PÚBLICA. PRECEDENTES DO SUPERIOR TRIBUNAL DE JUSTIÇA E DO SUPREMO TRIBUNAL FEDERAL.

1. "A inequívoca demonstração da manifestação de vontade de a parte aderir e constituir o Juízo arbitral ofende à ordem pública, porquanto afronta princípio insculpido em nosso ordenamento jurídico, que exige aceitação expressa das partes por submeterem a solução dos conflitos surgidos nos negócios jurídicos contratuais privados arbitragem." (SEC nº 967/GB, Relator Ministro José Delgado, in DJ 20/3/2006).

2. A falta de assinatura na cláusula de eleição do juízo arbitral contida no contrato de compra e venda, no seu termo aditivo e na indicação de árbitro em nome da requerida exclui a pretensão homologatória, enquanto ofende o artigo 4º, parágrafo 2º, da Lei nº 9.307/96, o princípio da autonomia da vontade e a ordem pública brasileira.

3. Pedido de homologação de sentença arbitral estrangeira indeferido.

§ 2º Poderão, também, as partes convencionar que a arbitragem se realize com base nos princípios gerais de direito, nos usos e costumes e nas regras internacionais de comércio (1).

1. Arbitragem e sua origem internacional. Essa determinação está arraigada na origem da arbitragem como forma de solução de conflitos no âmbito do comércio internacional e tem como base o comentário do item anterior.

CAPÍTULO 2

DA CONVENÇÃO DE ARBITRAGEM E SEUS EFEITOS

Art. 3. As partes interessadas podem submeter a solução de seus litígios ao juízo arbitral mediante convenção de arbitragem (1), assim entendida a cláusula compromissória e o compromisso arbitral.

1. Convenção de Arbitragem e suas espécies. A convenção de arbitragem é o liame jurídico que vincula às partes à arbitragem como método de solução de conflitos para determinados litígios. Trata-se de um gênero composto de duas espécies, cláusula compromissória e compromisso arbitral, que guardam algumas especificidades, mas que tem o mesmo potencial teleológico, qual seja, excluir do Poder Judiciário a jurisdição para as questões contidas na convenção de arbitragem (efeito negativo da convenção de arbitragem) e atribuir essa jurisdição aos árbitros (efeito positivo da convenção de arbitragem).

STF - SEC 6753 / UK - REINO UNIDO DA GRA-BRETANHA E DA IRLANDA DO NORTE

COORD. DE ANÁLISE DE JURISPRUDÊNCIA

D.J. 04.10.2002

13/06/2002 EMENTÁRIO Nº 2085 - 2 TRIBUNAL PLENO

SENTENÇA ESTRANGEIRA CONTESTADA N. 6.753-7 REINO UNIDO DA GRÃ-BRETANHA E DA IRLANDA DO NORTE

RELATOR: MIN. MAURÍCIO CORRÊA

REQUERENTE: PLEXUS COTTON LIMITED ("PLEXUS")

ADVOGADOS: LÚCIA MARIA DE FIGUEIREDO E OUTRO
REQUERIDA: SANTANA TÊXTIL S/A ("SANTANA")
ADVOGADOS: PEDRO GORDILHO E OUTRAS
EMENTA: SENTENÇA ARBITRAL ESTRANGEIRA. CONVENÇÃO DE ARBITRAGEM. INEXISTÊNCIA. COMPETÊNCIA NÃO DEMONSTRADA. HOMOLOGAÇÃO. IMPOSSIBILIDADE.

1. O requerimento de homologação de sentença arbitrai estrangeira deve ser instruído com a convenção de arbitragem, sem a qual não se pode aferir a competência do juízo prolator da decisão (Lei 9.307, artigos 37, II, e 39, II; RISTE, artigo 217, I).

2. Contrato de compra e venda não assinado pela parte compradora e cujos termos não induzem a conclusão de que houve pactuação de cláusula compromissória, ausentes, ainda, quaisquer outros documentos escritos nesse sentido. Falta de prova quanto à manifesta declaração autônoma de vontade da requerida de renunciar à jurisdição estatal em favor da particular.

3. Não demonstrada a competência do juízo que proferiu a sentença estrangeira, resta inviabilizada sua homologação pelo Supremo Tribunal Federal.

Pedido indeferido.

ACÓRDÃO

Vistos, relatados e discutidos estes autos, acordam os Ministros do Supremo Tribunal Federal, em sessão plenária, na conformidade da ata do julgamento e das notas taquigráficas, por unanimidade de votos, negar a homologação à sentença estrangeira e condenar a requerente nas custas e honorários advocatícios no percentual de 5% (cinco porcento) sobre o valor da causa.

Brasília, 13 de junho de 2002.

***

STJ - SEC 885 / US, REsp 791260 / RS,
SENTENÇA ESTRANGEIRA CONTESTADA Nº 885 - EX (2005/0034898-7)
RELATOR: MINISTRO FRANCISCO FALCÃO
REQUERENTE: KANEMATSU USA INC

ADVOGADOS: SERGIO BERMUDES E OUTRO(S) DIEGO BARBOSA CAMPOS E OUTRO(S)

REQUERIDO: ATS – ADVANCED TELECOMMUNICATIONS SYSTEMS DO BRASIL LTDA

ADVOGADO: DÁRIO DOMINGOS DE AZEVEDO E OUTRO(S)

EMENTA

SENTENÇA ESTRANGEIRA CONTESTADA. JUÍZO ARBITRAL. AUSÊNCIA DE PROVA QUANTO A SUA ELEIÇÃO. ARTIGO 37, INCISO II, DA LEI N. 9.307/96. I – Não trazida aos autos a prova da convenção de arbitragem, não é possível homologar-se laudo arbitral. II – Observância à norma contida no inciso II do artigo 37 da Lei n. 9.307/96.III – Pedido homologatório indeferido.

***

Art. 4. A cláusula compromissória é a convenção (1) através da qual as partes em um contrato comprometem-se a submeter à arbitragem os litígios que possam vir a surgir (2), relativamente a tal contrato.

1. Espécie de convenção. A cláusula compromissória é a categoria da convenção de arbitragem que geralmente está inserta em documentos que consubstanciam negócios jurídicos. As duas espécies produzem o mesmo efeito. Um positivo, indicando que qualquer discussão proveniente desse contrato será soluciona apenas por arbitragem e, ao reverso, um negativo, indicando que o Judiciário não poderá analisar o mérito dessas questões.

2. Litígios futuros. Por ser prevista no momento em que os negócios jurídicos são celebrados, a cláusula compromissória via de regra diz respeito a litígios futuros, isto é, que não existem no momento da celebração do contrato. Mas não necessariamente é assim. Pode ser que haja uma convenção de arbitragem em um termo de quitação, por exemplo, para resolver imediatamente a questão do defeito da mercadoria cujo pagamento está sendo quitado.

STJ – AgRg no CC 108610 / SP

AgRg no CONFLITO DE COMPETÊNCIA Nº 108.610 – SP (2009/0212411-2)

RELATOR: MINISTRO SIDNEI BENETI

AGRAVANTE: PAULO VASCONCELOS DE PAULA

ADVOGADO: MIGUEL PEREIRA NETO

AGRAVADO: REDE INTERNACIONAL DE UNIVERSIDADES LAUREATE LTDA E OUTRO SUSCITANTE: REDE INTERNACIONAL DE UNIVERSIDADES LAUREATE LTDA E OUTRO

ADVOGADO: ANDRÉ MACEDO DE OLIVEIRA E OUTRO(S) SUSCITADO: JUÍZO DE DIREITO DA 29A VARA CÍVEL DE SÃO PAULO – SP SUSCITADO : JUÍZO DE DIREITO DA 12A VARA CÍVEL DE NATAL – RN

EMENTA AGRAVO REGIMENTAL – CONFLITO DE COMPETÊNCIA – EXISTÊNCIA DE CONFLITO POSITIVO – CLÁUSULA CONTRATUAL – FORO COMPETENTE – VALIDADE – DECISÃO AGRAVADA MANTIDA – IMPROVIMENTO. I. Em exame preliminar, evidencia-se a existência de conflito positivo de competência e constata-se que o caso aproxima-se de julgados da 2ª Seção desta Corte, que entendem que não deve ser considerada nula a cláusula a respeito do foro competente para dirimir as controvérsias oriundas do contrato, as quais determinam a Comarca de São Paulo para a arbitragem contratualmente eleita pelas partes. II. O agravo não trouxe nenhum argumento capaz de modificar, nesta fase do processo, a conclusão exposta na decisão agravada, a qual se mantém por seus próprios fundamentos. III – Agravo Regimental improvido.

§ 1º A cláusula compromissória deve ser estipulada por escrito (1), podendo estar inserta no próprio contrato ou em documento apartado que a ele se refira (2).

1. O avanço da tecnologia. A cláusula compromissória deve ser escrita, mas não originariamente escrita. O que se quer dizer é que a forma pela qual a cláusula compromissória foi celebrada deve ter a viabilidade de ser convertida para a escrita. Pode ser que a cláusula compromissória foi celebrada por telefone e pode ser degravada e escrita.

STJ - SEC 978 / GB, SEC 967 / GB e SEC 866 / GB

SENTENÇA ESTRANGEIRA CONTESTADA Nº 978 - EX (2006/0173771-1)

RELATOR: MINISTRO HAMILTON CARVALHIDO

REQUERENTE: INDUTECH SPA

ADVOGADOS: SÉRGIO PALOMARES E OUTRO(S) JOÃO BATISTA LIRA RODRIGUES JUNIOR E OUTRO(S)

REQUERIDO: ALGOCENTRO ARMAZÉNS GERAIS LTDA

ADVOGADOS: ANGELA MARIA AMARAL DA SILVA - DEFENSORA PÚBLICA - CURADOR ESPECIAL DEFENSORIA PUBLICA DA UNIÃO - CURADOR ESPECIAL

EMENTA SENTENÇA ARBITRAL ESTRANGEIRA. HOMOLOGAÇÃO. CLÁUSULA COMPROMISSÓRIA. AUSÊNCIA DE ASSINATURA. OFENSA À ORDEM PÚBLICA. PRECEDENTES DO SUPERIOR TRIBUNAL DE JUSTIÇA E DO SUPREMO TRIBUNAL FEDERAL.

1. "A inequívoca demonstração da manifestação de vontade de a parte aderir e constituir o Juízo arbitral ofende à ordem pública, porquanto afronta princípio insculpido em nosso ordenamento jurídico, que exige aceitação expressa das partes por submeterem a solução dos conflitos

surgidos nos negócios jurídicos contratuais privados arbitragem." (SEC nº 967/GB, Relator Ministro José Delgado, in DJ 20/3/2006).

2. A falta de assinatura na cláusula de eleição do juízo arbitral contida no contrato de compra e venda, no seu termo aditivo e na indicação de árbitro em nome da requerida exclui a pretensão homologatória, enquanto ofende o artigo 4º, parágrafo 2º, da Lei nº 9.307/96, o princípio da autonomia da vontade e a ordem pública brasileira.

3. Pedido de homologação de sentença arbitral estrangeira indeferido.

***

SENTENÇA ESTRANGEIRA CONTESTADA Nº 967 – EX (2005/0053998-0)

RELATOR: MINISTRO JOSÉ DELGADO

REQUERENTE: PLEXUS COTTON LIMITED

ADVOGADO: LÚCIA MARIA DE FIGUEIREDO E OUTRO

REQUERIDO: SANTANA TÊXTIL S/A

ADVOGADO: PEDRO AUGUSTO DE FREITAS GORDILHO E OUTROS

EMENTA PROCESSUAL CIVIL. SEC – SENTENÇA ESTRANGEIRA CONTESTADA. HOMOLOGAÇÃO. DESCABIMENTO. ELEIÇÃO DO JUÍZO ARBITRAL. AUSÊNCIA DE MANIFESTAÇÃO EXPRESSA DA PARTE REQUERIDA. OFENSA A PRINCÍPIO DE ORDEM PÚBLICA. INDEFERIMENTO DO PEDIDO DE HOMOLOGAÇÃO.

1. PLEXUS COTTON LIMITED, sociedade constituída e existente de acordo com as leis da Inglaterra, com sede em Liverpool, Inglaterra, requer a homologação de SENTENÇA ARBITRAL ESTRANGEIRA, proferida por LIVERPOOL COTTON ASSOCIATION – LCA, que condenou SANTANA TÊXTIL LTDA. a pagar à requerente a quantia de U$D 231.776,35 (duzentos e trinta e um mil, setecentos e setenta e seis dólares e trinta e cinco centavos), além de determinar o faturamento de parte da mercadoria ou o equivalente a 2.204.600 libras líquidas, em razão de descumprimento de contrato firmado entre as partes.

2. Na hipótese em exame, consoante o registrado nos autos, não restou caracterizada a manifestação ou a vontade da requerida no tocante à eleição do Juízo arbitral, uma vez que não consta a sua assinatura nos contratos nos quais se estabeleceu a cláusula arbitral.

3. A inequívoca demonstração da manifestação de vontade de a parte aderir e constituir o Juízo arbitral ofende à ordem pública, porquanto afronta princípio insculpido em nosso ordenamento jurídico, que exige aceitação expressa das partes por submeterem a solução dos conflitos surgidos nos negócios jurídicos contratuais privados arbitragem.

4. No caso em exame, não houve manifestação expressa da requerida quanto à eleição do Juízo Arbitral, o que impede a utilização desta via jurisdicional na presente controvérsia.

5. Pedido de homologação a que se nega deferimento.

***

SENTENÇA ESTRANGEIRA CONTESTADA Nº 866 - EX (2005/0034926-5) RELATOR: MINISTRO FELIX FISCHER

REQUERENTE: OLEAGINOSA MORENO HERMANOS SOCIEDAD ANÓNIMA COMERCIAL INDUSTRIAL FINANCEIRA INMOBILIARIA Y AGROPECUARIA

ADVOGADO: ARNOLDO WALD E OUTROS

REQUERIDO: MOINHO PAULISTA LTDA

ADVOGADO: ANTÔNIO VILAS BOAS TEIXEIRA DE CARVALHO E OUTROS

ADVOGADA: CRISTIANA DE ALENCAR LAMEIRO DA COSTA E OUTROS

EMENTA SENTENÇA ARBITRAL ESTRANGEIRA. CONTROLE JUDICIAL. IMPOSSIBILIDADE DE APRECIAÇÃO DO MÉRITO. INEXISTÊNCIA DE CLÁUSULA COMPROMISSÓRIA. INCOMPETÊNCIA DO JUÍZO ARBITRAL. OFENSA À ORDEM PÚBLICA NACIONAL. I – O controle judicial da sentença arbitral estrangeira está limitado a aspectos de ordem formal, não podendo ser apreciado o mérito do arbitramento. II – Não há nos autos elementos seguros que comprovem a aceitação de cláusula compromissória por parte da requerida. III – A decisão homologanda ofende a ordem pública nacional, uma vez que o reconhecimento da competência do juízo arbitral depende da existência de convenção de arbitragem (art. 37, II, c/c art. 39, II, da Lei nº 9.307/96). Precedente do c. Supremo Tribunal Federal. IV – *In casu*, a requerida apresentou defesa no juízo arbitral alegando, preliminarmente, a incompetência daquela instituição, de modo que não se pode ter como aceita a convenção de arbitragem, ainda que tacitamente. Homologação indeferida.

****

2. **Cláusula compromissória por referência.** A cláusula compromissória não precisa necessariamente está inserida no contra sobre o qual o litígio discute. Pode ser que a cláusula esteja em outro documento fazendo referência de algum modo a este original.

§ 2º Nos contratos de adesão, a cláusula compromissória só terá eficácia se o aderente tomar a iniciativa de instituir a arbitragem ou concordar, expressamente, com a sua instituição, desde que por escrito em documento anexo ou em negrito, com a assinatura ou visto especialmente para essa cláusula (1).

1. **A instituição da arbitragem nos contratos de adesão.** Esse talvez seja um dos pontos mais mal interpretados da Lei de Arbitragem. Isso porque a primeira parte do dispositivo, primeira possibilidade para a instauração da arbitragem nos contratos de adesão, é vista como a única forma de instituição da arbitragem nesses casos.

Os contratos de adesão são aqueles nos quais o aderente não tem a possibilidade de discutir todos os termos contratuais. Tendo em vista a relevância da renúncia do acesso ao Judiciário para solucionar conflitos, a Lei de arbitragem estipula que a cláusula compromissória só será eficaz se a arbitragem for iniciada por ato do aderente ou se a cláusula compromissória for escrita, destacada (negrito) ou presente em documento anexo e com visto específico. Contudo, a segunda possibilidade é de certa forma renegada pelo Judiciário para questões de consumo que na maioria das vezes surgem de contratos de adesão. Essa interpretação, contudo, nos parece um equívoco já que a arbitragem vedada pelo Código de Defesa do Consumidor é aquela obrigatória (art. 51, VII), que não ocorre nessas hipóteses. A arbitragem prevista pela Lei de Arbitragem é voluntária e com uma série de especificidades para os contratos de adesão.

STJ – REsp 1169841 / RJ, AgRg nos EDcl no Ag 1101015 / RJ e REsp 653733 / RJ e SEC 6335 / EX.

RECURSO ESPECIAL Nº 1.169.841 – RJ (2009/0239399-0)
RELATORA: MINISTRA NANCY ANDRIGHI RECORRENTE: CZ6 EMPREENDIMENTO COMERCIAIS LTDA E OUTROS
ADVOGADO: FELISBERTO CALDEIRA BRANT JUNIOR E OUTRO(S)
RECORRIDO: DAVIDSON ROBERTO DE FARIA MEIRA JÚNIOR
ADVOGADOS: MARCUS FLÁVIO HORTA CALDEIRA E OUTRO(S) ELLIS HERMYDIO FIGUEIRA
EMENTA DIREITO PROCESSUAL CIVIL E CONSUMIDOR. CONTRATO DE ADESÃO. CONVENÇÃO DE ARBITRAGEM. LIMITES E EXCEÇÕES. ARBITRAGEM EM CONTRATOS DE FINANCIAMENTO IMOBILIÁRIO. CABIMENTO. LIMITES.

1. Com a promulgação da Lei de Arbitragem, passaram a conviver, em harmonia, três regramentos de diferentes graus de especificidade: (i) a regra geral, que obriga a observância da arbitragem quando pactuada pelas partes, com derrogação da jurisdição estatal; (ii) a regra específica, contida no art. 4º, § 2º, da Lei nº 9.307/96 e aplicável a contratos de adesão genéricos, que restringe a eficácia da cláusula compromissória; e (iii) a regra ainda mais específica, contida no art. 51, VII, do CDC, incidente sobre contratos derivados de relação de consumo, sejam eles de adesão ou não, impondo a nulidade de cláusula que determine a utilização compulsória da arbitragem, ainda que satisfeitos os requisitos do art. 4º, § 2º, da Lei nº 9.307/96.

2. O art. 51, VII, do CDC se limita a vedar a adoção prévia e compulsória da arbitragem, no momento da celebração do contrato, mas não impede que, posteriormente, diante de eventual litígio, havendo consenso entre as partes (em especial a aquiescência do consumidor), seja instaurado o procedimento arbitral.

3. As regras dos arts. 51, VIII, do CDC e 34 da Lei nº 9.514/97 não são incompatíveis. Primeiro porque o art. 34 não se refere exclusivamente a financiamentos imobiliários sujeitos ao CDC e segundo porque, havendo relação de consumo, o dispositivo legal não fixa o momento em que deverá ser definida a efetiva utilização da arbitragem.

4. Recurso especial a que se nega provimento.

***

AgRg nos EDcl no AGRAVO DE INSTRUMENTO Nº 1.101.015 – RJ (2008/0219287-0)

RELATOR: MINISTRO ALDIR PASSARINHO JUNIOR

AGRAVANTE: BRASCAN IMOBILIÁRIA INCORPORAÇÕES S/A

ADVOGADOS: FABIANA VIDEIRA LOPES LUIZ ANTÔNIO CAMPOS MELLO E OUTRO(S) OTÁVIO SIMÕES BRISSANT

AGRAVADO: MINISTÉRIO PÚBLICO DO ESTADO DO RIO DE JANEIRO

EMENTA PROCESSUAL CIVIL. AGRAVO REGIMENTAL EM AGRAVO DE INSTRUMENTO. AÇÃO CIVIL PÚBLICA. CONTRATO DE ADESÃO. VEDAÇÃO DE IMPOSIÇÃO COMPULSÓRIA DE CLÁUSULA ARBITRAL.CÓDIGO DE DEFESA DO CONSUMIDOR. ALEGAÇÃO DE LIVRE PACTUAÇÃO. NÃO COMPROVAÇÃO. CONCLUSÃO DE UTILIZAÇÃO OBRIGATÓRIA PELO TRIBUNAL A QUO. DESLINDE DA CONTROVÉRSIA RECAI EM REEXAME DE CLÁUSULAS CONTRATUAIS. IMPOSSIBILIDADE. SÚMULA N. 5, DESTA CORTE.

I. Vedada a imposição compulsória de cláusula arbitral em contratos de adesão firmados sob a vigência do código de defesa do consumidor.

II. Acórdão recorrido que conclui pela utilização compulsória da cláusula arbitral, por parte da recorrente, não pode ser desconstituído nesta Corte sem o necessário reexame de cláusulas contratuais, hipótese vedada pela Súmula n. 5-STJ.

III. Agravo regimental a que se nega provimento.

***

RECURSO ESPECIAL Nº 653.733 – RJ (2004/0102276-0)

RELATORA: MINISTRA NANCY ANDRIGHI

RECORRENTE: CHAVAL NAVEGAÇÃO LTDA

ADVOGADO: MARCELO SALLES MELGES

RECORRIDO: LIEBHERR BRASIL GUINDASTES E MÁQUINAS OPERATRIZES LTDA

ADVOGADOS: LINCOLN DE SOUZA CHAVES RODRIGO PONCE BUENO

EMENTA: Processo civil e consumidor. Recurso especial. Contratos interligados para construção de navio. Previsão de cláusula arbitral. Obrigatoriedade da solução de conflitos por tal via, acarretando a extinção sem julgamento de mérito de ação de reparação por perdas e danos. Alegada relação de consumo a invalidar esse dispositivo. Suposta impossibilidade de aplicação da Lei nº 9.307/96 a contratos firmados antes de sua vigência. Alegação de violação ao art. 535 do CPC inexistente. - Não se reconhece violação ao art. 535 do CPC quando ausentes omissão, contradição ou obscuridade no acórdão. - Aplica-se a Lei nº 9.307/96 aos contratos constituídos antes da sua vigência se, nestes, há previsão de cláusula compromissória anteriormente regida pelo CC/16 e pelo CPC. - Não se conhece de recurso especial quando ausente o prequestionamento da matéria, e também na parte em que este se encontra deficientemente fundamentado. Recurso especial não conhecido.

***

SENTENÇA ESTRANGEIRA CONTESTADA Nº 6.335 - EX (2011/ 0072243-3)

RELATOR: MINISTRO FELIX FISCHER

REQUERENTE: L D C B S A

ADVOGADOS: JOÃO BERCHMANS CORREIA SERRA E OUTRO(S) FREDERICO DO VALLE ABREU

REQUERIDO: L V L DE C

ADVOGADO: WAGNER BARBOSA PAMPLONA E OUTRO(S)

EMENTA HOMOLOGAÇÃO DE SENTENÇA ARBITRAL ESTRANGEIRA CONTESTADA. COMPETÊNCIA DO SUPERIOR TRIBUNAL DE JUSTIÇA (CF. Art. 105, I, "i"; LEI 9.307/96, Art. 35). PEDIDO ADEQUADAMENTE INSTRUÍDO. DEFERIMENTO.

I - A sentença estrangeira não terá eficácia no Brasil sem a prévia homologação pelo e. Superior Tribunal de Justiça ou por seu Presidente (Resolução nº 9/STJ, art. 4º).

II - A atuação jurisdicional do e. STJ no processo de homologação de sentença arbitral estrangeira encontra balizas nos artigos 38 e 39 da Lei de Arbitragem (Lei 9.307/96). Se não houver transgressão aos bons costumes, à soberania nacional e à ordem pública, não se discute a relação de direito material subjacente à sentença arbitral.

III – *In casu*, verifica-se a existência de contrato assinado pelas partes com cláusula compromissória. Sem embargo, no âmbito de processo de homologação de sentença arbitral estrangeira, é inviável a análise da natureza do contrato a ela vinculado, para fins de caracterizá-lo como contrato de adesão. Precedente do e. STF.

IV – Não há inexistência de notificação e cerceamento de defesa "ante a comprovação de que o requerido foi comunicado acerca do início do procedimento de arbitragem, bem como dos atos ali realizados, tanto por meio das empresas de serviços de courier, como também, correio eletrônico e fax" (SEC 3.660/GB, Corte Especial, Rel. Min. Arnaldo Esteves Lima, DJe de 25/06/2009)

V – "A propositura de ação, no Brasil, discutindo a validade de cláusula arbitral porque inserida, sem destaque, em contrato de adesão, não impede a homologação de sentença arbitral estrangeira que, em procedimento instaurado de acordo com essa cláusula, reputou-a válida" (AgRg na SEC 854/GB, Corte Especial, Rel. p./ Acórdão Minª Nancy Andrighi, DJe de 14/04/2011)

VI – Constatada a presença dos requisitos indispensáveis à homologação da sentença estrangeira (Resolução nº 9/STJ, arts. 5º e 6º), é de se deferir o pedido.

Sentença Arbitral homologada.

***

Art. 5. Reportando-se as partes, na cláusula compromissória, às regras de algum órgão arbitral institucional ou entidade especializada, a arbitragem será instituída e processada de acordo com tais regras (1), podendo, igualmente, as partes estabelecer na própria cláusula, ou em outro documento, a forma convencionada para a instituição da arbitragem (2).

1. **Arbitragem Institucional.** A arbitragem institucional é aquela realizada sob as regras de uma Câmara de arbitragem que em regra também organiza o processo arbitral, mas que não julga, função exclusiva dos árbitros. A vantagem desse tipo de arbitragem é a previsibilidade dos atos e fases do processo arbitral e a confiança e segurança depositadas nessas Câmaras e em sua experiência com arbitragem.

2. **Arbitragem "Ad hoc".** Esse tipo de arbitragem, de outro lado, é aquela cujo estabelecimento de todas as regras é feito pelas partes e pelos árbitros, servindo apenas para aquele caso. É o tipo de arbitragem mais ligada à origem do instituto no âmbito internacional e com a necessidade de harmonização de regras. O grau de flexibilidade nesse caso tende a ser maior do que nas arbitragens institucionais.

STJ - SEC 967 / GB.

SENTENÇA ESTRANGEIRA CONTESTADA Nº 967 - EX (2005/0053998-0)

RELATOR: MINISTRO JOSÉ DELGADO

REQUERENTE: PLEXUS COTTON LIMITED ADVOGADO: LÚCIA MARIA DE FIGUEIREDO E OUTRO

REQUERIDO: SANTANA TÊXTIL S/A

ADVOGADO: PEDRO AUGUSTO DE FREITAS GORDILHO E OUTROS

EMENTA PROCESSUAL CIVIL. SEC - SENTENÇA ESTRANGEIRA CONTESTADA. HOMOLOGAÇÃO. DESCABIMENTO. ELEIÇÃO DO JUÍZO ARBITRAL. AUSÊNCIA DE MANIFESTAÇÃO EXPRESSA DA PARTE REQUERIDA. OFENSA A PRINCÍPIO DE ORDEM PÚBLICA. INDEFERIMENTO DO PEDIDO DE HOMOLOGAÇÃO.

1. PLEXUS COTTON LIMITED, sociedade constituída e existente de acordo com as leis da Inglaterra, com sede em Liverpool, Inglaterra, requer a homologação de SENTENÇA ARBITRAL ESTRANGEIRA, proferida por LIVERPOOL COTTON ASSOCIATION - LCA, que

condenou SANTANA TÊXTIL LTDA. a pagar à requerente a quantia de U$D 231.776,35 (duzentos e trinta e um mil, setecentos e setenta e seis dólares e trinta e cinco centavos), além de determinar o faturamento de parte da mercadoria ou o equivalente a 2.204.600 libras líquidas, em razão de descumprimento de contrato firmado entre as partes.

2. Na hipótese em exame, consoante o registrado nos autos, não restou caracterizada a manifestação ou a vontade da requerida no tocante à eleição do Juízo arbitral, uma vez que não consta a sua assinatura nos contratos nos quais se estabeleceu a cláusula arbitral.

3. A inequívoca demonstração da manifestação de vontade de a parte aderir e constituir o Juízo arbitral ofende à ordem pública, porquanto afronta princípio insculpido em nosso ordenamento jurídico, que exige aceitação expressa das partes por submeterem a solução dos conflitos surgidos nos negócios jurídicos contratuais privados arbitragem.

4. No caso em exame, não houve manifestação expressa da requerida quanto à eleição do Juízo Arbitral, o que impede a utilização desta via jurisdicional na presente controvérsia.

5. Pedido de homologação a que se nega deferimento.

Art. 6. Não havendo acordo prévio sobre a forma de instituir a arbitragem (1), a parte interessada manifestará à outra parte sua intenção de dar início à arbitragem, por via postal ou por outro meio qualquer de comunicação, mediante comprovação de recebimento, convocando-a para, em dia, hora e local certos, firmar o compromisso arbitral (2).

1. **Forma de instituição da arbitragem.** O artigo se refere às cláusulas compromissórias denominadas "vazias" ou "brancas". Tais cláusulas não contêm a forma de indicação do árbitro, requisito essencial para que a arbitragem possa se iniciar. Havendo essa forma e estando o árbitro escolhido, a condução do procedimento poderá ser feita por esse terceiro imparcial. Não há necessidade de que a cláusula indique uma instituição arbitral. É fato que toda a cláusula cheia indica uma instituição arbitral, mas para ser cheia a cláusula compromissória não precisa, necessariamente, indicar uma instituição arbitral. São viáveis cláusulas arbitrais cheias em arbitragens *"ad hoc"*.

2. **Compromisso arbitral como elemento integrador da cláusula compromissória.** Nas hipóteses em que a cláusula é vazia, há a necessidade de que se celebre um compromisso arbitral, outro gênero já convenção de arbitragem, mas pode haver também um aditamento da cláusula compromissória, algo mais raro. De qualquer modo, até esta etapa, ainda se acredita que as partes possam atingir o consenso quanto à forma instituição da arbitragem.

Parágrafo único. Não comparecendo a parte convocada ou, comparecendo, recusar-se a firmar o compromisso arbitral (1), poderá a outra parte propor a demanda de que trata o art. 7º desta Lei, perante o órgão do Poder Judiciário a que, originariamente, tocaria o julgamento da causa (2).

1. **A arbitragem como forma de solução de conflitos.** Existindo cláusula compromissória, a arbitragem será a forma de solução de conflitos a menos que haja um distrato entre as partes. Não há possibilidade de desistência e a efetivação desse método de solução de conflitos pode se dar de modo judicial.

2. **Regras de competência aplicáveis.** Serão aquelas previstas. Serão aquelas indicadas a partir do art. 86 do Código de Processo Civil. Ganha grande destaque a regra da eleição de foro esculpida no art. 112 do Código de Processo Civil. Pela sua origem contratual, é comum que a cláusula compromissória esteja inserida em um contrato com disposições a respeito das medidas de apoio.

STJ – SEC 1 / EX, REsp 606345 / RS e REsp 612439 / RS.

SENTENÇA ESTRANGEIRA CONTESTADA Nº 1 – EX (2007/ 0156979-5)

RELATORA: MINISTRA MARIA THEREZA DE ASSIS MOURA
REQUERENTE: KIA MOTORS CORPORATION
ADVOGADO: SERGIO BERMUDES
REQUERIDO: WASHINGTON ARMÊNIO LOPES
ADVOGADO: ARNOLDO WALD FILHO E OUTRO(S)
REQUERIDO: CHONG JIN JEON
ADVOGADO: DEFENSORIA PÚBLICA DA UNIÂO – CURADOR ESPECIAL
REQUERIDO: ROBERTO UCHÔA NETO
ADVOGADO: LUIZ ROBERTO DE ANDRADE NOVAES E OUTRO(S) REQUERIDO: ÁSIA MOTORS DO BRASIL S/A
REQUERIDO: SET PARTICIPAÇÕES E EMPREENDIMENTOS S/A ADVOGADO: DEFENSORIA PÚBLICA DA UNIÂO – CURADOR ESPECIAL
REQUERIDO: SET TRADING S/A ADVOGADO: DEFENSORIA PÚBLICA DA UNIÃO – CURADOR ESPECIAL
REQUERIDO: JBP DO BRASIL
ADVOGADA: TEREZINHA ANICETO CAMERON
REQUERIDO: AMERICAN SAMOA CORPORATION
ADVOGADO: DEFENSORIA PÚBLICA DA UNIÃO – CURADOR ESPECIAL

EMENTA SENTENÇA ARBITRAL ESTRANGEIRA CONTESTADA. PRETENSÃO HOMOLOGATÓRIA A SER DEFERIDA EM PARTE. REQUISITOS DA LEI ATENDIDOS. VÍCIOS DE NEGAÇÃO INEXISTENTES. AMPLA COMPETÊNCIA PARA DIRIMIR CONFLITOS ENTRE OS CONTRATANTES DE JOINT VENTURE. Sendo lícito o negócio jurídico realizado no Brasil, por partes de legítimo contrato de joint venture, não se lhe pode extrair as consequências jurídicas da quebra do acordado. Por mais razão, não se pode afastar a convenção arbitral nele instituída por meio de cláusula compromissória ampla, em que se regulou o Juízo competente para resolver todas as controvérsias das partes, incluindo aí a extensão dos temas debatidos, sob a alegação de renúncia tácita ou de suposta substituição do avençado. Uma vez expressada a vontade de estatuir, em contrato, cláusula compromissória ampla, a sua destituição deve vir através de igual declaração expressa das partes, não servindo, para tanto, mera alusão a atos ou a acordos que não tinham o condão de afastar a convenção das partes. Ademais, o próprio sentido do contrato de joint venture assinado pelas partes elimina o argumento de que uma delas quis abdicar da instituição de juízo arbitral no estrangeiro. A revelia não importa em falta de citação, mas, ao contrário, a pressupõe. O laudo arbitral lavrado por Corte previamente prevista na cláusula compromissória obedece aos requisitos para sua internalização em território pátrio, máxime porque não ofende os ditames dos arts. 3º, 5º e 6º da Resolução nº 9 desta Corte, devendo, por isso, ser homologado. Havendo a Justiça brasileira, definitivamente, resolvido controvérsia quanto a um dos temas do pedido de homologação da sentença arbitral, deve a pretensão ser negada quanto a isso por obediência à coisa julgada. Homologação deferida em parte, com a exclusão dos itens 7 e 10 da decisão arbitral.

***

RECURSO ESPECIAL Nº 606.345 - RS (2003/0205290-5)

RELATOR: MINISTRO JOÃO OTÁVIO DE NORONHA

RECORRENTE: AES URUGUAIANA EMPREENDIMENTOS LTDA ADVOGADO: ARNOLDO WALD E OUTRO(S)

RECORRIDO: COMPANHIA ESTADUAL DE ENERGIA ELÉTRICA CEEE ADVOGADO: MARCELO SILVEIRA TORCATO E OUTRO(S)

EMENTA PROCESSO CIVIL. JUÍZO ARBITRAL. CLÁUSULA COMPROMISSÓRIA. EXTINÇÃO DO PROCESSO. ART. 267, VII, DO CPC. SOCIEDADE DE ECONOMIA MISTA. DIREITOS DISPONÍVEIS.

1. Cláusula compromissória é o ato por meio do qual as partes contratantes formalizam seu desejo de submeter à arbitragem eventuais divergências ou litígios passíveis de ocorrer ao longo da execução da avença. Efetuado o ajuste, que só pode ocorrer em hipóteses envolvendo direitos disponíveis, ficam os contratantes vinculados à solução extrajudicial da pendência.

2. A eleição da cláusula compromissória é causa de extinção do processo sem julgamento do mérito, nos termos do art. 267, inciso VII, do Código de Processo Civil.

3. São válidos e eficazes os contratos firmados pelas sociedades de economia mista exploradoras de atividade econômica de produção ou comercialização de bens ou de prestação de serviços (CF, art. 173, § 1º) que estipulem cláusula compromissória submetendo à arbitragem eventuais litígios decorrentes do ajuste. 4. Recurso especial provido

***

RECURSO ESPECIAL Nº 612.439 - RS (2003/0212460-3)

RELATOR: MINISTRO JOÃO OTÁVIO DE NORONHA

RECORRENTE: AES URUGUAIANA EMPREENDIMENTOS LTDA ADVOGADO: ARNOLDO WALD E OUTRO

RECORRIDO: COMPANHIA ESTADUAL DE ENERGIA ELÉTRICA CEEE ADVOGADO: MARCELO SILVEIRA TORCATO E OUTROS

EMENTA PROCESSO CIVIL. JUÍZO ARBITRAL. CLÁUSULA COMPROMISSÓRIA. EXTINÇÃO DO PROCESSO. ART. 267, VII, DO CPC. SOCIEDADE DE ECONOMIA MISTA. DIREITOS DISPONÍVEIS. EXTINÇÃO DA AÇÃO CAUTELAR PREPARATÓRIA POR INOBSERVÂNCIA DO PRAZO LEGAL PARA A PROPOSIÇÃO DA AÇÃO PRINCIPAL.

1. Cláusula compromissória é o ato por meio do qual as partes contratantes formalizam seu desejo de submeter à arbitragem eventuais divergências ou litígios passíveis de ocorrer ao longo da execução da avença. Efetuado o ajuste, que só pode ocorrer em hipóteses envolvendo direitos disponíveis, ficam os contratantes vinculados à solução extrajudicial da pendência.

2. A eleição da cláusula compromissória é causa de extinção do processo sem julgamento do mérito, nos termos do art. 267, inciso VII, do Código de Processo Civil.

3. São válidos e eficazes os contratos firmados pelas sociedades de economia mista exploradoras de atividade econômica de produção ou comercialização de bens ou de prestação de serviços (CF, art. 173, § 1º) que estipulem cláusula compromissória submetendo à arbitragem eventuais litígios decorrentes do ajuste.

4. Recurso especial parcialmente provido.

***

Art. 7. Existindo cláusula compromissória e havendo resistência quanto à instituição da arbitragem, poderá a parte interessada requerer a citação da outra parte para comparecer em juízo a fim de lavrar-se o compromisso, designando o juiz audiência especial para tal fim (1).

1. Execução específica da cláusula compromissória. Esse talvez seja um dos maiores avanços trazidos pela Lei de Arbitragem em 1996. Com a existência de uma cláusula compromissória, ainda que vazia, e salvo circunstâncias muito específicas tal como o distrato entre as partes, não poderá haver recusa da utilização da arbitragem como forma de solução de conflitos. O *caput* ora comentado, inclusive, determina de modo claro que pode haver cumprimento judicial dessa manifestação de vontade, na linha do disposto nos arts. 158 e 466-C do Código de Processo Civil.

STF - SE 5206 AgR / EP - ESPANHA

COORD. DE ANÁLISE DE JURISPRUDÊNCIA D.J. 04.10.2002
13/06/2002 EMENTÁRIO Nº 2085 - 2 TRIBUNAL PLENO
SENTENÇA ESTRANGEIRA CONTESTADA N. 6.753-7 REINO UNIDO DA GRÃ- BRETANHA E DA IRLANDA DO NORTE
RELATOR: MIN. MAURÍCIO CORRÊA
REQUERENTE: PLEXUS COTTON LIMITED ("PLEXUS") ADVOGADOS: LÚCIA MARIA DE FIGUEIREDO E OUTRO REQUERIDA: SANTANA TÊXTIL S/A ("SANTANA") ADVOGADOS: PEDRO GORDILHO E OUTRAS
EMENTA: SENTENÇA ARBITRAL ESTRANGEIRA. CONVENÇÃO DE ARBITRAGEM. INEXISTÊNCIA. COMPETÊNCIA NÃO DEMONSTRADA. HOMOLOGAÇÃO. IMPOSSIBILIDADE.

1. O requerimento de homologação de sentença arbitrai estrangeira deve ser instruído com a convenção de arbitragem, sem a qual não se pode aferir a competência do juízo prolator da decisão (Lei 9.307, artigos 37, II, e 39, II; RISTE, artigo 217, I).

2. Contrato de compra e venda não assinado pela parte compradora e cujos termos não induzem a conclusão de que houve pactuação de cláusula compromissória, ausentes, ainda, quaisquer outros documentos escritos nesse sentido. Falta de prova quanto à manifesta declaração autônoma de vontade da requerida de renunciar à jurisdição estatal em favor da particular.

3. Não demonstrada a competência do juízo que proferiu a sentença estrangeira, resta inviabilizada sua homologação pelo Supremo Tribunal Federal.

Pedido indeferido.

ACÓRDÃO

Vistos, relatados e discutidos estes autos, acordam os Ministros do Supremo Tribunal Federal, em sessão plenária, na conformidade da ata do julgamento e das notas taquigráficas, por unanimidade de votos, negar a homologação à sentença estrangeira e condenar a requerente nas custas e honorários advocatícios no percentual de 5% (cinco porcento) sobre o valor da causa.

Brasília, 13 de junho de 2002.

(...)

A primeira, a possibilidade de execução específica da obrigação de firmar o compromisso arbitral objeto de cláusula compromissória, se necessário, mediante provimento judicial substitutivo da manifestação da vontade da parte recalcitrante (arts. 6º e 7º).

(...)

E quanto ao controle jurisdicional de lesão ou ameaça a direitos, é de se observar que a Lei n° 9.301/96, na verdade, o prestigia nos seus arts. 6º, 7º, 32, 33, 38 e 39, nas hipóteses de recalcitrância em firmar compromisso, nulidade ou invalidade do juízo arbitral a ofensa à ordem jurídica nacional. O legislador ordinário permitiu, de um lado, a pacificação de determinados conflitos de interesses sem a intervenção estatal, mediante compromisso arbitral, com nítidas vantagens para os interessados, e, de outro, garantiu o livre acesso ao Poder Judiciário àqueles que tiverem direitos violados por inobservância das regras fixadas para a arbitragem.

***

STJ – REsp 791260 / RS e Súmula 485

RECURSO ESPECIAL Nº 791.260 – RS (2005/0175166-1)

RELATOR: MINISTRO PAULO FURTADO (DESEMBARGADOR CONVOCADO DO TJ/BA)

RECORRENTE: AESCOM SUL LTDA

ADVOGADOS: GILBERTO DEON CORRÊA JUNIOR E OUTRO(S) GUILHERME HENRIQUE MAGALDI NETTO ARTHUR LIMA GUEDES ADVOGADA: PATRICIA VASQUES DE LYRA PESSOA

RECORRIDO: DARIO BRANDÃO BESTETTI E OUTROS

ADVOGADO: GUILHERME PUCHALSKI TEIXEIRA E OUTRO(S)

EMENTA PROCESSUAL CIVIL. ARBITRAGEM. OBRIGATORIEDADE DA SOLUÇÃO DO LITÍGIO PELA VIA ARBITRAL, QUANDO EXISTENTE CLÁUSULA PREVIAMENTE AJUSTADA ENTRE AS PARTES NESTE SENTIDO. INTELIGÊNCIA DOS ARTS. 1º, 3º e 7º DA LEI 9.307/96. PRECEDENTES. PROVIMENTO NESTE PONTO. ALEGADA OFENSA AO ART. 535 DO CPC. NÃO OCORRÊNCIA. RECURSO ESPECIAL PARCIALMENTE PROVIDO.

***

Súmula 485

A Lei de Arbitragem aplica-se aos contratos que contenham cláusula arbitral, ainda que celebrados antes da sua edição. (SÚMULA 485, CORTE ESPECIAL, julgado em 28/06/2012, DJe 01/08/2012)

***

§ 1º O autor indicará, com precisão, o objeto da arbitragem, instruindo o pedido com o documento que contiver a cláusula compromissória (1).

1. **Delimitação do objeto da arbitragem.** Como se sabe, a cláusula compromissória é geralmente celebrada antes de surgido o conflito, no momento da celebração do contrato. Contudo, o entendimento do legislador de que a recusa para arbitrar já indica a existência do litígio, permite sua limitação no momento do ajuizamento da demanda indicada no *caput* desse artigo. Nesse momento já se começa a rascunhar o que será o compromisso arbitral que suprirá a cláusula compromissória vazia.

§ 2º Comparecendo as partes à audiência, o juiz tentará, previamente, a conciliação acerca do litígio (1). Não obtendo sucesso, tentará o juiz conduzir as partes à celebração, de comum acordo, do compromisso arbitral (2).

1. **Acordo quanto ao litígio.** Após a veiculação da demanda, será marcada audiência de conciliação para que se tenta uma solução consensual do conflito. Nesse contexto, o juiz ou o setor de conciliação deverão se debruçar sobre o caso, muitas vezes bastante complexo e com o tempo bastante exíguo para análise nesse momento.

2. **Acordo quanto ao método de solução de conflitos.** Não sendo possível acordo quanto ao conflito, o juiz ou o profissional do Setor de Conciliação deverão buscar a estruturação de um acordo entre as partes acerca da instituição da arbitragem indicando instituição que administrará o procedimento ou profissional que o conduzirá de modo "ad hoc" e tomando todos os cuidados para garantir o equilíbrio entre as partes. Esse em um momento no qual o Judiciário exerce atividades de *screening*, lidando com o encaminhamento de conflitos para métodos que possam ser os mais adequados para aquele tipo de discussão.

§ 3º Não concordando as partes sobre os termos do compromisso, decidirá o juiz, após ouvir o réu, sobre seu conteúdo, na própria audiência ou no prazo de dez dias, respeitadas as disposições da cláusula compromissória e atendendo ao disposto nos arts. 10 e 21, § 2º, desta Lei (1).

1. **Possibilidade de julgamento.** Não havendo acordo de nenhuma natureza entre as partes, a parte ré apresentará a sua contestação e o juiz decidirá na própria audiência ou em prazo adicional de 10 (dez) dias, indicando na sentença os requisitos obrigatórios do compromisso arbitral na sentença, art. 10 da Lei de Arbitragem, e respeitando os princípios do contraditório, da igualdade das partes, da imparcialidade do árbitro e de seu livre convencimento (art. 21, § 2º da Lei de Arbitragem).

§ 4º Se a cláusula compromissória nada dispuser sobre a nomeação de árbitros (1), caberá ao juiz, ouvidas as partes, estatuir a respeito, podendo nomear árbitro único para a solução do litígio (2).

1. **Elemento essencial da diferenciação entre cláusula cheia e cláusula vazia.** Se a cláusula compromissória contiver essa indicação, em geral, a ação prevista no caput do art. 7º da Lei de Arbitragem tornar-se-á desnecessária já que é muito provável que estejamos diante de uma cláusula compromissória cheia. Deve-se verificar, todavia, o caso concreto para a necessidade ou não da medida judicial.

2. **Análise do litígio e preocupação com os impactos econômicos.** O juiz deverá analisar com bastante cuidado o tipo de litígio que foi posto sob sua análise para indicação das características da arbitragem

que mais se adequem a ele. É fundamental que se verifique, por exemplo, qual a Câmara mais indicada, se a arbitragem institucional é mesmo o melhor caminho ou se seria o caso de uma arbitragem *"ad hoc"*, além de se saber se os custos de uma ou de outra forma de arbitragem são compatíveis com a capacidade financeira das partes. Daí a possibilidade expressa de que a arbitragem seja conduzida por árbitro único.

§ 5º A ausência do autor, sem justo motivo, à audiência designada para a lavratura do compromisso arbitral, importará a extinção do processo sem julgamento de mérito (1).

1. **Pena para o autor**. O requerimento para a instauração do processo arbitral deve ser seguido, quando utilizada a demanda prevista no caput do art. 7º da Lei de Arbitragem, do acompanhamento zeloso e da atenção da parte que o requereu. A falta de comparecimento à audiência designada pelo juiz implica na extinção do processo sem julgamento do mérito.

§ 6º Não comparecendo o réu à audiência, caberá ao juiz, ouvido o autor, estatuir a respeito do conteúdo do compromisso, nomeando árbitro único.

1. **Pena para o réu.** Apenas o autor terá participação na atividade do julgador, que decidirá somente com os elementos apresentados por ele. A arbitragem será instituída por árbitro único, o que reduz bastante o custo do procedimento. Pode ocorrer, contudo, que o juiz decida por uma arbitragem com três árbitros ao verificar a complexidade do conflito. Nesse caso, contudo, não expresso em lei, torna-se necessário que o juiz justifique essa opção.

§ 7º A sentença que julgar procedente o pedido valerá como compromisso arbitral.

1. **O compromisso arbitral instituído judicialmente.** Esse é o principal efeito da sentença proferida nos autos da demanda prevista no *caput* do art. 7º da Lei de Arbitragem. Trata-se de um compromisso arbitral judicial.

Art. 8. A cláusula compromissória é autônoma em relação ao contrato em que estiver inserta, de tal sorte que a nulidade deste não implica, necessariamente, a nulidade da cláusula compromissória (1).

1. **Princípio da autonomia da cláusula compromissória e do *favor arbitratum*.** O caput desse artigo indica relevantes princípios aplicáveis à arbitragem. O primeiro deles preconiza que a cláusula compromissória é autônoma em relação ao instrumento que a contenha, vale dizer, qualquer discussão acerca da nulidade ou da anulabilidade desse instrumento não tornará a cláusula compromissória atomicamente nula ou anulada e a discussão a esse respeito será travada em sede arbitral até se conclua, por decisão do árbitro, eventualmente, que a cláusula é nula ou anulável. De outro lado, a interpretação da cláusula compromissória deve sempre ser feita a favor da arbitragem, daí o princípio do *favor arbitratum*.

STJ – REsp 1302900 / MG, REsp 1288251 / MG e REsp 904813 / PR

RECURSO ESPECIAL Nº 1.302.900 – MG (2012/0006413-5)
RELATOR: MINISTRO SIDNEI BENETI
RECORRENTE: SAMARCO MINERAÇÃO S/A
ADVOGADO: JOÃO DÁCIO ROLIM E OUTRO(S)
RECORRIDO: ARISTIDES LUIZ VITÓRIO
ADVOGADO: ANTÔNIO MARQUES CARRARO JÚNIOR E OUTRO(S)

EMENTA DIREITO CIVIL E PROCESSUAL CIVIL. ARBITRAGEM. ACORDO OPTANDO PELA ARBITRAGEM HOMOLOGADO EM JUÍZO. PRETENSÃO ANULATÓRIA. COMPETÊNCIA DO JUÍZO ARBITRAL. INADMISSIBILIDADE DA JUDICIALIZAÇÃO PREMATURA.

1.- Nos termos do artigo 8º, parágrafo único, da Lei de Arbitragem a alegação de nulidade da cláusula arbitral instituída em Acordo Judicial homologado e, bem assim, do contrato que a contém, deve ser submetida, em primeiro lugar, à decisão do próprio árbitro, inadmissível a judicialização prematura pela via oblíqua do retorno ao Juízo.

2.- Mesmo no caso de o acordo de vontades no qual estabelecida a cláusula arbitral no caso de haver sido homologado judicialmente, não se admite prematura ação anulatória diretamente perante o Poder

Judiciário, devendo ser preservada a solução arbitral, sob pena de se abrir caminho para a frustração do instrumento alternativo de solução da controvérsia.

3.- Extingue-se, sem julgamento do mérito (CPC, art. 267, VII), ação que visa anular acordo de solução de controvérsias via arbitragem, preservando-se a jurisdição arbitral consensual para o julgamento das controvérsias entre as partes, ante a opção das partes pela forma alternativa de jurisdição.

4.- Recurso Especial provido e sentença que julgou extinto o processo judicial restabelecida.

***

RECURSO ESPECIAL Nº 1.288.251 - MG (2011/0250287-8)
RELATOR: MINISTRO SIDNEI BENETI
RECORRENTE: ÁLVARO DE SOUZA TAVARES
ADVOGADO: WELLINGTON QUEIROZ DE CASTRO E OUTRO(S)
RECORRIDO: SAMARCO MINERAÇÃO S/A
ADVOGADO: PATRÍCIA PILO B REDIG E OUTRO(S)

EMENTA DIREITO CIVIL E PROCESSUAL CIVIL. ARBITRAGEM. ACORDO OPTANDO PELA ARBITRAGEM HOMOLOGADO EM JUÍZO. PRETENSÃO ANULATÓRIA. COMPETÊNCIA DO JUÍZO ARBITRAL. INADMISSIBILIDADE DA JUDICIALIZAÇÃO PREMATURA.

1.- Nos termos do artigo 8º, parágrafo único, da Lei de Arbitragem a alegação de nulidade da cláusula arbitral instituída em Acordo Judicial homologado e, bem assim, do contrato que a contém, deve ser submetida, em primeiro lugar, à decisão do próprio árbitro, inadmissível a judicialização prematura pela via oblíqua do retorno ao Juízo.

2.- Mesmo no caso de o acordo de vontades no qual estabelecida a cláusula arbitral no caso de haver sido homologado judicialmente, não se admite prematura ação anulatória diretamente perante o Poder Judiciário, devendo ser preservada a solução arbitral, sob pena de se abrir caminho para a frustração do instrumento alternativo de solução da controvérsia.

3.- Extingue-se, sem julgamento do mérito (CPC, art. 267, VII), ação que visa anular acordo de solução de controvérsias via arbitragem, preservando-se a jurisdição arbitral consensual para o julgamento das controvérsias entre as partes, ante a opção das partes pela forma alternativa de jurisdição.

4.- Recurso Especial a que se nega provimento.

***

RECURSO ESPECIAL Nº 904.813 – PR (2006/0038111-2)

RELATORA: MINISTRA NANCY ANDRIGHI

RECORRENTE: COMPANHIA PARANAENSE DE GÁS NATURAL – COMPAGAS

ADVOGADOS: CARLOS EDUARDO MANFREDINI HAPNER E OUTRO(S) TARCÍSIO ARAÚJO KROETZ E OUTRO(S) CASSIANO LUIZ IURK E OUTRO(S) LEONARDO PERES DA ROCHA E SILVA E OUTRO(S) RECORRIDO: CONSÓRCIO CARIOCA PASSARELLI

ADVOGADO: LUIZ ANTONIO BETTIOL E OUTRO(S)

EMENTA PROCESSO CIVIL. RECURSO ESPECIAL. LICITAÇÃO. ARBITRAGEM. VINCULAÇÃO AO EDITAL. CLÁUSULA DE FORO. COMPROMISSO ARBITRAL. EQUILÍBRIO ECONÔMICO FINANCEIRO DO CONTRATO. POSSIBILIDADE.

1. A fundamentação deficiente quanto à alegada violação de dispositivo legal impede o conhecimento do recurso. Incidência da Súmula 284/STF.

2. O reexame de fatos e provas em recurso especial é inadmissível.

3. A ausência de decisão sobre os dispositivos legais supostamente violados, não obstante a interposição de embargos de declaração, impede o conhecimento do recurso especial. Incidência da Súmula 211/STJ.

4. Não merece ser conhecido o recurso especial que deixa de impugnar fundamento suficiente, por si só, para manter a conclusão do julgado. Inteligência da Súmula 283 do STF.

5. Tanto a doutrina como a jurisprudência já sinalizaram no sentido de que não existe óbice legal na estipulação da arbitragem pelo poder público, notadamente pelas sociedades de economia mista, admitindo como válidas as cláusulas compromissórias previstas em editais convocatórios de licitação e contratos.

6. O fato de não haver previsão da arbitragem no edital de licitação ou no contrato celebrado entre as partes não invalida o compromisso arbitral firmado posteriormente.

7. A previsão do juízo arbitral, em vez do foro da sede da administração (jurisdição estatal), para a solução de determinada controvérsia, não vulnera o conteúdo ou as regras do certame.

8. A cláusula de eleição de foro não é incompatível com o juízo arbitral, pois o âmbito de abrangência pode ser distinto, havendo necessidade de atuação do Poder Judiciário, por exemplo, para a concessão de medidas de urgência; execução da sentença arbitral; instituição da arbitragem quando uma das partes não a aceita de forma amigável.

9. A controvérsia estabelecida entre as partes – manutenção do equilíbrio econômico financeiro do contrato – é de caráter eminentemente patrimonial e disponível, tanto assim que as partes Documento: 1099244 – Inteiro Teor do Acórdão – Site certificado – DJe: 28/02/2012 Página 1 de 7 Superior Tribunal de Justiça poderiam tê-la solucionado diretamente, sem intervenção tanto da jurisdição estatal, como do juízo arbitral.

10. A submissão da controvérsia ao juízo arbitral foi um ato voluntário da concessionária. Nesse contexto, sua atitude posterior, visando à impugnação desse ato, beira às raias da má-fé, além de ser prejudicial ao próprio interesse público de ver resolvido o litígio de maneira mais célere.

11. Firmado o compromisso, é o Tribunal arbitral que deve solucionar a controvérsia.

12. Recurso especial não provido.

***

Parágrafo único. Caberá ao árbitro decidir de ofício, ou por provocação das partes, as questões acerca da existência, validade e eficácia da convenção de arbitragem e do contrato que contenha a cláusula compromissória (1).

1. **Princípio da *Kompetenz-kompetenz*.** Trata-se de outro relevantíssimo princípio aplicável à arbitragem, princípio da competência-competência. Grafado em alemão tendo em vista sua origem na doutrina processual civil alemã. Basicamente indica que o julgador tem competência ou preferência para analisar a sua própria competência. No caso da arbitragem é decorrência do princípio da autonomia da cláusula compromissória e determina que o árbitro deve analisar preferencialmente se a

cláusula compromissória é válida, existente e eficaz e, portanto, se poderá ou não julgar a questão a ele posta.

STJ – CC 151130 / SP e AgInt no AgInt nos EDcl no CC 179987 / SP

CONFLITO DE COMPETÊNCIA Nº 151.130 – SP (2017/0043173-8) RELATORA : MINISTRA NANCY ANDRIGHI

R.P/ACÓRDÃO: MINISTRO LUIS FELIPE SALOMÃO

SUSCITANTE: AMERICAN INTERNATIONAL GROUP INC RETIREMENT PLAN

(...)

ADVOGADOS: MARCELO RICARDO ESCOBAR E OUTRO(S) – SP170073 Documento: 1667167 – Inteiro Teor do Acórdão – Site certificado – DJe: 11/02/2020 Página 1de 8 Superior Tribunal de Justiça CLÁUDIO FINKELSTEINS – SP113481 CAMILA MACEDO SIMÃO E OUTRO(S) – SP391003

SUSCITADO: CAMARA DE ARBITRAGEM DO MERCADO

SUSCITADO: JUÍZO FEDERAL DA 13A VARA CÍVEL DA SEÇÃO JUDICIÁRIA DO ESTADO DE SÃO PAULO

SUSCITADO: TRIBUNAL REGIONAL FEDERAL DA 3A REGIÃO

INTERES.: UNIÃO ADVOGADO: ADVOCACIA-GERAL DA UNIÃO – AGU INTERES.: PETRÓLEO BRASILEIRO S A PETROBRAS

ADVOGADOS: CANDIDO FERREIRA DA CUNHA LOBO E OUTRO(S) – RJ049659 SILVIA ALEGRETTI – DF019920

EMENTA CONFLITO DE COMPETÊNCIA. ARBITRAGEM OU JURISDIÇÃO ESTATAL. CLÁUSULA COMPROMISSÓRIA. ART. 58 DO ESTATUTO SOCIAL DA PETROBRAS. SUBMISSÃO DA UNIÃO A PROCEDIMENTO ARBITRAL. IMPOSSIBILIDADE. DISCUSSÃO ACERCA DA PRÓPRIA CONDIÇÃO DE EXISTÊNCIA DA CLÁUSULA AO ENTE PÚBLICO. COMPETÊNCIA EXCLUSIVA DA JURISDIÇÃO ESTATAL. INEXISTÊNCIA DE AUTORIZAÇÃO LEGAL OU ESTATUTÁRIA. PLEITO INDENIZATÓRIO COM FUNDAMENTO NA DESVALORIZAÇÃO DAS AÇÕES POR IMPACTOS NEGATIVOS DA OPERAÇÃO “LAVA JATO”. PRETENSÃO QUE TRANSCENDE AO OBJETO SOCIETÁRIO.

1. No atual estágio legislativo, não restam dúvidas acerca da possibilidade da adoção da arbitragem pela Administração Pública, direta e indireta, bem como da arbitrabilidade nas relações societárias, a teor das alterações promovidas pelas Leis nº 13.129/2015 e 10.303/2001.

2. A referida exegese, contudo, não autoriza a utilização e a extensão do procedimento arbitral à União na condição de acionista controladora da Petrobrás, seja em razão da ausência de lei autorizativa ou estatutária (arbitrabilidade subjetiva), seja em razão do conteúdo do pleito indenizatório que subjaz o presente conflito de competência na hipótese, o qual transcende o objeto indicado na cláusula compromissória em análise (arbitrabilidade objetiva).

3. Nos exatos termos da cláusula compromissória prevista no art. 58 do Estatuto da Petrobras, a adoção da arbitragem está restrita "às disputas ou controvérsias que envolvam a Companhia, seus acionistas, os administradores e conselheiros fiscais, tendo por objeto a aplicação das disposições contidas na Lei nº 6.404, de 1976, neste Estatuto Social".

4. Em tal contexto, considerando a discussão prévia acerca da própria existência da cláusula compromissória em relação ao ente público – circunstância em que se evidencia inaplicável a regra da "competência-competência" – sobressai a competência exclusiva do Juízo estatal para o processamento e o julgamento de ações indenizatórias movidas por investidores acionistas da Petrobrás em face da União e da Companhia. Documento: 1667167 – Inteiro Teor do Acórdão – Site certificado – DJe: 11/02/2020 Página 2 de 8 Superior Tribunal de Justiça.

5. Conflito de competência conhecido para declarar a competência do Juízo Federal suscitado.

***

AgInt no AgInt nos EDcl no CONFLITO DE COMPETÊNCIA Nº 179987 – SP (2021/0164441-2)

RELATOR: MINISTRO MOURA RIBEIRO

AGRAVANTE: PRUDENTIAL DO BRASIL SEGUROS DE VIDA S.A ADVOGADOS: MARICI GIANNICO – DF030983 THAIS ARZA MONTEIRO – SP267967 FLAVIO SPACCAQUERCHE BARBOSA – SP235398 MARCELO CATANIA RAMOS – SP389694 VANESSA WINKLER – RJ200964 CLEBER VENDITTI DA SILVA E OUTRO(S) – DF058426

AGRAVADO: MARCIO MATIAS RUSCITTO

ADVOGADOS: GUSTAVO DE AGUIAR FERREIRA ALVES - MG079362 GUILHERME TOSHIHIRO TAKEISHI - SP276388

AGRAVADO: MR24 CORRETORA DE SEGUROS DE VIDA EIRELI

ADVOGADO: RAPHAEL DE LIMA VICENTE - SP327758

SUSCITADO: CAESP CONSELHO ARBITRAL DO ESTADO DE SAO PAULO SUSCITADO: JUÍZO DA 6A VARA DO TRABALHO DE SÃO PAULO - SP EMENTA AGRAVO INTERNO NOS EMBARGOS DE DECLARAÇÃO NO CONFLITO DE COMPETÊNCIA. JUÍZO TRABALHISTA. JUÍZO ARBITRAL. CONTRATO DE FRANQUIA. PRETENSÃO DE RECONHECIMENTO DE VÍNCULO EMPREGATÍCIO EM PERÍODO DIVERSO DA VIGÊNCIA DA CLÁUSULA COMPROMISSÓRIA. AGRAVO INTERNO NÃO PROVIDO.

1. A controvérsia gira em torno de se definir qual o juízo competente para processar e julgar demandas distintas, a primeira instaurada perante o juízo arbitral e a segunda perante o juízo trabalhista, buscando dirimir a existência de vínculo trabalhista e os efeitos do contrato de franquia firmado entre as partes, em que foi estabelecida a arbitragem como forma de composição de litígios.

2. Aplicação do entendimento firmado pela Segunda Seção desta Corte Superior de que verificada a impossibilidade de reunião dos processos em um mesmo juízo e havendo inegável vínculo de prejudicialidade entre eles, a questão deve ser resolvida mediante aplicação da regra prevista no art. 313, V, do Código de Processo Civil de 2015, que determina a suspensão do processo quando a sentença de mérito depender da declaração de existência ou de inexistência de relação jurídica que constitua o objeto principal de outro processo pendente (CC nº 184.495/SP, relator Ministro RICARDO VILLAS BÔAS CUEVA, Segunda Seção, j. 22/6/2022, DJe de 1º/7/2022). 3. Agravo interno não provido.

Art. 9. O compromisso arbitral é a convenção (1) através da qual as partes submetem um litígio à arbitragem (2) de uma ou mais pessoas, podendo ser judicial ou extrajudicial (3).

1. A outra espécie de convenção de arbitragem. O compromisso arbitral é a categoria da convenção de arbitragem que geralmente não está inserta em documentos que consubstanciam negócios jurídicos. Como já dito, produz os mesmos efeitos da cláusula compromissória, positivos e negativos, já comentados no art. 3º da Lei de Arbitragem acima.

2. Litígios existentes. O compromisso arbitral geralmente é um documento apartado a um contrato ou a uma situação jurídica qualquer. Definindo a forma de solução de conflito e indicando o seu objeto, é natural que diga respeito a litígios existentes e posteriores à celebração de contratos ou ao início de relações jurídicas e seus problemas.

3. Instituição judicial ou extrajudicial. O compromisso arbitral pode ser celebrado extrajudicial ou judicialmente, no âmbito de qualquer processo judicial, mas especialmente naqueles ajuizados em face da demanda prevista no art. 7º da Lei de Arbitragem.

§ 1º O compromisso arbitral judicial celebrar-se-á por termo nos autos, perante o juízo ou tribunal, onde tem curso a demanda.

1. **Compromisso arbitral judicial.** Pode ser celebrado em qualquer processo judicial, bastando que as partes decidam alterar o método de solução de conflito, do Judiciário para a arbitragem. Trata-se de hipótese bastante improvável, sendo, contudo, o resultado final da demanda prevista no art. 7º da Lei de Arbitragem já comentado acima. Será celebrado e reduzido a termo no próprio processo, contando ainda com a chancela judicial.

§ 2º O compromisso arbitral extrajudicial será celebrado por escrito particular, assinado por duas testemunhas, ou por instrumento público.

2. **Compromisso arbitral extrajudicial.** Pode ser celebrado em qualquer circunstância existindo litígio envolvendo direito patrimonial disponível. Será celebrado por escrito, assinado por duas testemunhas, tal qual um documento particular se torna um título executivo ou por instrumento particular.

Art. 10. Constará, obrigatoriamente, do compromisso arbitral (1):

I – o nome, profissão, estado civil e domicílio das partes (2);

II – o nome, profissão e domicílio do árbitro, ou dos árbitros, ou, se for o caso, a identificação da entidade à qual as partes delegaram a indicação de árbitros (3);

III – a matéria que será objeto da arbitragem (4); e

IV – o lugar em que será proferida a sentença arbitral (5).

1. **Requisitos.** No caput do artigo indica-se que cada um dos incisos que se seguirão devem constar necessariamente dos compromissos arbitrais celebrados. A falta de um desses elementos pode levar à nulidade do compromisso.

2. **Qualificação das partes.** O objetivo é identificar quem são exatamente os demandantes, daí fundamental constar a denominação, endereço, CNPJ para pessoas jurídicas e CPF e estado civil para as pessoas físicas.

3. **Qualificação dos árbitros.** Busca-se saber quem será o julgador responsável por solucionar o litígio existente. A mesma forma de qualificação das partes pode ser aplicada aos árbitros.

4. **Objeto da arbitragem.** O litígio a ser dirimido e julgado pelos árbitros deve ser indicado e delimitado no compromisso arbitral de modo que os árbitros conheçam com exatidão o objeto do seu encargo.

5. **Local de proferimento da sentença arbitral.** Não se trata de qualquer limitação quanto aos locais para a realização de atos processuais, que podem ocorrer em mais de uma cidade ou mais de um país. A maior relevância se dá quanto aos locais que não estejam em território brasileiro. Daí surgirá a necessidade de homologação da sentença arbitral perante o STJ caso se pretenda efetivá-la em território brasileiro.

STJ – REsp 693219 / PR

RECURSO ESPECIAL Nº 693.219 – PR (2004/0124717-5)

RELATORA: MINISTRA NANCY ANDRIGHI

RECORRENTE: CONSÓRCIO CARIOCA PASSARELLI

ADVOGADO: CÉSAR AUGUSTO GUIMARÃES PEREIRA E OUTROS

RECORRIDO: COMPANHIA PARANAENSE DE GÁS – COMPAGÁS

ADVOGADO: ALEXANDRE HELLENDER DE QUADROS E OUTROS

EMENTA: Direito processual civil. Recurso especial. Litispendência. Embargos do devedor. Ação de nulidade de compromisso arbitral. – Não há litispendência entre ação declaratória de compromisso arbitral e embargos do devedor objetivando a desconstituição da sentença arbitral. – Embora exista coincidência entre alguns fundamentos jurídicos apresentados em ambas as ações, é inviável reconhecer a litispendência, pois seria necessária não apenas semelhança, mas identidade entre as causas de pedir. – Não é possível a análise do mérito da sentença arbitral pelo Poder Judiciário, sendo, contudo, viável a apreciação de eventual nulidade no procedimento arbitral. – O Tribunal de origem, na hipótese, apenas deferiu a produção de provas para que pudesse analisar a ocorrência ou não de nulidade no procedimento arbitral. Recurso especial não conhecido.

***

Art. 11. Poderá, ainda, o compromisso arbitral conter: (1)

I – local, ou locais, onde se desenvolverá a arbitragem; (2)

II – a autorização para que o árbitro ou os árbitros julguem por eqüidade, se assim for convencionado pelas partes; (3)

III – o prazo para apresentação da sentença arbitral; (4)

IV – a indicação da lei nacional ou das regras corporativas aplicáveis à arbitragem, quando assim convencionarem as partes; (5)

V – a declaração da responsabilidade pelo pagamento dos honorários e das despesas com a arbitragem; (6) e

VI – a fixação dos honorários do árbitro, ou dos árbitros. (7)

Parágrafo único. Fixando as partes os honorários do árbitro, ou dos árbitros, no compromisso arbitral, este constituirá título executivo extrajudicial; não havendo tal estipulação, o árbitro requererá ao órgão do Poder Judiciário que seria competente para julgar, originariamente, a causa que os fixe por sentença. (8)

1. Elementos facultativos. No caput do artigo a indicação de elementos que podem constar do compromisso de modo adicional aos requisitos. A faltou inexistência de qualquer desses elementos não gera nenhuma consequência para o compromisso arbitral. Trata-se apenas da conveniência das partes.

2. Locais onde se desenvolverá a arbitragem. A questão pode ser resolvida de plano, dai ser conveniente já prever a realização dos atos procedimentais no compromisso arbitral, Contudo, a questão pode ser definida pelos árbitros e pelas partes, sem qualquer problema. Nada impede também quem algo seja definido no compromisso e depois alterado pelos árbitros.

3. Autorização para que os árbitros julguem por equidade. Vale para esse artigo os mesmos comentários do art. 2º da Lei de Arbitragem, acima. O momento da autorização é a celebração do compromisso arbitral quando este é a espécie de convenção de arbitragem escolhido. Não se impede, contudo, que essa autorização se dê de outra forma ou seja posterior.

4. Prazo para apresentação da sentença arbitral. Nesse caso as partes colocam um limite para que os árbitros cumpram o seu encargo de julgar. Obviamente o prazo estipulado pode se mostrar inexeqüível, sendo os árbitros obrigados a solicitar mais prazo para esse julgamento.

5. Indicação das regras corporativas e/ou leis aplicáveis à arbitragem. Indicação com comentários também semelhantes ao do art. 2º da Lei de Arbitragem. Uma das grandes vantagens do instituto é exatamente a possibilidade de adequação das regras ao caso concreto.

6. Declaração de responsabilidade de pagamento dos honorários e despesas com a arbitragem. Trata-se de regra que pode ser combinada desde o início, mas que sem nenhum problema também pode ser dirimida pelos árbitros seguindo regras de sucumbência da legislação aplicável ou de acordo com as regras de arbitragem no caso de arbitragem institucional.

7. Fixação dos honorários dos árbitros. É algo que pode ser estipulado desde o início da arbitragem, mas não é nada usual. Normalmente os árbitros recebem por hora trabalhada, eventualmente com limites mínimos e máximos. É muito difícil prever a extensão do trabalho e o seu custo inicialmente. O outro lado da moeda é a imprevisibilidade para as partes que não saberão exatamente quanto a arbitragem lhes custará.

8. Compromisso Arbitral como Título Executivo Extrajudicial. Quando o compromisso arbitral indicar os honorários dos árbitros, este transformar-se-á também em um título executivo extrajudicial para os árbitros pleitearem judicial mente seus honorários caso não haja cumprimento espontâneo pela parte responsável. No caso de não haver fixação de honorários, os árbitros podem buscar a liquidação judicial de seus honorários. Em arbitragens institucionais, os honorários seguirão os padrões estabelecidos pelas Câmaras de Arbitragem.

Art. 12. Extingue-se o compromisso arbitral: (1)

I – escusando-se qualquer dos árbitros, antes de aceitar a nomeação, desde que as partes tenham declarado, expressamente, não aceitar substituto; (2)

II – falecendo ou ficando impossibilitado de dar seu voto algum dos árbitros, desde que as partes declarem, expressamente, não aceitar substituto; (3) e

III – tendo expirado o prazo a que se refere o art. 11, inciso III, desde que a parte interessada tenha notificado o árbitro, ou o presidente do tribunal arbitral, concedendo-lhe o prazo de dez dias para a prolação e apresentação da sentença arbitral. (4)

1. **Formas de extinção do compromisso arbitral.** Os incisos desse artigo indicam os modos pelos quais o compromisso arbitral pode ser extinto, estando as partes livres de qualquer convenção de arbitragem e sendo o Judiciário o método de solução de conflitos a ser adotado.

2. **Escusa na aceitação do encargo e proibição de substituto.** Se houver um árbitro específico indicado e este não aceitar o encargo, sendo vedada substituição, o compromisso arbitral se extingue. Nesse caso, nada comum na prática, a arbitragem se tornou uma questão intuito personae motivo pelo qual a impossibilidade do árbitro ou a sua não aceitação do encargo torna o compromisso inexeqüível.

3. Falecimento ou impossibilidade do árbitro, sem aceitação de substituto. Hipótese com os mesmos motivos e consequências do inciso anterior. A arbitragem também se torna intuito personae nesse caso.

4. Expiração do prazo para proferimento da sentença. Esse é uma hipótese também exclusiva das arbitragens iniciadas por compromisso arbitral. Obviamente, a parte que faz uso dessa cláusula não pode ter sido a responsável pelo atraso do processo e recomenda-se o bom sendo para que se aproveite ao máximo o procedimento e que pequenos atrasos, comuns em causas mais complexas, e questões ligadas a dificuldade dos procedimentos sejam administrados.

CAPÍTULO 3
DOS ÁRBITROS

ART. 13. Pode ser árbitro qualquer pessoa capaz (1) e que tenha a confiança das partes (2).

1. **Capacidade civil do árbitro.** O critério objetivo para escolha do árbitro é o de que ele tenha capacidade para exercer atos da vida civil já que a atividade de árbitro envolve uma série de contratações e responsabilidades.

2. **Confiança das partes.** Esse é o único requisito subjetivo exigido legalmente de um árbitro. Nesse aspecto, conhecer da matéria a ser julgada, de arbitragem ou de métodos de solução de conflitos não é algo que possa ser exigido. Daí não fazerem nenhum sentido os *"cursos de árbitros"* que se proliferam pelo país. De qualquer modo, quando mais especialista for o árbitro, melhor investimento farão as partes tendo um método de solução de conflitos bem dirigido e uma sentença hígida, que terá menores chances de ser anulada no futuro.

§ 1º As partes nomearão um ou mais árbitros, sempre em número ímpar, podendo nomear, também, os respectivos suplentes (1).

1. **Número de árbitros.** Os números ímpares são necessários para permitir julgamentos por maioria de votos, se for o caso. Normalmente, um ou três árbitros compõem os painéis arbitrais ou tribunais arbitrais. Nada impede, porém, que os painéis sejam compostos por mais árbitros, cinco, sete e daí em diante. Contudo, pelos elevados custos envolvidos em arbitragens e o risco de falta de agilidade do processo com muitos

árbitros, a questão não ocorre na prática e as referências doutrinárias sobre essa situação são escassas.

§ 2º Quando as partes nomearem árbitros em número par, estes estão autorizados, desde logo, a nomear mais um árbitro (1). Não havendo acordo, requererão as partes ao órgão do Poder Judiciário a que tocaria, originariamente, o julgamento da causa a nomeação do árbitro, aplicável, no que couber, o procedimento previsto no art. 7º desta Lei (2).

1. **Árbitros em número par.** A arbitragem não sofrerá grandes consequências se, porventura, as partes indicarem um número par de árbitros. Nesse caso os árbitros indicados estarão autorizados desde já a nomear mais um.

2. **Mais uma vez a ação do art. 7º.** Caso não haja acordo entre os árbitros, a ação descrita no art. 7º da Lei de Arbitragem acima pode ser utilizada para esse fim de indicação do terceiro nome.

§ 3º As partes poderão, de comum acordo, estabelecer o processo de escolha dos árbitros, ou adotar as regras de um órgão arbitral institucional ou entidade especializada (1).

1. **Forma de indicação dos árbitros.** Esse parágrafo retoma a discussão acerca da necessidade de regras claras para a forma de indicação dos árbitros (*cf.* art. 6º da Lei de Arbitragem acima). Esse requisito, como já se viu, é o que diferencia uma cláusula compromissória cheia de uma cláusula compromissória vazia, por exemplo. Ou se estabelecem regras ou se faz referência a regras institucionais.

1. § 4º As partes, de comum acordo, poderão afastar a aplicação de dispositivo do regulamento do órgão arbitral institucional ou entidade especializada que limite a escolha do árbitro único, coárbitro ou presidente do tribunal à respectiva lista de árbitros, autorizado o controle da escolha pelos órgãos competentes da instituição, sendo que, nos casos de impasse e arbitragem multiparte, deverá ser observado o que dispuser o regulamento aplicável. (1)

(Redação dada pela Lei nº 13.129, de 2015) (Vigência)

1. Celeuma solucionada. A questão envolvendo as listas de Câmaras gerou bastante polêmica durante as discussões da alteração da Lei de Arbitragem. Embora não seja comum a presença de listas de árbitros nas Câmaras brasileiras, elas não são obrigatórias. Para alguns, nada mais representam do que uma reserva de mercado. Para outros, são uma forma de as Câmaras controlarem o padrão das arbitragens existentes sob as suas regras. A conclusão é que as partes, se quiserem podem definir. No final, a decisão continuou com as instituições arbitrais.

§ 5º O árbitro ou o presidente do tribunal designará, se julgar conveniente, um secretário, que poderá ser um dos árbitros (1).

1. **O secretário. Importante e raro.** A figura do secretário é bastante importante nos processos arbitrais. Na prática, operacionaliza toda a estrutura para o desenvolvimento do processo arbitral tais como locais de audiência, tradutores, estenotipistas, etc, deixando os árbitros com a função precípua de julgar. Um bom julgamento em processo arbitral começa com um bom secretário. É figura muito comum em arbitragens internacionais e em arbitragens institucionais, ambientes nos quais essa função é exercida profissionalmente. Ademais, já se começa a observar no Brasil árbitros que possuem seus Secretários de confiança que atuam nos processos nos quais presidem.

§ 6º No desempenho de sua função, o árbitro deverá proceder com imparcialidade, independência, competência, diligência e discrição (1).

1. **Os atributos da função de árbitro.** Para a indicação do árbitro, como se viu no *caput* desse art. 13 da Lei de Arbitragem, acima, basta que as partes tenham confiança no árbitro. Contudo, no desempenho de sua função, é o que o árbitro exerce é apenas função, e não um cargo, ao contrário dos juízes, alguns atributos são necessários e exigidos por lei. O primeiro deles é a *imparcialidade*, tida como a equidistância entre os árbitros e as partes, tanto do ponto de vista de relacionamento pessoal, como do ponto de vista de teses e interesses. Ademais, o árbitro deve ser *competente*, não necessariamente um especialista na matéria, advogado, etc, mas sim ter condições de arbitrar e analisar o caso. Ademais, o árbitro deve ter diligência, esmero para julgar o caso de modo eficiente, otimizando recursos e tempo das partes. Por fim, espera-se do árbitro discrição. Embora a maioria das arbitragens venha acompanhada de cláusulas de sigilos, espera-se que o árbitro furte-se de comentários sobre casos em curso, acontecimentos e situações observadas em arbitragens de modo a resguardar as partes e as matérias em discussão.

§ 7º Poderá o árbitro ou o tribunal arbitral determinar às partes o adiantamento de verbas para despesas e diligências que julgar necessárias (1).

1. **Adiantamento de despesas e diligências.** As Câmaras brasileiras já passaram por grandes dificuldades pela falta de constituição de um

fundo de despesas nos processos arbitrais que administravam e pela ausência de regras a respeito das consequências pela falta de pagamentos. Essa realidade, contudo, mudou. Esse dispositivo legal serve de fundamental para medidas prévias e cada vez mais corriqueiras. Exigência de adiantamentos de ambas as partes, criação de regras de adiantamento de uma parte em lugar da parte adversa para adiantamento de despesas.

Art. 14. Estão impedidos de funcionar como árbitros as pessoas que tenham, com as partes ou com o litígio que lhes for submetido, algumas das relações que caracterizam os casos de impedimento ou suspeição de juízes (1), aplicando-se-lhes, no que couber, os mesmos deveres e responsabilidades, conforme previsto no Código de Processo Civil (2).

1. **Por que não todas as relações?** Como já dito nos comentários do § 6º do art. 13 da Lei de Arbitragem acima, os árbitros têm a função de julgar, aplicando o direito ao caso concreto do mesmo modo que os juízes de direito atuam. Contudo, os árbitros não são dotados de uma série de prerrogativas e obrigações, exclusivos do cargo público de juiz. Daí porque uma série de atribuições, princípios e obrigações dos juízes não se aplica aos árbitros. Ademais, outras situações como o julgamento em instância única da arbitragem impedem a aplicação de hipóteses como a do inciso III do art. 134 do CPC.

2. **Hipóteses do Código de Processo Civil.** A Lei de Arbitragem faz referência ao Código de Processo Civil, especialmente seus arts. 134 e seguintes. Em arbitragens nacionais e internacionais também vale a análise da IBA guidelines (http://www.ibanet.org/ENews_Archive/IBA_July_2008_ENews_ArbitrationMultipleLang.aspx), com versão em português, sobre a atuação dos árbitros e conflitos de interesses em arbitragens internacionais e do Código de Ética eventualmente adotado pela Câmara de Arbitragem escolhida para procedimento institucionalizados.

§ 1º As pessoas indicadas para funcionar como árbitro têm o dever de revelar, antes da aceitação da função, qualquer fato que denote dúvida justificada quanto à sua imparcialidade e independência (1).

1. **O dever de revelação.** A indicação do árbitro é fundada na confiança. Nesse contexto, o dever de revelação ganha contornos importantíssimos e fundamentais. As partes devem ter ciência dos fatos que o árbitro jugue pertinentes e que possam gerar algum desconforto para as partes.

2. **Qual é a medida da revelação?** Sugere-se o bom senso. Há árbitros que revelam mais e outros que revelam menos. De qualquer modo, a medida da revelação deve considerar relações pregressas entre as partes, especialmente contatos pessoais e profissionais com as partes e seus advogados, por menor e tênue que seja. Por exemplo, atuação em conselhos de administração de subsidiárias ou controlada de uma das

partes, atuação pregressa em casos de empresas ligadas a uma das partes, atuação conjunta com escritório do advogado de uma das partes em caso envolvendo outros clientes, etc. De outro lado, se tem notícia de discussões a respeito de impugnações decorrentes de *"amizades"* em sites de relacionamento como *orkut* e *facebook*, bem como por filiação a mesmas entidades de classe, o que nos parece um exagero.

§ 2º O árbitro somente poderá ser recusado por motivo ocorrido após sua nomeação (1). Poderá, entretanto, ser recusado por motivo anterior à sua nomeação, quando:

1. **Recusa após a nomeação.** Esse entendimento se aplica para situações em que as partes participaram da nomeação ou indicação do árbitro. Também vale para aquelas situações em que a indicação foi feita por algum membro da Câmara, presidência ou diretoria, por exemplo, mas com autorização anterior das partes. Havendo essa autorização desde o momento da celebração da convenção de arbitragem, não há o que se contestar no futuro.

a) não for nomeado, diretamente, pela parte; ou (1)

1. **A nomeação direta.** A questão é discutível e pode gerar discussões, especificamente para se saber se o que efetivamente ocorreu é ou não nomeação direta. Trata-se apenas aquela em que a parte indica um nome ou a autorização para que a Câmara ou seus membros o façam já seria suficiente. Nesse caso a interpretação restritiva parece mais adequada e apenas a primeira hipótese deve ser vista como nomeação direta. Se a indicação é proveniente

b) o motivo para a recusa do árbitro for conhecido posteriormente à sua nomeação (1).

1. **A parte não deve ser surpreendida.** Obviamente, qualquer informação desconhecido não pode ser causa para prejuízo às partes. Nessa condição, pode haver a impugnação para fatos ocorridos após a nomeação do árbitro. O fato não precisa necessariamente ser novo, mas a parte tem que ter tomado conhecimento dele depois da indicação do árbitro, mesmo que a indicação seja pública. As pesquisas sobre os nomes indicados por outras partes ou pelos próprios árbitros só são feitas depois que esse nomes forem divulgados para as partes. Assim sendo, essa hipótese de recusa do nome do árbitro deve estar aberta.

STF – ADPF 1.050/DF

ARGUIÇÃO DE DESCUMPRIMENTO DE PRECEITO FUNDAMENTAL 1.050 DISTRITO FEDERAL
RELATOR: MIN. ALEXANDRE DE MORAES
REQTE.(S): UNIAO BRASIL
ADV.(A/S): FABRICIO JULIANO MENDES MEDEIROS
ADV.(A/S): CELSO DE BARROS CORREIA NETO
ADV.(A/S): RICARDO MARTINS JUNIOR
INTDO.(A/S): PRESIDENTE DA REPÚBLICA
PROC.(A/S)(ES): ADVOGADO-GERAL DA UNIÃO
INTDO.(A/S): CONGRESSO NACIONAL
PROC.(A/S)(ES): ADVOGADO-GERAL DA UNIÃO
(...)

(II) no mérito, a procedência do pedido para que, em interpretação conforme ao art. 14 da Lei de Arbitragem, sejam declarados quais os critérios constitucionais para o exercício do dever de revelação, incluindo, mas não se limitando, aos seguintes:

(a) o "dever de revelar" na arbitragem é um dever exclusivo dos árbitros, que devem revelar tudo o quanto lhes seja questionado pelas Partes e, por consequência lógica, inexiste qualquer tipo de dever de investigar atribuído às Partes;

(b) a "dúvida justificada" sobre fatos que podem trazer alguma conotação sobre a falta de independência ou a parcialidade dos árbitros deve ser aferida sempre aos olhos das Partes;

(c) a não revelação, por si só, de fato que possa ensejar "dúvida justificada" na parte sobre a imparcialidade ou independência do árbitro indicado, é causa de impedimento do árbitro que deixou de fazer a revelação, ainda que o fato não revelado não configurasse hipótese de impedimento;

(d) não há, para o exercício do dever de revelação na arbitragem, taxatividade das regras rígidas de impedimento e suspeição esculpidas nos artigos 144 a 148 do CPC;

(e) não há, para o exercício do dever de revelação nas arbitragens submetidas à lei brasileira, aplicação automática ou analógica das diretrizes da IBA para conflito de interesses; e

(f) a falta de independência e/ou parcialidade do árbitro é matéria de ordem pública e, como tal, não está sujeita à preclusão, podendo ser arguida a qualquer tempo e em qualquer grau de jurisdição, inclusive perante o Poder Judiciário.

Em caráter preliminar, observo que o cabimento da Arguição de Descumprimento de Preceito Fundamental será viável desde que haja a observância do princípio da subsidiariedade, que exige o esgotamento de todas as vias possíveis para sanar a lesão ou a ameaça de lesão a preceitos fundamentais ou a verificação, ab initio, de sua inutilidade para a preservação do preceito (ADPF 186/DF, Rel. Min. RICARDO LEWANDOWSKI, DJe de 20/10/2014). Caso os mecanismos utilizados de maneira exaustiva mostrem-se ineficazes, será cabível o ajuizamento da arguição. Da mesma forma, se desde o primeiro momento se verificar a ineficiência dos demais mecanismos jurisdicionais para a proteção do preceito fundamental, será possível que um dos legitimados se dirija diretamente ao SUPREMO TRIBUNAL FEDERAL, por meio de arguição de descumprimento de preceito fundamental.

No presente caso, é questionável o cabimento da Arguição de Descumprimento de Preceito Fundamental. O ajuizamento de Ação Direta de Inconstitucionalidade seria providência útil e suficiente, já que a pretendida atribuição de interpretação conforme dirige-se a dispositivo de lei federal (art. 14 da Lei 9.307/1996).

A jurisprudência desta CORTE aponta para a possibilidade de ocorrer o aproveitamento de arguição de descumprimento de preceito fundamental como ação direta de constitucionalidade, desde que observados determinados elementos – legitimidade ativa, objeto, fundamento constitucional e pedido de declaração de inconstitucionalidade – (ADPF-QO 72, Rel. Min. ELLEN GRACIE, Tribunal Pleno, DJ de 2/12/2005; ADI 4.105 MC, Rel. Min. MARCO AURÉLIO, Tribunal Pleno, DJe de 18/6/2010), e verificada dúvida aceitável sobre a ação cabível (ADPF 314 AgR, Rel. Min. MARCO AURÉLIO, Tribunal Pleno, DJe de 19/2/2016).

Registro que a própria autora formulou pedido subsidiário para o conhecimento da ação como Ação Direta de Inconstitucionalidade, pedido esse que merece acolhimento, pelo quanto acima exposto. Com essas considerações, CONHEÇO DA PRESENTE ARGUIÇÃO DE DESCUMPRIMENTO DE PRECEITO FUNDANDAMENTAL COMO AÇÃO DIRETA DE INCONSTITUCIONALIDADE.

Art. 15. A parte interessada em argüir a recusa do árbitro apresentará, nos termos do art. 20, a respectiva exceção, diretamente ao árbitro ou ao presidente do tribunal arbitral, deduzindo suas razões e apresentando as provas pertinentes (1).

1. A exceção de recusa do árbitro. Esse procedimento é previsto em arbitragens institucionais, mas tem regras gerais traçadas pela Lei de Arbitragem. Deve ser feita tão logo a parte tome conhecimento da situação que justifique a recusa, deduzindo suas razões de fato e de direito, bem como apresentado as provas que considerar pertinente. Sendo a arbitragem institucional, o procedimento previsto Câmara e os prazos lá indicados deverão ser seguidos por se tratar de convenção das partes e de regramento mais específico do que as previsões da Lei de Arbitragem.

Parágrafo único. Acolhida a exceção, será afastado o árbitro suspeito ou impedido, que será substituído, na forma do art. 16 desta Lei (1).

1. **O resultado da exceção de recusa do árbitro.** Se acolhida, o árbitro será afastado e um outro árbitro será indicado nos termos do artigo seguinte. Se recusada, o processo arbitral prosseguirá.

Art. 16. Se o árbitro escusar-se antes da aceitação da nomeação, ou, após a aceitação, vier a falecer, tornar-se impossibilitado para o exercício da função, ou for recusado, assumirá seu lugar o substituto indicado no compromisso, se houver (1).

1. **A substituição de árbitros em procedimentos iniciados mediante compromisso arbitral.** O raciocínio é o mesmo dos comentários feitos em relação ao art. 10 da Lei de Arbitragem. A hipótese prevista no *caput* do presente artigo é exclusiva para arbitragens iniciadas a partir de compromissos arbitrais.

§ 1º Não havendo substituto indicado para o árbitro, aplicar-se-ão as regras do órgão arbitral institucional ou entidade especializada, se as partes as tiverem invocado na convenção de arbitragem. (1)

1. **Possibilidade de substituição em arbitragens institucionais.** Tanto faz nesse caso a espécie de convenção de arbitragem adotada. Uma das grandes vantagens da arbitragem institucional é garantir previsibilidade às partes para situações inesperadas e a agilidade para a solução de percalços quando eles surjam.

§ 2º Nada dispondo a convenção de arbitragem e não chegando as partes a um acordo sobre a nomeação do árbitro a ser substituído, procederá a parte interessada da forma prevista no art. 7º desta Lei (1), a menos que as partes tenham declarado, expressamente, na convenção de arbitragem, não aceitar substituto (2).

1. **Outra hipótese de cabimento para a ação do art. 7º.** A parte inicial do artigo indica uma circunstância na qual as partes enfrentam dificuldades, mas continuam vinculadas à arbitragem como forma de solução de conflitos. Portanto, havendo dificuldade na indicação do árbitro, as partes poderão se socorrer da demanda prevista no art. 7º da Lei de Arbitragem acima.

2. **Impossibilidade de substituto para o árbitro impossibilidade de assumir o encargo.** Nessas condições, embora a hipótese prevista no art. 12, II da Lei de Arbitragem só se aplique para o compromisso arbitral, extinguindo-o, situação idêntica ocorrerá com a cláusula compromissória se houver disposição expressa das partes nesse sentido. Tal situação não é nada usual já que a cláusula compromissória, por ser prevista antes do surgimento do litígio, é aberta quanto à indicação do árbitro e mais ainda no tocante a substituições.

Art. 17. Os árbitros, quando no exercício de suas funções ou em razão delas, ficam equiparados aos funcionários públicos, para os efeitos da legislação penal (1).

1. **Reafirmação de interpretação já existente em nosso ordenamento jurídico (art. 327 do Código Penal).** O objetivo e resguardar a atuação dos árbitros e garantir que o resultado do processo arbitral (sentença arbitral) não seja maculado porque o árbitro não teve condições materiais ou jurídicas de praticar qualquer ato processual, ou seja, enquanto o indivíduo tem a função de apurar fatos e analisar teses jurídicas para aplicar o direito ao caso concreto. Nesse aspecto, o árbitro detém as mesmas prerrogativas de um funcionário público para obter informações de modo a garantir um processo arbitral completo e um julgamento justo.

Art. 18. O árbitro é juiz de fato e de direito (1), e a sentença que proferir não fica sujeita a recurso ou a homologação pelo Poder Judiciário (2).

1. **Juiz de fato e de direito.** Essa locação gerou muitos problemas e interpretações até mesmo dotadas de má-fé. Por óbvio o árbitro não pode ser equipado a um juiz, usar carro oficial de um Tribunal de Justiça, portar arma, etc. O que se quer dizer é o que árbitro exerce função análoga à de um juiz enquanto julga determinado caso, não obtendo nenhum cargo por causa disso, mas exercendo uma função de dizer o direito no caso concreto, jurisdicionar. Deve-se entender a expressão "juiz de fato e de direito" como alguém que analisa e julga questões fáticas e jurídicas de um determinado caso. Não haverá nenhuma consequência prática ou alteração no dia a dia de um profissional que atua como árbitro que o ligue aos quadros funcionais do Estado.

2. **Efeitos da sentença arbitral.** A sentença arbitral produz os seus efeitos desde o momento em que é proferida. Não está sujeita a qualquer tipo de recurso para reavaliação da decisão de mérito proferida e nem a homologação pelo poder Judiciário para conferir-lhe *exequatur*. Trata-se de alteração importantíssima introduzida pela Lei de Arbitragem, tornado sua produção de efeitos bastante ágil.

STF – SE 5206 AgR / EP – ESPANHA e SEC 5378 / FR – FRANÇA
08/05/1997
COORD. DE ANÁLISE DE JURISPRUDÊNCIA
D.J. 30.04.2004
EMENTÁRIO Nº 2149-6
TRIBUNAL PLENO
AG.REG.NA SENTENÇA ESTRANGEIRA 5.206-7 REINO DA ESPANHA
RELATOR: MINISTRO PRESIDENTE
AGRAVANTE: M B V COMMERCIAL AND EXPORT MANAGEMENT ESTABLISMENT
ADVOGADO: EVANDRO CATUNDA DE CLODOALDO PINTO E OUTROS
AGRAVADO: RESIL INDUSTRIA E COMERCIO LTDA
ADVOGADO: MARCIA SERRA NEGRA E OUTROS
ADVOGADO: ANDRÉ CARMELINGO ALVES

EMENTA: 1. Sentença estrangeira: laudo arbitral que dirimiu conflito entre duas sociedades comerciais sobre direitos inquestionavelmente disponíveis – a existência e o montante de créditos a título de comissão por representação comercial de empresa brasileira no exterior: compromisso firmado pela requerida que, neste processo, presta anuência ao pedido de homologação: ausência de chancela, na origem, de autoridade judiciária ou órgão público equivalente: homologação negada pelo Presidente do STF, nos termos da jurisprudência da Corte, então dominante: agravo regimental a que se dá provimento, por unanimidade, tendo em vista a edição posterior da L. 9.307, de 23.9.96, que dispõe sobre a arbitragem, para que, homologado c laudo, valha no Brasil como título executivo judicial.

2. Laudo arbitral: homologação: Lei da Arbitragem: controle incidental de constitucionalidade e o papel do STF.

A constitucionalidade da primeira das inovações da Lei da Arbitragem – a possibilidade de execução especifica de compromisso arbitral – não constitui, na espécie, questão prejudicial da homologação do laudo estrangeiro; a essa interessa apenas, como premissa, a extinção, no direito interno, da homologação judicial do laudo (arts. 18' e 31), e sua consequente dispensa, na origem, como requisito de reconhecimento, no Brasil, de sentença arbitral estrangeira (art. 35).

A completa assimilação, no direito interno, da decisão arbitral à decisão judicial, pela nova Lei de Arbitragem, já bastaria, a rigor, para autorizar a homologação, no Brasil, do laudo arbitral estrangeiro, independentemente de sua prévia homologação pela Justiça do país de origem.

Ainda que não seja essencial à solução do caso concreto, não pode o Tribunal – dado o seu papel de "guarda da Constituição" – se furtar a enfrentar o problema de constitucionalidade suscitado incidentemente (v.g. MS 20.505, Néri).

3. Lei de Arbitragem (L. 9.307/96): constitucionalidade, em *teser* do juízo arbitral; discussão incidental da constitucionalidade de vários dos tópicos da nova lei, especialmente acerca da compatibilidade, ou não, entre a execução judicial específica para a solução de futuros conflitos da cláusula compromissória e a garantia constitucional da universalidade da jurisdição do Poder Judiciário (CF, art. 5º, XXXV).

Constitucionalidade declarada pelo plenário, considerando o Tribunal, por maioria de votos, que a manifestação de vontade da parte na cláusula compromissória, quando da celebração do contrato, e a permissão legal dada ao juiz para que substitua a vontade da parte recalcitrante em firmar o compromisso não ofendem o artigo 5º, XXXV, da CF.

Votos vencidos, em parte – incluído o do relator – que entendiam inconstitucionais a cláusula compromissória – dada a indeterminação de seu objeto – e a possibilidade de a outra parte, havendo resistência quanto à instituição da arbitragem, recorrer ao Poder Judiciário para compelir a parte recalcitrante a firmar o compromisso, e, consequentemente, declaravam a inconstitucionalidade de dispositivos da Lei 9.307/96 (art. 6º, parág. único; 7º e seus parágrafos e, no art. 41, das novas redações atribuídas ao art. 267, VII e art. 301, inciso IX do C. Pr. Civil; e art. 42), por violação da garantia da universalidade da jurisdição do Poder Judiciário.

Constitucionalidade – aí por decisão unânime, dos dispositivos da Lei de Arbitragem que prescrevem a irrecorribilidade (art. 18) e os efeitos de decisão judiciária da sentença arbitral (art. 31).

ACÓRDÃO

Vistos, relatados e discutidos estes autos, acordam os Ministros do Supremo Tribunal Federal, em sessão plenária, na conformidade da ata do julgamento e das notas taquigráficas, por unanimidade de votos, em prover o agravo para homologar a sentença arbitral, e, por maioria, declarar constitucional a L. 9307, de 23.9.96, vencidos, em parte, os Senhores Ministros Sepúlveda.

Pertence, Sydney Sanches, Néri da Silveira e Moreira Alves, que declaravam a inconstitucionalidade do parágrafo único do artigo 6º; do artigo 7º e seus parágrafos; no artigo 41, das novas redações atribuídas ao artigo 267, inciso VII e ao artigo 301, inciso IX, do Código de Processo Civil; e do artigo 42, todos do referido diploma legal.

Brasília 12 de dezembro de 2001.

***

COORD. DEANÁLISE DE JURISPRUDÊNCIA
D.J. 25.02.2000
EMENTÁRIO NQ 1980-2
TRIBUNAL PLENO
SENTENÇA ESTRANGEIRA CONTESTADA N. 5.378-1 REPÚBLICA FRANCESA

RELATOR: MIN. MAURÍCIO CORRÊA

REQUERENTE: TARDIVAT INTERNATIONAL S/A

ADVOGADO: CARLOS MAXIMIANO MAERA DE LAET E OUTROS

ADVOGADO: ANTONIO CARLOS DANTAS RIBEIRO

REQUERIDO: B. OLIVEIRA S/A - INDUSTRIA, COMERCIO E EXPORTAÇÃO

ADVOGADO: ÂNGELO MÁRIO PEIXOTO DE MAGALHÃES JÚNIOR E OUTROS

EMENTA: HOMOLOGAÇÃO DE SENTENÇA ARBITRAL ESTRANGEIRA.

CAUÇÃO: DESNECESSIDADE. COMPETÊNCIA DO JUIZ ESTRANGEIRO.

APLICABILIDADE DA LEI N° 9.307/96. INEXISTÊNCIA DE OUTORGA DE PROCURAÇÃO AO REPRESENTANTE DA REQUERIDA. CITAÇÃO NÃO COMPROVADA. PREJUDICIALIDADE DE OUTRAS QUESTÕES EM VIRTUDE DA FALTA DE REPRESENTAÇÃO. POSSIBILIDADE DE RENOVAR-SE O PEDIDO.

1. Não se exige caução em tema de homologação de sentença estrangeira (SEC nº 3.407, Oscar Corrêa, DJ de 07.12.84).

2. Não se tratando da hipótese prevista no artigo 89 do CPC, a jurisprudência do STF tem admitido a competência concorrente dos juízos brasileiro e estrangeiro para julgamento de causa em que é parte pessoa domiciliada no Brasil.

3. A Lei nº 9.307/96, dado seu conteúdo processual, tem incidência imediata nos casos pendentes de julgamento.

4. Não supre a citação o comparecimento à Câmara de Arbitragem de suposto representante da requerida desprovido de procuração.

5. Comprovada a ilegitimidade da representação, fica prejudicado qualquer exame sobre questões vinculadas ao contrato.

6. Hipótese em que, cumpridos os requisitos, poderá o pleito ser repetido.

Pedido de homologação indeferido.

ACÓRDÃO

Vistos, relatados e discutidos estes autos, acordam os Ministros do Supremo Tribunal Federal, em Sessão Plenária, na conformidade da ata do julgamento e das notas taquigráficas, por unanimidade de votos, indeferir o pedido de homologação, nos termos do voto do Senhor Ministro Relator.

Brasília, 03 de fevereiro de 2000.

***

STJ – MS 11308 / DF
MANDADO DE SEGURANÇA Nº 11.308 – DF (2005/0212763-0)

(...)

Destarte, uma vez convencionado pelas partes cláusula arbitral, o árbitro vira juiz de fato e de direito da causa, e a decisão que então proferir não ficará sujeita a recurso ou à homologação judicial, segundo dispõe o artigo 18 da Lei 9.307/96, o que significa categorizá-lo como equivalente jurisdicional, porquanto terá os mesmos poderes do juiz togado, não sofrendo restrições na sua competência. Outrossim, vige na jurisdição privada, tal como sucede naquela pública, o princípio do Kompetenz-Kompetenz, que estabelece ser o próprio juiz quem decide a respeito de sua competência. Ante os argumentos expostos, acertada a solução adotada em sentença proferida pelo Juízo da 42ª Vara Cível da Comarca do Rio de Janeiro, a qual não merece qualquer ressalva, haja vista a inexistência de qualquer óbice de ordem material ou formal à instituição de cláusulas compromissórias em sede de contratos administrativos firmados entre sociedade de economia mista e empresas comerciais privadas. A referida decisão privilegia a segurança jurídica, pilar que sustenta o administrado, posto depositar credibilidade nas leis que regulam os contratos, na legitimidade dos atos do Poder Público e nos contratos que engendra, por isso que, uma vez exsurgindo Portaria exarada por Ministro de Estado rescindindo unilateralmente contrato administrativo dependente de compromisso arbitral, há que se anular o ato administrativo inquinado, sob pena de negar-se eficácia ao próprio contrato.

(...)

Ex positis, concedo a segurança, para confirmar o teor da liminar dantes deferida, em que se determinava a conservação do *status quo* ante, face a sentença proferida pelo Juízo da 42ª Vara Cível da Comarca do Rio de Janeiro, porquanto o presente litígio deverá ser conhecido e solucionado por juízo arbitral competente, eleito pelas partes.

CAPÍTULO 4
DO PROCEDIMENTO ARBITRAL

Art. 19. Considera-se instituída a arbitragem quando aceita a nomeação pelo árbitro, se for único, ou por todos, se forem vários (1).

1. **A instituição da arbitragem.** O momento no qual a arbitragem tem início é de grande relevância, por exemplo, para a adoção de medidas de apoio no Judiciário. Até a instituição da arbitragem essas medidas podem ser requeridas perante o juiz estatal e este será o responsável pelo seu deferimento e cumprimento até que a arbitragem se institua. O critério adotado pela Lei de Arbitragem é o da aceitação do encargo pelo árbitro, funcionando bem para arbitragens institucionais e arbitragens *"ad hoc"*. Não é raro, entretanto, que em arbitragens institucionais a regra seja diferente e que a arbitragem se considere iniciada em momentos posteriores tais como a assinatura do Termo de Arbitragem ou com o pagamento do adiantamento de despesas. Sendo a arbitragem constituída por mais de um árbitro, a instituição se dará com a aceitação por todos, o que geralmente se dará após a aceitação do encargo pelo presidente, o último a ser indicado.

Pode haver discussão se um determinado regulamento contiver disposição diversa da prevista em lei quanto ao início da arbitragem. A tendência, contudo, é que a convenção das partes acerca do regulamento de uma Câmara em arbitragens institucionais prevaleça por ser uma disposição mais específica do que e regra geral prevista em lei. No entanto, qualquer resposta definitiva só poderá ser dada com a análise do caso concreto.

STF – SE 5206 AgR / EP – ESPANHA
08/05/1997
COORD. DE ANÁLISE DE JURISPRUDÊNCIA
D.J. 30.04.2004
EMENTÁRIO Nº 2 1 4 9 – 6
TRIBUNAL PLENO
AG.REG.NA SENTENÇA ESTRANGEIRA 5.206-7 REINO DA ESPANHA
RELATOR: MINISTRO PRESIDENTE
AGRAVANTE: M B V COMMERCIAL AND EXPORT MANAGEMENT ESTABLISMENT
ADVOGADO: EVANDRO CATUNDA DE CLODOALDO PINTO E OUTROS
AGRAVADO: RESIL INDUSTRIA E COMERCIO LTDA
ADVOGADO: MARCIA SERRA NEGRA E OUTROS
ADVOGADO: ANDRÉ CARMELINGO ALVES

EMENTA: 1. Sentença estrangeira: laudo arbitral que dirimiu conflito entre duas sociedades comerciais sobre direitos inquestionavelmente disponíveis – a existência e o montante de créditos a título de comissão por representação comercial de empresa brasileira no exterior: compromisso firmado pela requerida que, neste processo, presta anuência ao pedido de homologação: ausência de chancela, na origem, de autoridade judiciária ou órgão público equivalente: homologação negada pelo Presidente do STF, nos termos da jurisprudência da Corte, então dominante: agravo regimental a que se dá provimento, por unanimidade, tendo em vista a edição posterior da L. 9.307, de 23.9.96, que dispõe sobre a arbitragem, para que, homologado c laudo, valha no Brasil como título executivo judicial.

2. Laudo arbitral: homologação: Lei da Arbitragem: controle incidental de constitucionalidade e o papel do STF.

A constitucionalidade da primeira das inovações da Lei da Arbitragem – a possibilidade de execução específica de compromisso arbitral – não constitui, na espécie, questão prejudicial da homologação do laudo estrangeiro; a essa interessa apenas, como premissa, a extinção, no direito interno, da homologação judicial do laudo (arts. 18' e 31), e sua consequente dispensa, na origem, como requisito de reconhecimento, no Brasil, de sentença arbitral estrangeira (art. 35).

A completa assimilação, no direito interno, da decisão arbitral à decisão judicial, pela nova Lei de Arbitragem, já bastaria, a rigor, para autorizar a homologação, no Brasil, do laudo arbitral estrangeiro, independentemente de sua prévia homologação pela Justiça do país de origem.

Ainda que não seja essencial à solução do caso concreto, não pode o Tribunal – dado o seu papel de "guarda da Constituição" – se furtar a enfrentar o problema de constitucionalidade suscitado incidentemente (v.g. MS 20.505, Néri).

3. Lei de Arbitragem (L. 9.307/96): constitucionalidade, em *teser* do juízo arbitral; discussão incidental da constitucionalidade de vários dos tópicos da nova lei, especialmente acerca da compatibilidade, ou não, entre a execução judicial específica para a solução de futuros conflitos da cláusula compromissória e a garantia constitucional da universalidade da jurisdição do Poder Judiciário (CF, art. 5º, XXXV).

Constitucionalidade declarada pelo plenário, considerando o Tribunal, por maioria de votos, que a manifestação de vontade da parte na cláusula compromissória, quando da celebração do contrato, e a permissão legal dada ao juiz para que substitua a vontade da parte recalcitrante em firmar o compromisso não ofendem o artigo 5º, XXXV, da CF.

Votos vencidos, em parte – incluído o do relator – que entendiam inconstitucionais a cláusula compromissória – dada a indeterminação de seu objeto – e a possibilidade de a outra parte, havendo resistência quanto à instituição da arbitragem, recorrer ao Poder Judiciário para compelir a parte recalcitrante a firmar o compromisso, e, consequentemente, declaravam a inconstitucionalidade de dispositivos da Lei 9.307/96 (art. 6º, parág. único; 7º e seus parágrafos e, no art. 41, das novas redações atribuídas ao art. 267, VII e art. 301, inciso IX do C. Pr. Civil; e art. 42), por violação da garantia da universalidade da jurisdição do Poder Judiciário.

Constitucionalidade – aí por decisão unânime, dos dispositivos da Lei de Arbitragem que prescrevem a irrecorribilidade (art. 18) e os efeitos de decisão judiciária da sentença arbitral (art. 31).

ACÓRDÃO

Vistos, relatados e discutidos estes autos, acordam os Ministros do Supremo Tribunal Federal, em sessão plenária, na conformidade da ata do julgamento e das notas taquigráficas, por unanimidade de votos, em prover o agravo para homologar a sentença arbitral, e, por maioria, declarar constitucional a L. 9307, de 23.9.96, vencidos, em parte, os Senhores Ministros Sepúlveda.

Pertence, Sydney Sanches, Néri da Silveira e Moreira Alves, que declaravam a inconstitucionalidade do parágrafo único do artigo 6º; do artigo 7º e seus parágrafos; no artigo 41, das novas redações atribuídas ao artigo 267, inciso VII e ao artigo 301, inciso IX, do Código de Processo Civil; e do artigo 42, todos do referido diploma legal.

Brasília 12 de dezembro de 2001.

(...)

O segundo momento consiste na "instituição da arbitragem".

Diz a lei que se considera "instituída a arbitragem quando aceita a nomeação pelo árbitro ..(L. 9.307/96, art. 19).

A instituição da arbitragem é posterior ao conflito.

Ela sucede ao conflito em concreto.

É nesse momento que se verificará se o conflito é de natureza dispositiva.

Se o for, institui-se a arbitragem.

Observar-se-á, então, quanto às regras, os termos da cláusula compromissória.

A instituição da arbitragem obedecerá às regras do "órgão arbitral Institucional ou entidade especializada" a que se reportar os termos da cláusula ou as regras estabelecidas na própria cláusula (L. 9.307/96, art. 6º).

Somente quando se tratar de "cláusula compromissória em branco" (13), a lei abre o caminho da notificação do art. 6º e da ação do art. 7º.

Fica claro que uma coisa é o pacto relativo à cláusula compromissória.

Outra, é a instituição da arbitragem.

Estipula-se a cláusula antes do conflito.

Institui-se a arbitragem após o conflito e tão somente quando este ocorrer.

L. 9.307/96:

Art. 6º. Não havendo acordo prévio sobre a forma de instituir a arbitragem ...

Figuremos um exemplo.

As partes firmam contrato, de natureza civil ou comercial.

Pactuam, p. ex. a compra e venda de bens ou serviços.

Tudo de direito privado.

O contrato atende os pressupostos de validade do ato jurídico (CC, art. 82).

As partes são capazes.

O objeto é lícito.

A forma é a prescrita em lei.

Em princípio, os conflitos que decorrerem dessa relação jurídica também serão disponíveis, tudo porque o objeto do contrato é disponível.

No entanto, podem ocorrer situações futuras que inviabilizem a arbitragem.

Lembro, por exemplo, a incapacidade superveniente de uma das partes – por doença – ou, mesmo, o seu falecimento tendo deixado herdeiros incapazes.

STJ – EDcl no REsp 1297974 / RJ

EDcl no RECURSO ESPECIAL Nº 1.297.974 – RJ (2011/0240991-9)

RELATORA: MINISTRA NANCY ANDRIGHI

EMBARGANTE: PARTICIPAÇÕES EM COMPLEXOS BIOENERGÉTICOS S/A – PCBIOS ADVOGADOS: CARLOS ROBERTO DE SIQUEIRA CASTRO E OUTRO(S) POLYANNA FERREIRA SILVA

EMBARGANTE: ITARUMÃ PARTICIPAÇÕES S/A ADVOGADOS: ROBERTO THEDIM DUARTE CANCELLA E OUTRO(S) GUSTAVO MOTA GUEDES EDUARDO AUGUSTO MATTAR GUILHERME LEAL VAZ DA COSTA

EMBARGADO: OS MESMOS

EMENTA PROCESSO CIVIL. EMBARGOS DE DECLARAÇÃO. ERRO MATERIAL E OBSCURIDADE. ACOLHIMENTO, MAS SEM EFEITOS INFRINGENTES. ARBITRAGEM. INSTITUIÇÃO. MOMENTO.

1. Verificada a existência de obscuridade e erro material no acórdão, é de rigor o acolhimento dos embargos de declaração.

2. Nos termos do art. 19 da Lei nº 9.307/96, considera-se instituída a arbitragem quando aceita a nomeação pelo árbitro, se for único, ou por todos, se forem vários.

3. Embargos de declaração parcialmente acolhidos, sem efeitos modificativos.

***

§ 1º Instituída a arbitragem e entendendo o árbitro ou o tribunal arbitral que há necessidade de explicitar questão disposta na convenção de arbitragem, será elaborado, juntamente com as partes, adendo firmado por todos, que passará a fazer parte integrante da convenção de arbitragem. (1) (Incluído pela Lei nº 13.129, de 2015) (Vigência)

1. **Um adendo conhecido como Termo de Arbitragem ou Ata de Missão.** Após a aceitação do encargo pelos árbitros, o procedimento mais importante da Câmara é convocar as partes para a celebração do "Termo de Arbitragem" no qual, em conjunto com as partes serão pormenorizadas todas as questões atinentes ao litígio, esclarecidas dúvidas e clarificadas questões que serão submetidas aos árbitros. A tal instrumento a Lei de Arbitragem denominou adendo.

§ 2º A instituição da arbitragem interrompe a prescrição, retroagindo à data do requerimento de sua instauração, ainda que extinta a arbitragem por ausência de jurisdição. (Incluído pela Lei nº 13.129, de 2015) (Vigência)

1. **Um velho conhecido.** O raciocínio é o mesmo daquele aplicado no Código de Processo Civil. A data do Requerimento de Arbitragem é a data básica de retroação, semelhante à propositura da demanda judicial, para que a instauração da arbitragem, citação do réu (aqui notificação), no comparativo, interrompa a prescrição.

Art. 20. A parte que pretender argüir questões relativas à competência, suspeição ou impedimento do árbitro ou dos árbitros, bem como nulidade, invalidade ou ineficácia da convenção de arbitragem, deverá fazê-lo na primeira oportunidade que tiver de se manifestar, após a instituição da arbitragem (1).

2. **A outra face do dever de revelar dos árbitros. O dever de se manifestarem na primeira oportunidade das partes.** Se de um lado os árbitros devem apresentar todas as situações que possam levar à quebra de confiança das partes no exercício de sua função, as partes, de outro lado, devem apresentar todos os argumentos conhecidos acerca da competência, impedimento e suspeição dos árbitros, na primeira oportunidade após a instituição da arbitragem. A mesma obrigação se aplica para as circunstâncias relativas à invalidade ou à ineficácia da arbitragem. Todo esse entendimento se aplica para circunstância conhecidas, mas o raciocínio se aplica para quaisquer outras que venham a ser conhecidas ao longo do processo arbitragem. A manifestação das partes deve ocorrer na mesma oportunidade. Com isso o processo arbitral não sai do rumo estabelecido pelos árbitros e pelas partes. As questões solucionadas rapidamente e com agilidade tornam o processo mais seguro e efetivo.

STJ - SEC 349 / JP

SENTENÇA ESTRANGEIRA CONTESTADA Nº 349 - EX (2005/ 0023892-2)

RELATORA: MINISTRA ELIANA CALMON

REQUERENTE: MITSUBISHI ELECTRIC CORPORATION

ADVOGADO: FÁBIO DE CAMPOS LILLA E OUTROS

REQUERIDO: EVADIN INDÚSTRIAS AMAZÔNIA S/A

ADVOGADO: CARLOS ROBERTO SIQUEIRA CASTRO E OUTROS

EMENTA SENTENÇA ESTRANGEIRA - JUÍZO ARBITRAL - CONTRATO INTERNACIONAL ASSINADO ANTES DA LEI DE ARBITRAGEM (9.307/96).

1. Contrato celebrado no Japão, entre empresas brasileira e japonesa, com indicação do foro do Japão para dirimir as controvérsias, é contrato internacional.

2. Cláusula arbitral expressamente inserida no contrato internacional, deixando superada a discussão sobre a distinção entre cláusula arbitral e compromisso de juízo arbitral (precedente: REsp 712.566/RJ).

3. As disposições da Lei 9.307/96 têm incidência imediata nos contratos celebrados antecedentemente, se neles estiver inserida a cláusula arbitral.

4. Sentença arbitral homologada.

***

§ 1º Acolhida a argüição de suspeição ou impedimento, será o árbitro substituído nos termos do art. 16 desta Lei, reconhecida a incompetência do árbitro ou do tribunal arbitral, bem como a nulidade, invalidade ou ineficácia da convenção de arbitragem (1), serão as partes remetidas ao órgão do Poder Judiciário competente para julgar a causa (2).

1. **Circunstâncias relativas ao impedimento ou suspeição dos árbitros.** Nesse caso o vício atingirá apenas o indivíduo e não o processo. Assim, basta substituí-lo nesse momento e o processo não será contaminado.

2. **Circunstâncias relativas à incompetência dos árbitros e da convenção de arbitragem.** Nesse caso, a nulidade, invalidade ou ineficácia da convenção de arbitragem e incompetência dos árbitros no sentido técnico processual, atinge a própria arbitragem como método de solução de conflitos. Esvaindo-se a convenção de arbitragem, as partes serão encaminhadas ao órgão do Judiciário que seria competente para analisar a causa, seguindo-se as regras de jurisdição e competência.

§ 2º Não sendo acolhida a argüição, terá normal prosseguimento a arbitragem, sem prejuízo de vir a ser examinada a decisão pelo órgão do Poder Judiciário competente, quando da eventual propositura da demanda de que trata o art. 33 desta Lei (1).

1. **Rediscussão cabível em ação de anulação.** A decisão dos árbitros não colhendo a arguição, da mesma forma da decisão que a defere, não é passível de recurso. No entanto, essa negativa pode ser analisada pelo Judiciário como forma de controle da sentença arbitral, nos termos da ação de anulação da sentença arbitral (demanda de que trata o art. 33 da Lei de Arbitragem e que será analisado a seguir).

Art. 21. A arbitragem obedecerá ao procedimento estabelecido pelas partes na convenção de arbitragem (1), que poderá reportar-se às regras de um órgão arbitral institucional ou entidade especializada (2), facultando-se, ainda, às partes delegar ao próprio árbitro, ou ao tribunal arbitral, regular o procedimento (3).

1. **A convenção de arbitragem como fonte das regras do processo arbitral.** A convenção de arbitragem pode definir regras relativas ao processo arbitral. Por ser elaborada antes da existência do conflito, contudo, identificar fases e atos que possam ser importantes é algo difícil, mas pelo tipo de caso que possa surgir de um determinado contrato pode se prever algumas fases.

2. **Mais uma vez a arbitragem institucional.** A convenção de arbitragem pode fazer referência a regras de Câmaras de arbitragem, sendo a arbitragem institucional. Nesse caso, há um detalhamento razoável do procedimento, via de regra, que pode ser aplicado em muitos casos sem qualquer necessidade de adequação.

3. **A última instância.** Qualquer dúvida ou adequação que seja necessária será resolvida pelos árbitros. Em caso de imprevistos, essa é a solução adequada e os árbitros gerenciarão eventuais crises.

STF - SE 5206 AgR / EP - ESPANHA
08/05/1997
COORD. DE ANÁLISE DE JURISPRUDÊNCIA
D.J. 30.04.2004
EMENTÁRIO N° 2 1 4 9 - 6
TRIBUNAL PLENO
AG.REG.NA SENTENÇA ESTRANGEIRA 5.206-7 REINO DA ESPANHA
RELATOR: MINISTRO PRESIDENTE
AGRAVANTE: M B V COMMERCIAL AND EXPORT MANAGEMENT ESTABLISMENT
ADVOGADO: EVANDRO CATUNDA DE CLODOALDO PINTO E OUTROS
AGRAVADO: RESIL INDUSTRIA E COMERCIO LTDA
ADVOGADO: MARCIA SERRA NEGRA E OUTROS
ADVOGADO: ANDRÉ CARMELINGO ALVES

EMENTA: 1. Sentença estrangeira: laudo arbitral que dirimiu conflito entre duas sociedades comerciais sobre direitos inquestionavelmente disponíveis – a existência e o montante de créditos a título de comissão por representação comercial de empresa brasileira no exterior: compromisso firmado pela requerida que, neste processo, presta anuência ao pedido de homologação: ausência de chancela, na origem, de autoridade judiciária ou órgão público equivalente: homologação negada pelo Presidente do STF, nos termos da jurisprudência da Corte, então dominante: agravo regimental a que se dá provimento, por unanimidade, tendo em vista a edição posterior da L. 9.307, de 23.9.96, que dispõe sobre a arbitragem, para que, homologado c laudo, valha no Brasil como título executivo judicial.

2. Laudo arbitral: homologação: Lei da Arbitragem: controle incidental de constitucionalidade e o papel do STF.

A constitucionalidade da primeira das inovações da Lei da Arbitragem – a possibilidade de execução específica de compromisso arbitral – não constitui, na espécie, questão prejudicial da homologação do laudo estrangeiro; a essa interessa apenas, como premissa, a extinção, no direito interno, da homologação judicial do laudo (arts. 18' e 31), e sua consequente dispensa, na origem, como requisito de reconhecimento, no Brasil, de sentença arbitral estrangeira (art. 35).

A completa assimilação, no direito interno, da decisão arbitral à decisão judicial, pela nova Lei de Arbitragem, já bastaria, a rigor, para autorizar a homologação, no Brasil, do laudo arbitral estrangeiro, independentemente de sua prévia homologação pela Justiça do país de origem.

Ainda que não seja essencial à solução do caso concreto, não pode o Tribunal – dado o seu papel de "guarda da Constituição" – se furtar a enfrentar o problema de constitucionalidade suscitado incidentemente (v.g. MS 20.505, Néri).

3. Lei de Arbitragem (L. 9.307/96): constitucionalidade, em *teser* do juízo arbitral; discussão incidental da constitucionalidade de vários dos tópicos da nova lei, especialmente acerca da compatibilidade, ou não, entre a execução judicial específica para a solução de futuros conflitos da cláusula compromissória e a garantia constitucional da universalidade da jurisdição do Poder Judiciário (CF, art. 5º, XXXV).

Constitucionalidade declarada pelo plenário, considerando o Tribunal, por maioria de votos, que a manifestação de vontade da parte na cláusula compromissória, quando da celebração do contrato, e a permissão legal dada ao juiz para que substitua a vontade da parte recalcitrante em firmar o compromisso não ofendem o artigo 5º, XXXV, da CF.

Votos vencidos, em parte – incluído o do relator – que entendiam inconstitucionais a cláusula compromissória – dada a indeterminação de seu objeto – e a possibilidade de a outra parte, havendo resistência quanto à instituição da arbitragem, recorrer ao Poder Judiciário para compelir a parte recalcitrante a firmar o compromisso, e, consequentemente, declaravam a inconstitucionalidade de dispositivos da Lei 9.307/96 (art. 6º, parág. único; 7º e seus parágrafos e, no art. 41, das novas redações atribuídas ao art. 267, VII e art. 301, inciso IX do C. Pr. Civil; e art. 42), por violação da garantia da universalidade da jurisdição do Poder Judiciário.

Constitucionalidade – aí por decisão unânime, dos dispositivos da Lei de Arbitragem que prescrevem a irrecorribilidade (art. 18) e os efeitos de decisão judiciária da sentença arbitral (art. 31).

ACÓRDÃO

Vistos, relatados e discutidos estes autos, acordam os Ministros do Supremo Tribunal Federal, em sessão plenária, na conformidade da ata do julgamento e das notas taquigráficas, por unanimidade de votos, em prover o agravo para homologar a sentença arbitral, e, por maioria, declarar constitucional a L. 9307, de 23.9.96, vencidos, em parte, os Senhores Ministros Sepúlveda

Pertence, Sydney Sanches, Néri da Silveira e Moreira Alves, que declaravam a inconstitucionalidade do parágrafo único do artigo 6º; do artigo 7º e seus parágrafos; no artigo 41, das novas redações atribuídas ao artigo 267, inciso VII e ao artigo 301, inciso IX, do Código de Processo Civil; e do artigo 42, todos do referido diploma legal.

Brasília 12 de dezembro de 2001.

(...)

Certo, a instituição consensual da arbitragem obviamente não implica abdicação cio direito à observância das normas que a lei mesma prescreve ao desenvolvimento do processo arbitral: por isso mesmo, o art. 21 da L. 9.307, depois de outorgar autonomia às partes ou, no silêncio delas, aos árbitros, para disciplinar o procedimento arbitral, estabelece, no entanto, que nele "serão, sempre, respeitados, os princípios do contraditório, da igualdade das partes, da imparcialidade do árbitro e de seu livre convencimento".

Mas a lei nova não subtrai do controle judiciário a controvérsia que a respeito surja entre as partes nem a consequente argüição de nulidade da sentença arbitral: apenas se dá que a verificação da invalidade, cominada expressamente nas hipóteses do art. 32, ao invés de ser objeto do juízo de homologação prévia, haverá de ser demandada em procedimento ordinário (art. 33, § 3º).

***

§ 1º Não havendo estipulação acerca do procedimento, caberá ao árbitro ou ao tribunal arbitral disciplina-lo (1).

1. **O suprimento de lacunas do procedimento e a definição do procedimento.** A ideia exposta in fine no caput desse artigo é repetida de certa forma nesse parágrafo primeiro. Além de suprir lacunas e gerenciar situações não previstas e que surjam ao longo dos procedimentos, os árbitros, nas situações em que não exista qualquer disposição sobre o procedimento, arbitragens *ad hoc*, são os responsáveis por defini-lo em todos os seus detalhes.

§ 2º Serão, sempre, respeitados no procedimento arbitral os princípios do contraditório (1), da igualdade das partes (2), da imparcialidade do árbitro (3) e de seu livre convencimento (4).

Decorrendo de regras de uma Câmara ou sendo desenvolvido exclusivamente pelos árbitros, os procedimentos arbitrais deverão se norteados por alguns princípios, a saber:

1. **Contraditório.** As partes devem ter a possibilidade de contrapor os argumentos e documentos apresentados pela parte contrária, no binômio informação-reação. Obedecendo esses princípios, os árbitros devem ter em conta também a celeridade no procedimento garantindo também que os argumentos das partes sejam apresentados e analisados, mas garantindo-se o fim do processo e um julgamento em prazo razoável.

2. **Igualdade das partes.** As mesmas condições de defesa devem ser ofertadas às partes, especialmente no tocante à prazo e oportunidades para demonstração de suas teses. Os árbitros deverão sopesar os pedidos das partes a respeito e de que modo garantir-se-á na prática esses princípios.

3. **Imparcialidade do árbitro.** Os árbitros devem atuar de modo equidistante entre as partes e suas teses, colando-se, portanto, entre as

partes e não acima delas. O objetivo nesse caso é o de que os árbitros consigam conduzir as partes de modo que os atos procedimentais sejam cumpridos.

4. **Livre convencimento ou persuasão racional do julgador.** A avaliação e interpretação das provas produzidas é regulada pela liberdade do julgador, o que não equivale a qualquer arbitrariedade já que essa liberdade do julgador vem acompanhada do dever de motivar as decisões.

STJ - SEC 833 / US

SENTENÇA ESTRANGEIRA CONTESTADA Nº 833 - US (2005/0032212-5) RELATORA: MINISTRA ELIANA CALMON

R.P/ACÓRDÃO: MINISTRO LUIZ FUX

REQUERENTE: SUBWAY PARTNERS C V

ADVOGADA: ANA LUIZA BROCHADO SARAIVA MARTINS E OUTROS

REQUERIDO: HTP HIGH TECHNOLOGY FOODS CORPORATION S/A

ADVOGADO: MÁRCIO PEREIRA PINTO GARCIA - CURADOR ESPECIAL

EMENTA PROCESSUAL CIVI. SENTENÇA ESTRANGEIRA CONTESTADA. HOMOLOGAÇÃO. AUSÊNCIA DE CITAÇÃO.

1. A homologação da Sentença Estrangeira pressupõe a obediência ao contraditório consubstanciado na convocação inequívoca realizada alhures. *In casu*, o processo correu à revelia, e não há prova inequívoca, restando cediço na Corte que a citação por rogatória deve deixar estreme de dúvidas que a comunicação chegou ao seu destino. Sob esse ângulo, assiste razão ao curador quando sustenta: "O que fulmina a pretensão homologatória é a ausência de demonstração inequívoca da regularidade da citação da requerida ou de seus representantes legais para, eventualmente, contestarem a ação na Corte Distrital de Connecticut, nos Estados Unidos da América. Cuida-se de requisito indispensável à homologação terem sido as partes citadas ou haver-se legalmente verificado a revelia (art. 5º - II da Resolução nº 9, de 4 de maio de 2005, que dispõe, em caráter transitório, sobre a competência acrescida ao Superior Tribunal de Justiça pela Emenda Constitucional nº 45/2004) Tratando-se de sentença estrangeira, é necessário – salvo comparecimento voluntário e consequente aceitação do juízo estrangeiro – que

a citação do requerido, residente no Brasil, seja feita por meio de carta rogatória após concessão do exequatur pelo Presidente do Superior Tribunal de Justiça (art. 105 – I – i da CF/88). Nesse sentido, copiosa jurisprudência do Supremo Tribunal Federal antes do advento da Emenda Constitucional Nº 45/2004 (v., entre inúmeras, SEC 3.495, SEC 6.122, SEC 6.304). Na mesma linha, orientação que se firma no Superior Tribunal de Justiça (v. SEC 295, relator Ministro José Delgado; SEC 841, relator Ministro José Arnaldo da Fonseca; e SEC 861, relator Ministro Ari Pargendler). Assim, a circunstância de a sentença dar notícia de que a requerida "tendo falhado em comparecer, foram inadimplidos, e o Autor foi plenamente ouvido" (fl. 43), ou "não compareceram, foram inadimplentes e a Autora foi ouvida" (fl. 65), ou "não tendo comparecido, foram julgadas à revelia, e a Autora foi plenamente ouvida" (fl. 292) não demonstra, de modo necessário e manifesto, sua regular citação. 'O fato de ter tramitado à revelia não induz a crer, como pretende a requerente (item 8, fls. 224 e 309), que a requerida foi regularmente citada. Sobre isso, não estimamos correto mero exercício de retórica ["... logrou a REQUERENTE fazer chegar a respectiva intimação às mãos da sócia da REQUERIDA, Sra. Alice Navarro Santos." (fl. 185) ou, ainda, "Resta comprovado, portanto, que a REQUERIDA, na pessoa de sua representante, ficou ciente do Documento: 584630 – Inteiro Teor do Acórdão – Site certificado – DJ: 30/10/2006 Página 1de 13 Superior Tribunal de Justiça pedido de confirmação da sentença arbitral perante a Corte Americana..." (fl. 185)]. Era imperioso demonstrar que a citação para o processo judicial estadunidense se fez no Brasil mediante carta rogatória. Isso não ocorreu. Desse modo, a sentença proferida em novembro de 1997 pelo Foro Distrital dos Estados Unidos da América do Distrito de Connecticut (fls. 68/72; tradução, fls. 65/67) não deve ser homologada."

2. Destarte, a confirmação da eminente Relatora quanto à não-comunicação é inconteste, posto ter afirmado que: "A sentença arbitral de 28 de fevereiro de 1998 foi confirmada em 17 de novembro do mesmo ano pelo Tribunal Distrital dos Estados Unidos da América, Distrito de Connecticut, cumprindo-se assim uma exigência anterior à Lei de Arbitragem, não mais necessária, embora não prejudique o teor da providência a chancela de legalidade outorgada pela Justiça americana, com o chamamento da parte ré, ora requerida, que não respondeu ao chamado,

como registra a sentença judicial. Conseqüentemente, não há como se imputar ao processo vício de nulidade por falta de citação, porque não foi possível localizar os sócios da empresa, senão um deles, por ocasião da homologação judicial."

3. É cediço que o trânsito em julgado da sentença alienígena não pode, no Brasil, ter maior força que a sentença nacional transita, sendo certo que no nosso ordenamento, a ausência de citação contamina todo o processo de cognição, ainda que vício aferível, apenas, quando da execução (art. 741 do CPC).

4. Deveras, no que pertine à sentença arbitral em si, objeto da homologação, em sendo o texto apresentado à chancela homologatória apócrifo (fls. 5/8), sobressai impossível a identificação de quem concordou, em nome da requerida, com os termos de conciliação (fls. 7/8; tradução fls. 11/12) da "sentença de consentimento" dos árbitros (fls. 5/6; tradução fls. 9/11)

5. Outrossim, não é por outra razão que os artigos 5º, 21, 37, II, 39, § único e 40 da Lei 9.307/96 dispõem: Art. 5º – Reportando-se as partes, na cláusula compromissória, às regras de algum órgão arbitral institucional ou entidade especializada, a arbitragem será instituída e processada de acordo com tais regras, podendo, igualmente, as partes estabelecer na própria cláusula, ou em outro documento, a forma convencionada para a instituição da arbitragem. ------------------------------ ---------------------- Art. 21 – A arbitragem obedecerá ao procedimento estabelecido pelas partes na convenção de arbitragem, que poderá reportar-se às regras de um órgão arbitral institucional ou entidade especializada, facultando-se, ainda, às partes delegar ao próprio árbitro, ou ao tribunal arbitral, regular o procedimento. § 1º – Não havendo estipulação acerca do procedimento, caberá ao árbitro ou ao tribunal arbitral disciplina-lo. § 2º – Serão, sempre, respeitados no procedimento arbitral os princípios do contraditório, da igualdade das partes, da imparcialidade do árbitro e de seu livre convencimento. § 3º – As partes poderão postular por intermédio de advogado, respeitada, sempre, a faculdade de designar quem as represente ou assista no procedimento arbitral. Documento: 584630 – Inteiro Teor do Acórdão – Site certificado – DJ: 30/10/2006 Página 2 de 13 Superior Tribunal de Justiça § 4º – Competirá ao árbitro ou ao tribunal arbitral, no início do procedimento, tentar a conciliação das partes, aplicando-se, no que couber, o art. 28 desta Lei.

-- Art. 37 – A homologação de sentença arbitral estrangeira será requerida pela parte interessada, devendo a petição inicial conter as indicações da lei processual, conforme o art. 282 do Código de Processo Civil, e ser instruída, necessariamente, com: (...) II – o original da convenção de arbitragem ou cópia devidamente certificada, acompanhada de tradução oficial; -- Art. 39 – Também será denegada a homologação para o reconhecimento ou execução da sentença arbitral estrangeira, se o Supremo Tribunal Federal constar que: (...) Parágrafo único. Não será considerada ofensa à ordem pública nacional a efetivação da citação da parte residente ou domiciliada no Brasil, nos moldes da convenção de arbitragem ou da lei processual do país onde se realizou a arbitragem, admitindo-se, inclusive, a citação postal com prova inequívoca de recebimento, desde que assegure à parte brasileira tempo hábil para o exercício do direito de defesa.

6. É cediço na jurisprudência do Eg. STJ que a homologação de sentença estrangeira reclama prova de citação válida da parte requerida, seja no território prolator da decisão homologanda, seja no Brasil, mediante carta rogatória, consoante a *ratio essendi* do art. 217, II, do RISTJ.

7. Deveras, é assente na Suprema Corte que: "A citação de pessoa domiciliada no Brasil há de fazer-se mediante carta rogatória, não prevalecendo, ante o princípio direcionado ao real conhecimento da ação proposta, intimação realizada no estrangeiro. Inexistente a citação, descabe homologar a sentença.(...)" (SEC 7696/HL, Relator Ministro Marco Aurélio, DJ de 12.11.2004)

8. Precedentes jurisprudenciais do STF: SEC 6684/EU, Relator Ministro Sepúlveda Pertence, DJ de 19.08.2004; SEC 7570/EU, Relatora Ministra Ellen Gracie, DJ de 30.04.2004 e SEC 7459/PT, Relator Ministro Nelson Jobim, DJ de 30.04.2004.

9. Outrossim, quanto ao *thema iudicandum* o Eg. STF decidiu: "EMENTA: SENTENÇA ARBITRAL ESTRANGEIRA. CONVENÇÃO DE ARBITRAGEM. INEXISTÊNCIA. COMPETÊNCIA NÃO DEMONSTRADA. HOMOLOGAÇÃO. IMPOSSIBILIDADE. 1. O requerimento de homologação de sentença arbitral estrangeira deve ser instruído com a convenção de arbitragem, sem a qual não se pode aferir a competência do juízo prolator da decisão (Lei 9.307, artigos 37, II, e 39, II; RISTF, artigo 217, I). 2. Contrato de compra e venda não assinado pela parte

compradora e cujos termos não induzem a conclusão de que houve pactuação de cláusula compromissória, ausentes, ainda, quaisquer outros documentos escritos nesse sentido. Falta de prova quanto à manifesta declaração autônoma de vontade da requerida de renunciar à jurisdição estatal em favor da particular. 3. Não demonstrada a competência do juízo que proferiu a sentença Documento: 584630 – Inteiro Teor do Acórdão – Site certificado – DJ: 30/10/2006 Página 3de 13 Superior Tribunal de Justiça estrangeira, resta inviabilizada sua homologação pelo Supremo Tribunal Federal. Pedido indeferido." (SEC 6.753/UK – Reino Unido da Grã-Bretanha e da Irlanda do Norte, Rel. Min. Maurício Corrêa, Tribunal Pleno, DJ 04.10.2002)

10. Por fim, reportando-se às partes, às regras da A.A.A. (Associação de Arbitragem Americana) impunha-se anexá-las como método integrativo dos parâmetros da arbitragem, o que não restou efetivado, conspirando contra a homologação.

11. Voto pelo indeferimento da Homologação (art. 217, I e II e 216, RISTF c/c 17 da LICC), divergindo da E. Relatora.

***

§ 3º As partes poderão postular por intermédio de advogado, respeitada, sempre, a faculdade de designar quem as represente ou assista no procedimento arbitral (1).

1. **Advogados, representantes e assistentes.** A Lei de Arbitragem não impõe que os árbitros tenham uma formação específica e também não impõe que as partes sejam representadas por advogados. Obviamente por tratar de questões jurídicas, o que se vê é que a imensa maioria das arbitragens as partes comparecem acompanhadas por advogados. Ademais, as partes podem indicar representantes ou quem os assista no processo arbitral por expressa determinação legal.

§ 4º Competirá ao árbitro ou ao tribunal arbitral, no início do procedimento, tentar a conciliação das partes, aplicando-se, no que couber, o art. 28 desta Lei (1).

1. **Embrião de um sistema multiportas e as sentenças homologatórias.** Essa iniciativa envolve dois métodos de solução de conflitos distintos, mas demonstra de que modo eles podem coexistir e produzir resultados interessantes. Em diversos momentos a Lei de Arbitra-

gem cria um ambiente de colaboração entre a arbitragem e o Judiciário. Nesse parágrafo, a relação colaborativa se dá entre a arbitragem, método adjudicatório tal qual o Judiciário, com a conciliação, um método consensual de solução de conflitos em que o árbitro ou um terceiro fazendo o papel de conciliador irão analisar o caso e propor alguma solução para as partes de acordo com os argumentos apresentados. Se porventura as partes chegarem a um acordo, o árbitro poderá homologá-lo por sentença.

STJ - SEC 831 / FR

SENTENÇA ESTRANGEIRA CONTESTADA Nº 831 - FR (2005/0031310-2)

RELATOR: MINISTRO ARNALDO ESTEVES LIMA

REQUERENTE: SPIE ENERTRANS S/A

ADVOGADO: HUGO IBEAS E OUTRO(S)

REQUERIDO: INEPAR S/A INDÚSTRIA E CONSTRUÇÕES

ADVOGADO: MARIA DE FÁTIMA TEMER BARBOSA CURSINO E OUTRO(S)

EMENTA SENTENÇA ESTRANGEIRA. JUÍZO ARBITRAL. CONTRATO INTERNACIONAL FIRMADO ANTERIORMENTE À EDIÇÃO DA LEI DE ARBITRAGEM (9.307/96). ACORDO DE CONSÓRCIO INADIMPLIDO. EMPRESA BRASILEIRA QUE INCORPORA A ORIGINAL CONTRATANTE. SENTENÇA HOMOLOGADA.

1. Acordo de consórcio internacional, com cláusula arbitral expressa, celebrado entre empresas francesa e brasileira.

2. A empresa requerida, ao incorporar a original contratante, assumiu todos os direitos e obrigações da cedente, inclusive a cláusula arbitral em questão, inserida no Acordo de Consórcio que restou por ela inadimplido.

3. Imediata incidência da Lei de Arbitragem aos contratos que contenham cláusula arbitral, ainda que firmados anteriormente à sua edição. Precedente da Corte Especial.

4. Sentença arbitral homologada.

***

Art. 22. Poderá o árbitro ou o tribunal arbitral tomar o depoimento das partes, ouvir testemunhas e determinar a realização de perícias ou outras provas que julgar necessárias, mediante requerimento das partes ou de ofício (1).

1. **Determinação de medidas coercitivas.** A instrução probatória determinada pelos árbitros que poderão valer-se de medidas coercitivas que serão determinadas por eles, exclusivamente. Sendo necessária a efetivação de tais medidas, o árbitro dependerá da colaboração do Judiciário que disporá os meios necessários para a condução coercitiva de testemunhas, requisição de documentos e todas as medidas necessárias para o desenvolvimento do processo arbitral.

No caso das medidas de urgência necessárias antes da instauração da arbitragem, o Judiciário que seria competente para analisar a questão caso não existisse convenção de arbitragem será competente para analisá-las e tomar as medidas necessárias. Instaurada a arbitragem, porém, essa competência é transferida para os árbitros, imediatamente, que poderão, inclusive, decidir de modo diverso sobre a questão.

STJ - REsp 1297974 / RJ, SEC 1 / EX, CC 113260 / SP

RECURSO ESPECIAL Nº 1.297.974 - RJ (2011/0240991-9)

RELATORA: MINISTRA NANCY ANDRIGHI

RECORRENTE: ITARUMÃ PARTICIPAÇÕES S/A

ADVOGADOS: ROBERTO THEDIM DUARTE CANCELLA E OUTRO(S) GUSTAVO MOTA GUEDES GUILHERME LEAL VAZ DA COSTA

RECORRIDO: PARTICIPAÇÕES EM COMPLEXOS BIOENERGÉTICOS S/A - PCBIOS

ADVOGADO: CARLOS ROBERTO DE SIQUEIRA CASTRO E OUTRO(S)

EMENTA DIREITO PROCESSUAL CIVIL. ARBITRAGEM. MEDIDA CAUTELAR. COMPETÊNCIA. JUÍZO ARBITRAL NÃO CONSTITUÍDO.

1. O Tribunal Arbitral é competente para processar e julgar pedido cautelar formulado pelas partes, limitando-se, porém, ao deferimento da tutela, estando impedido de dar cumprimento às medidas de natureza coercitiva, as quais, havendo resistência da parte em acolher a determinação do(s) árbitro(s), deverão ser executadas pelo Poder Judiciário, a quem se reserva o poder de *imperium*.

2. Na pendência da constituição do Tribunal Arbitral, admite-se que a parte se socorra do Poder Judiciário, por intermédio de medida de natureza cautelar, para assegurar o resultado útil da arbitragem.

3. Superadas as circunstâncias temporárias que justificavam a intervenção contingencial do Poder Judiciário e considerando que a celebração do compromisso arbitral implica, como regra, a derrogação da jurisdição estatal, os autos devem ser prontamente encaminhados ao juízo arbitral, para que este assuma o processamento da ação e, se for o caso, reaprecie a tutela conferida, mantendo, alterando ou revogando a respectiva decisão.

4. Em situações nas quais o juízo arbitral esteja momentaneamente impedido de se manifestar, desatende-se provisoriamente as regras de competência, submetendo-se o pedido de tutela cautelar ao juízo estatal; mas essa competência é precária e não se prorroga, subsistindo apenas para a análise do pedido liminar.

5. Recurso especial provido.

***

SENTENÇA ESTRANGEIRA CONTESTADA Nº 1 - EX (2007/0156979-5)

RELATORA: MINISTRA MARIA THEREZA DE ASSIS MOURA

REQUERENTE: KIA MOTORS CORPORATION

ADVOGADO: SERGIO BERMUDES

REQUERIDO: WASHINGTON ARMÊNIO LOPES

ADVOGADO: ARNOLDO WALD FILHO E OUTRO(S)

REQUERIDO: CHONG JIN JEON

ADVOGADO: DEFENSORIA PÚBLICA DA UNIÂO - CURADOR ESPECIAL

REQUERIDO: ROBERTO UCHÔA NETO

ADVOGADO: LUIZ ROBERTO DE ANDRADE NOVAES E OUTRO(S) REQUERIDO: ÁSIA MOTORS DO BRASIL S/A

REQUERIDO: SET PARTICIPAÇÕES E EMPREENDIMENTOS S/A ADVOGADO: DEFENSORIA PÚBLICA DA UNIÂO - CURADOR ESPECIAL

REQUERIDO: SET TRADING S/A

ADVOGADO: DEFENSORIA PÚBLICA DA UNIÃO - CURADOR ESPECIAL

REQUERIDO: JBP DO BRASIL

ADVOGADA: TEREZINHA ANICETO CAMERON

REQUERIDO: AMERICAN SAMOA CORPORATION

ADVOGADO: DEFENSORIA PÚBLICA DA UNIÃO - CURADOR ESPECIAL

EMENTA SENTENÇA ARBITRAL ESTRANGEIRA CONTESTADA. PRETENSÃO HOMOLOGATÓRIA A SER DEFERIDA EM PARTE. REQUISITOS DA LEI ATENDIDOS. VÍCIOS DE NEGAÇÃO INEXISTENTES. AMPLA COMPETÊNCIA PARA DIRIMIR CONFLITOS ENTRE OS CONTRATANTES DE JOINT VENTURE. Sendo lícito o negócio jurídico realizado no Brasil, por partes de legítimo contrato de joint venture, não se lhe pode extrair as consequências jurídicas da quebra do acordado. Por mais razão, não se pode afastar a convenção arbitral nele instituída por meio de cláusula compromissória ampla, em que se regulou o Juízo competente para resolver todas as controvérsias das partes, incluindo aí a extensão dos temas debatidos, sob a alegação de renúncia tácita ou de suposta substituição do avençado. Uma vez expressada a vontade de estatuir, em contrato, cláusula compromissória ampla, a sua destituição deve vir através de igual declaração expressa das partes, não servindo, para tanto, mera alusão a atos ou a acordos que não tinham o condão de afastar a convenção das partes. Ademais, o próprio sentido do contrato de joint venture assinado pelas partes elimina o argumento de que uma delas quis abdicar da instituição de juízo arbitral no estrangeiro. A revelia não importa em falta de citação, mas, ao contrário, a pressupõe. O laudo arbitral lavrado por Corte previamente prevista na cláusula compromissória obedece aos requisitos para sua internalização em território pátrio, máxime porque não ofende os ditames dos arts. 3º, 5º e 6º da Resolução nº 9 desta Corte, devendo, por isso, ser homologado. Havendo a Justiça brasileira, definitivamente, resolvido controvérsia quanto a um dos temas do pedido de homologação da sentença arbitral, deve a pretensão ser negada quanto a isso por obediência à coisa julgada. Homologação deferida em parte, com a exclusão dos itens 7 e 10 da decisão arbitral.

***

CONFLITO DE COMPETÊNCIA Nº 113.260 – SP (2010/0139887-0)
RELATORA: MINISTRA NANCY ANDRIGHI
R.P/ACÓRDÃO: MINISTRO JOÃO OTÁVIO DE NORONHA
AUTOR: FAZENDAS REUNIDAS CURUÁ LTDA E OUTROS
ADVOGADO: FRANCISCO DE ASSIS PEREIRA
RÉU: PECUÁRIA UNIT SANTA CLARA LTDA
SUSCITANTE: PECUÁRIA UNIT SANTA CLARA LTDA
ADVOGADO: ARNOLDO WALD E OUTRO(S)
SUSCITADO: CÂMARA ARBITRAL DO COMÉRCIO INDÚSTRIA E SERVIÇOS DE SÃO PAULO – CACI – SP
SUSCITADO: CÂMARA DE MEDIAÇÃO E ARBITRAGEM DE SÃO PAULO – CMA

EMENTA PROCESSUAL CIVIL. CONFLITO POSITIVO DE COMPETÊNCIA. CÂMARAS DE ARBITRAGEM. COMPROMISSO ARBITRAL. INTERPRETAÇÃO DE CLÁUSULA DE CONTRATO DE COMPRA E VENDA. INCIDENTE A SER DIRIMIDO NO JUÍZO DE PRIMEIRO GRAU. INCOMPETÊNCIA DO STJ. ART. 105, III, ALÍNEA "D", DA CF. CONFLITO NÃO CONHECIDO.

1. Em se tratando da interpretação de cláusula de compromisso arbitral constante de contrato de compra e venda, o conflito de competência supostamente ocorrido entre câmaras de arbitragem deve ser dirimido no Juízo de primeiro grau, por envolver incidente que não se insere na competência do Superior Tribunal de Justiça, conforme os pressupostos e alcance do art. 105, I, alínea "d", da Constituição Federal.

2. Conflito de competência não conhecido.

***

§ 1º O depoimento das partes e das testemunhas será tomado em local, dia e hora previamente comunicados, por escrito, e reduzido a termo, assinado pelo depoente, ou a seu rogo, e pelos árbitros (1).

1. **Os depoimentos.** Em respeito ao princípio do contraditório e da ampla defesa, as partes devem ser comunicadas dos atos do processo arbitral, bem como as testemunhas devem ter informação do local de seu depoimento de modo a se organizarem para o comparecimento. A dinâmica é semelhante ao que ocorre no Judiciário, mas sob a premissa do informalismo. Não há lado certo ou errado, do requerente ou

requerido para as partes se sentarem no local da audiência, permite-se a oitiva do próprio representante legal, etc, o que importa é a criação de um ambiente agradável e que torne o trabalho mais dinâmico e efetivo. As testemunhas têm o direito de analisar o que foi transcrito de seus depoimentos e assinar ata com o seu comparecimento. É muito comum ainda, reiterando-se prática do Judiciário, que sejam conferidos certidões de comparecimento às testemunhas empregadas ou que precisem justificar presença na ausência para abonar falta em seus atividades.

§ 2º Em caso de desatendimento, sem justa causa, da convocação para prestar depoimento pessoal, o árbitro ou o tribunal arbitral levará em consideração o comportamento da parte faltosa, ao proferir sua sentença (1); se a ausência for de testemunha, nas mesmas circunstâncias, poderá o árbitro ou o presidente do tribunal arbitral requerer à autoridade judiciária que conduza a testemunha renitente, comprovando a existência da convenção de arbitragem (2).

1. **A ausência injustificada da parte.** A falta de uma das partes à audiência não impede o desenvolvimento da arbitragem e a realização desse ato processual. Além de prejudicar a defesa dos seus interesses pela não apresentação oral de sua versão dos fatos, tal comportamento tem que ser levado em conta pelos árbitros para o julgamento da demanda. Esse tipo de conduta não levará diretamente ou exclusivamente à perda da arbitragem, mas deverá ser considerado além de ser desagradável, certamente trará a antipatia dos árbitros ou de qualquer julgador.

2. **A ausência injustificada da testemunha.** A consequência é diferente quando o depoente faltante for uma testemunha. Nesse caso, a determinação de comparecimento será proferida pelos árbitros que requererão a colaboração do Judiciário para a efetivação de tal medida. Os Judiciários do Rio de Janeiro e do Paraná são dotados de órgãos específicos para a análise e efetivação de tais medidas. A especialização do Judiciário nesse aspecto é importante, pois uniformiza o entendimento e torna a análise mais eficiente na medida em que o julgador está afeito a essas questões. Esse é um caso típico do regime de cooperação entre os árbitros e o Judiciário.

§ 3º A revelia da parte não impedirá que seja proferida a sentença arbitral (1).

1. **Revelia na arbitragem.** O conceito de revelia foi forjado e é conhecido da doutrina geral do processo civil determinando que a ausên-

cia de uma das partes não impede o julgamento da questão e que tem como efeito a presunção de veracidade dos fatos alegados pela parte requerente. A aplicação dos efeitos da revelia, portanto, não significa a imediata procedência da questão. Isso porque os fatos podem ser verdadeiros e tanto o árbitro como o juiz são julgadores além de fatos, mas também de direitos. Na arbitragem os contornos da revelia são mais graves na medida em que as notificações são menos formais e mais flexíveis, sendo interessante que o conhecimento do processo arbitral pela parte requerida seja aferido com segurança a partir de serviços de entregas confiáveis e eficientes. De qualquer modo, conhecendo ou não o processo, a sentença arbitral poderá ser proferida, o que exige bastante cuidado das partes.

§ 4º (Revogado pela Lei nº 13.129, de 2015)

§ 5º Se, durante o procedimento arbitral, um árbitro vier a ser substituído fica a critério do substituto repetir as provas já produzidas (1).

1. Árbitro substituto e as provas já produzidas. Como responsável pela análise de provas para embasar e justificar o seu livre convencimento, o novo árbitro, substituto de outro, pode repetir provas já produzidas. Tal medida se justifica posto que não basta ter acesso a documento reduzidos a termo para análise de um depoimento, por exemplo. É interessante que o árbitro tenha contato e julgue com base nas suas impressões do momento do depoimento fazendo a livre interpretação daquilo que foi dito.

CAPÍTULO 4 A
(INCLUÍDO PELA LEI Nº 13.129, DE 2015) (VIGÊNCIA)

DAS TUTELAS CAUTELARES E DE URGÊNCIA

Art. 22-A. Antes de instituída a arbitragem, as partes poderão recorrer ao Poder Judiciário para a concessão de medida cautelar ou de urgência. (Incluído pela Lei nº 13.129, de 2015) (1) (2) (Vigência)

1. **Mais uma vez a prática.** Antes de instituída a arbitragem, as partes não podem estar sujeitas a uma espécie de vácuo de jurisdição. Nesse sentido, o Judiciário analisaria o caso até a instauração do procedimento.

2. **O Árbitro de Emergência.** Vem se tornando comum em regulamentos nacionais uma figura bastante conhecida no direito internacional, o árbitro de emergência. Neste caso, um serviço de análise de urgência da Câmara já estaria esclarecido na cláusula. O instrumento é bastante útil quando há desconfiança ou desacordo em relação a um órgão judicial de apoio.

Parágrafo único. Cessa a eficácia da medida cautelar ou de urgência se a parte interessada não requerer a instituição da arbitragem no prazo de 30 (trinta) dias, contado da data de efetivação da respectiva decisão. (Incluído pela Lei nº 13.129, de 2015) (1) (Vigência)

1. **A arbitragem como demanda principal.** O raciocínio é o mesmo que se aplica em relação ao processo judicial. Efetivada a medida de

urgência, o beneficiário deverá providenciar a instauração da arbitragem em até 30 (trinta) dias.

STJ – REsp 1698730/SP

RECURSO ESPECIAL Nº 1.698.730 – SP (2016/0146726-1)

RELATOR: MINISTRO MARCO AURÉLIO BELLIZZE

RECORRENTE: JUAN MANUEL QUIROS SADIR

RECORRENTE: SERPAL ENGENHARIA E CONSTRUTORA LTDA

RECORRENTE: ZAURAK S.A

RECORRENTE: GUPRIME PARTICIPACOES LTDA RECORRENTE: SEGINUS PARTICIPACOES LTDA

RECORRENTE: NTLL PARTICIPACOES LTDA

RECORRENTE: NB PARTICIPACOES EIRELI

RECORRENTE: ADVENTO PARTICIPACOES S.A

RECORRENTE: PRISCILA QUIROS

RECORRENTE: AUGUSTO QUIROS

ADVOGADOS: IRAN MACHADO NASCIMENTO E OUTRO(S) – DF013105 EDUARDO DE ALBUQUERQUE PARENTE E OUTRO(S) – SP174081 ERIK GUEDES NAVROCKY – SP240117 RAPHAEL MARTINUCI – SP283592

RECORRIDO: CONTINENTAL DO BRASIL PRODUTOS AUTOMOTIVOS LTDA ADVOGADOS: MARCELO ANTÔNIO MURIEL – SP083931 ALEXANDRE KRUEL JOBIM – DF014482 THIAGO MARINHO NUNES – SP181723 NELSON AZEVEDO JOBIM E OUTRO(S) – DF023650 FERNANDO MEDICI JUNIOR – SP186411

EMENTA RECURSO ESPECIAL. AÇÃO CAUTELAR DE ARRESTO (INCIDENTE SOBRE BENS DE TERCEIROS) C/C PEDIDO DE DESCONSIDERAÇÃO DA PERSONALIDADE JURÍDICA DESTINADA A ASSEGURAR O RESULTADO ÚTIL DE VINDOURA SENTENÇA ARBITRAL. 1. COMPETÊNCIA PROVISÓRIA DA JURISDIÇÃO ESTATAL PARA CONHECER DE TUTELA DE URGÊNCIA QUE SE EXAURE A PARTIR DA INSTAURAÇÃO DA ARBITRAGEM. INOBSERVÂNCIA, NO CASO 2. CAUTELAR DE ARRESTO INCIDENTE SOBRE BENS DE TERCEIROS, CONDICIONADA À DESCONSIDERAÇÃO DA PERSONALIDADE JURÍDICA DA EMPRESA CONTRATANTE, PARA O FIM DE ASSEGURAR O RESULTADO ÚTIL

DA ARBITRAGEM. NECESSIDADE DE SUBMISSÃO DA PRETENSÃO AO JUÍZO ARBITRAL, SOB PENA DE A SENTENÇA ALI PROFERIDA NÃO LHES ALCANÇAR, A ESVAZIAR A MEDIDA ASSECURATÓRIA. 3. PEDIDO DE DESCONSIDERAÇÃO DA PERSONALIDADE JURÍDICA DA EMPRESA CONTRATANTE. COMPETÊNCIA DO JUÍZO ARBITRAL. RECONHECIMENTO. 4. RECURSO ESPECIAL PROVIDO.

1. De modo a viabilizar o acesso à justiça, caso a arbitragem, por alguma razão ainda não tenha sido instaurada, toda e qualquer medida de urgência pode ser intentada perante o Poder Judiciário, para preservar direito sob situação de risco da parte postulante e, principalmente, assegurar o resultado útil da futura arbitragem. A atuação da jurisdição estatal, em tal circunstância, afigura-se precária, destinada apenas e tão somente à análise da medida de urgência apresentada, sem prorrogação, naturalmente, dessa competência provisória. 1.1 Devidamente instaurada a arbitragem, resta exaurida a jurisdição estatal, devendo os autos serem encaminhados ao Juízo arbitral competente, que, como tal, poderá manter a liminar, caso em que seu fundamento de existência passará a ser o provimento arbitral, e não mais a decisão judicial; modificá-la; ou mesmo revogá-la, a partir de sua convicção Documento: 80386543 – EMENTA / ACORDÃO – Site certificado – DJe: 21/05/2018 Página 1 de 3 Superior Tribunal de Justiça fundamentada.

2. O bloqueio dos bens, por meio do arresto, não encerra o propósito de antecipar os efeitos de futura decisão. Ao contrário, objetiva, em caráter provisório, assegurar o resultado útil da ação principal, resguardando a eficácia de futura e eventual execução de julgado ali proferido, a evidenciar seu caráter assecuratório, unicamente.

2.1 A cautelar de arresto, incidente sobre bens de terceiros e que tem o propósito de assegurar o resultado útil da arbitragem, afigura-se indissociável, e mesmo dependente, da pretensão de desconsiderar a personalidade jurídica da empresa devedora. Logo, a tutela de urgência assecuratória, nesses termos posta (com pedidos imbricados entre si), deveria ser submetida ao Juízo arbitral, providência, *in casu*, não levada a efeito como seria de rigor.

2.2 Os titulares dos bens sobre os quais recaiu o bloqueio não integraram a ação principal que tramitou perante o Juízo arbitral, não lhes sendo ofertada a possibilidade de exercer minimamente seu direito de defesa, compreendendo-se este não apenas como a possibilidade de ter ciência e de se manifestar sobre os atos processuais praticados, mas, principalmente, a de influir na convicção do julgador. Desse modo, se os efeitos subjetivos da sentença arbitral não lhes atingem, já que não fizeram parte da arbitragem, tampouco dela passaram a integrar, inafastável a conclusão de que o propósito acautelatório de garantir o resultado útil da demanda principal afigura-se completamente esvaziado.

3. O substrato da arbitragem está na autonomia de vontade das partes que, de modo consciente e voluntário, renunciam à jurisdição estatal, elegendo um terceiro, o árbitro, para solver eventuais conflitos de interesses advindos da relação contratual subjacente. Esse consentimento à arbitragem, ao qual se busca proteger, pode apresentar-se não apenas de modo expresso, mas também na forma tácita, afigurando possível, para esse propósito, a demonstração, por diversos meios de prova, da participação e adesão da parte ao processo arbitral, especificamente na relação contratual que o originou.

3.1 O consentimento tácito ao estabelecimento da arbitragem há de ser reconhecido, ainda, nas hipóteses em que um terceiro, utilizando-se de seu poder de controle para a realização de contrato, no qual há a estipulação de compromisso arbitral, e, em abuso da personalidade da pessoa jurídica interposta, determina tal ajuste, sem dele figurar formalmente, com o manifesto propósito de prejudicar o outro contratante, evidenciado, por exemplo, por atos de dissipação patrimonial em favor daquele.

3.2 Em tal circunstância, se prevalecer o entendimento de que o compromisso arbitral somente produz efeitos em relação às partes que formalmente o subscreveram, o processo arbitral servirá de escudo para evitar a responsabilização do terceiro que laborou em fraude, verdadeiro responsável pelas obrigações ajustadas e inadimplidas, notadamente se o instituto da desconsideração da personalidade jurídica – remédio jurídico idôneo para contornar esse tipo de proceder fraudulento – não puder ser submetido ao juízo arbitral.

3.3 É preciso atentar que, com exceção de questões relacionadas a direitos indisponíveis, qualquer matéria – naturalmente, afeta à relação contratual estabelecida entre as partes –, pode ser submetida à análise do Tribunal arbitral, que a decidirá em substituição às partes, com o atributo de definitividade. O pedido de desconsideração da personalidade jurídica não refoge a essa regra, a pretexto de atingir terceiros não signatários do compromisso arbitral.

3.4 No contexto de abuso da personalidade jurídica, fraude e má-fé da parte formalmente contratante, afigura-se possível ao Juízo arbitral – desde que provocado para tanto, após cuidadosa análise da pertinência das correlatas alegações, observado o contraditório, com exauriente instrução probatória (tal como se daria perante a jurisdição estatal) –, deliberar pela existência de consentimento implícito ao compromisso arbitral por parte desse terceiro, que, aí sim, sofreria os efeitos subjetivos de futura sentença arbitral. Afinal, o consentimento formal exigido na arbitragem, que tem por propósito justamente preservar a autonomia dos contratantes (essência do instituto), não pode ser utilizado para camuflar a real vontade da parte, por ela própria dissimulada deliberadamente.

4. Recurso especial provido.

***

Art. 22-B. Instituída a arbitragem, caberá aos árbitros manter, modificar ou revogar a medida cautelar ou de urgência concedida pelo Poder Judiciário. (Incluído pela Lei nº 13.129, de 2015) (1) (Vigência)

1. **A transferência da jurisdição.** Instituída a arbitragem, a jurisdição será transferida para os árbitros, que reanalisarão a medida, podendo decidir inclusive de modo diferente.

Parágrafo único. Estando já instituída a arbitragem, a medida cautelar ou de urgência será requerida diretamente aos árbitros. (Incluído pela Lei nº 13.129, de 2015) (1) (Vigência)

1. **Arbitragem instituída.** Nesse caso, a jurisdição já será dos árbitros e eles serão responsáveis pela análise das medidas de urgência. A efetivação destas medidas, contudo, continuará a ser realizada pelo Judiciário, visto que os árbitros não podem efetivar as suas próprias decisões.

STJ – REsp 1586383

RECURSO ESPECIAL Nº 1.586.383 – MG (2014/0236615-2)

RELATORA: MINISTRA MARIA ISABEL GALLOTTI

RECORRENTE: MORUS EDUCACIONAL PARTICIPAÇÕES S/A ADVOGADOS: CARLOS DAVID ALBUQUERQUE BRAGA – SP132306 MAURÍCIO PESTILLA FABBRI E OUTRO(S) – SP248578 PEDRO CAMPOS VASCONCELLOS E OUTRO(S) – MG089042N

RECORRIDO: NEWTON DE PAIVA FERREIRA FILHO

ADVOGADOS: JORGE ALBERTO MORA ZAKUR – MG061514 FREDSON LUIS OLIVEIRA DOS SANTOS E OUTRO(S) – MG117282

EMENTA PROCESSUAL CIVIL. RECURSO ESPECIAL. AÇÃO CAUTELAR. PRODUÇÃO ANTECIPADA DE PROVAS. EXISTÊNCIA DE CLÁUSULA COMPROMISSÓRIA ARBITRAL. AJUIZAMENTO PRÉVIO PERANTE A JUSTIÇA ESTATAL. INSTITUIÇÃO DO JUÍZO ARBITRAL. COMPETÊNCIA. 1. O prévio ajuizamento de ação cautelar perante o Poder Judiciário deriva do poder geral de cautela insculpido na legislação processual e hoje previsto expressamente nos artigos 22-A e 22-B da Lei n. 9.307/1996, incluídos pela Lei n. 13.129/2015. A atribuição de processá-la, todavia, após a instauração da arbitragem, é do juízo arbitral, ocasião em que poderá reanalisar a medida eventualmente concedida.

2. Recurso especial conhecido e provido.

***

CAPÍTULO 4-B
(INCLUÍDO PELA LEI Nº 13.129, DE 2015) (VIGÊNCIA)

DA CARTA ARBITRAL

Art. 22-C. O árbitro ou o tribunal arbitral poderá expedir carta arbitral para que o órgão jurisdicional nacional pratique ou determine o cumprimento, na área de sua competência territorial, de ato solicitado pelo árbitro. (Incluído pela Lei nº 13.129, de 2015) (1) (Vigência)

1. **Carta Arbitral.** Aspecto prático da limitação da jurisdição dos árbitros e do caráter cooperativo entre a jurisdição arbitral e a judicial. O árbitro analisa o mérito, mas quem efetiva as decisões é Judiciário sem, no entanto, questioná-las. A cooperação já existia na prática e agora está inserida na lei.

Parágrafo único. No cumprimento da carta arbitral será observado o segredo de justiça, desde que comprovada a confidencialidade estipulada na arbitragem. (Incluído pela Lei nº 13.129, de 2015) (1) (Vigência)

1. **Sigilo e a interação com o Judiciário.** Com isso se evita que o sigilo que cerca o processo arbitral durante o seu curso seja violado. Nessas hipóteses, o procedimento judicial terá segredo de justiça.

STJ – REsp 1798089/MG
RECURSO ESPECIAL Nº 1.798.089 – MG (2019/0045106-9)
RELATORA: MINISTRA NANCY ANDRIGHI

RECORRENTE: EMPABRA EMPRESA DE MINERACAO PAU BRANCO S/A

ADVOGADOS: ANDRÉ MARTINS MAGALHÃES - MG104186 LEONARDO DE ABREU BIRCHAL - MG107140 LETÍCIA MORAES SEDER SOUZA AMARAL - MG112811 FERNANDA ALVIM RIBEIRO DE OLIVEIRA - MG100914 LEONARDO CANABRAVA TURRA - MG057887NMARIA CECILIA DE OLIVEIRA REIS E ALVES - MG169167 PAULA CARNEIRO COSTA BAX DE BARROS - MG172626 IONE LEWICKI CUNHA MELLO - MG176044

RECORRIDO: JUAREZ DE OLIVEIRA RABELLO

RECORRIDO: JOAO HENRIQUE PEREIRA

ADVOGADOS: JOSÉ ANCHIETA DA SILVA - MG023405 MARIA FERNANDA DE OLIVEIRA LARCIPRETE - MG114089

INTERES.: GREEN METALS SOLUCOES AMBIENTAIS S.A

INTERES.: PHOENIX MINERACAO E COMERCIO LTDA

INTERES.: LUCAS PRADO KALLAS

INTERES.: RACHEL MARINHO DE OLIVEIRA KALLAS

INTERES.: LUIS FERNANDO FRANCESCHINI DA ROSA INTERES.: MARCIA CRISTINA ZIMMER

INTERES.: B.L.T. EMPREENDIMENTOS IMOBILIARIOS EIRELI ADVOGADOS: AUGUSTO TOLENTINO PACHECO DE MEDEIROS - MG050741 CLAUDIA FERRAZ DE MOURA - MG082242 GUILHERME DE CARVALHO DOVAL - MG102228 DANIEL FREITAS DRUMOND BENTO - MG154885

EMENTA RECURSO ESPECIAL. EMBARGOS DE TERCEIRO. ARBITRAGEM. OMISSÃO, CONTRADIÇÃO E ERRO MATERIAL. AUSÊNCIA. MULTA. INTUITO PROTELATÓRIO. AUSÊNCIA. ALCANCE DA CLÁUSULA COMPROMISSÓRIA. COMPLEXA REDE CONTRATUAL E DE EMPRESAS. EXPLORAÇÃO DA MINA CORUMI. NECESSIDADE DE VERIFICAÇÃO DA PESAGEM DO MINÉRIO. CONSENSUALIDADE DA ARVITRAGEM. AUSÊNCIA DE VIOLAÇÃO. RESTRITA MARGEM DE INTERPRETAÇÃO DO PODER JUDICIÁRIO. RESULTADO ÚTIL DA DECISÃO ARBITRAL.

1. Agravo de instrumento interposto em 28/08/2017. Recurso especial interposto em 09/07/2018 e concluso ao gabinete em: 28/02/2019.

2. Ante a ausência de omissão, contradição e erro material, não há violação ao art. 1.022 do CPC/2015.

3. O fato de o Tribunal de origem ter afastado os argumentos da recorrente não significa, necessariamente, que há intuito protelatório por parte da Documento: 1853583 – Inteiro Teor do Acórdão – Site certificado – DJe: 04/10/2019 Página 1de 6 Superior Tribunal de Justiça recorrente. Na hipótese, a recorrente apontou diversas questões relevantes e que exigiu do Tribunal de origem uma longa explicação para afastar a presença dos supostos vícios.

4. Como afirmado no julgamento do REsp 1.277.725/AM (Terceira Turma, DJe 18/03/2013), "admite-se a convivência harmônica das duas jurisdições – arbitral e estatal –, desde que respeitadas as competências correspondentes, que ostentam natureza absoluta". Portanto, é aceitável a convivência de decisões arbitrais e judiciais, quando elas não se contradizerem e tiverem a finalidade de preservar a efetividade de futura decisão arbitral.

5. A determinação de cumprimento de cartas arbitrais pelo Poder Judiciário não constitui uma atividade meramente mecânica. Por mais restrita que seja, o Poder Judiciário possui uma reduzida margem de interpretação para fazer cumprir as decisões legalmente exaradas por cortes arbitrais.

6. Na hipótese, não é o fato de supostamente a recorrente pertencer ao mesmo grupo econômico das empresas interessadas que pode fundamentar a ordem judicial, mas sim o próprio poder investido ao Poder Judiciário de conferir coercibilidade às decisões arbitrais, a fim de garantir-lhes seu futuro resultado útil aos participantes daquele procedimento.

7. Recurso especial conhecido e parcialmente provido somente para afastar a aplicação da multa prevista no art. 1026, § 2º, do CPC/2015.

CAPÍTULO 5
DA SENTENÇA ARBITRAL

Art. 23. A sentença arbitral será proferida no prazo estipulado pelas partes. Nada tendo sido convencionado, o prazo para a apresentação da sentença é de seis meses, contado da instituição da arbitragem ou da substituição do árbitro (1).

1. **O prazo para proferimento da sentença arbitral.** A disposição representa muito daquilo que as partes procuram na arbitragem e que é indicado como uma de suas vantagens: a celeridade. Nesse contexto, o processo arbitral, embora não tenha um prazo preclusivo para terminar, exceto para os casos em que a convenção de arbitragem é um compromisso arbitral e que foram discutidos nos comentários do art. 12 da Lei de Arbitragem, acima, tem por escopo ser eficiente e findar-se no menor tempo possível. Em casos complexos, as arbitragens costumam durar mais de seis meses, muitas vezes pela indisponibilidade de agenda de árbitros, das partes ou até mesmo pela realização de perícias. Todavia, aqueles que participam de um processo arbitral devem estar imbuídos dos ideais de celeridade. O prazo de seis meses previsto em lei deve ser visto como um objetivo, mas que não é absoluto e que deve respeitar o princípio da autonomia da vontade de da razoabilidade, especialmente em face das características do caso concreto.

§ 1º Os árbitros poderão proferir sentenças parciais. (1) (incluído pela Lei nº 13.129, de 2015)

1. **Prática triunfa.** Mais um triunfo da prática que foi abarcado na lei. A figura da sentença parcial já é típica do processo arbitral. Funciona especialmente para casos em que se discute jurisdição do árbitro e definição de *an debeatur* e *quantum debeatur*, por exemplo. Uma parte do litígio já é definida enquanto o restante fica para julgamento final.

§ 2º As partes e os árbitros, de comum acordo, poderão prorrogar o prazo para proferir a sentença final." (1) (incluído pela Lei nº 13.129, de 2015)

1. **Prorrogação de prazo para proferimento da sentença arbitral.** A razoabilidade deve imperar nesse tipo de discussão e o que se deve evitar é a delonga injustificada no julgamento de questões. Se uma sentença demora a ser proferida porque se aguarda uma audiência ou a finalização de uma prova técnica, parece razoável qualquer prorrogação. O que não parece razoável, porém, são prorrogações injustificadas ou decorrentes de questões subjetivas.

Art. 24. A decisão do árbitro ou dos árbitros será expressa em documento escrito (1).

1. **Os documentos escritos. Decisões doa árbitros.** Do mesmo modo que a convenção de arbitragem deve existir por escrito, as decisões dos árbitros, interlocutórias, sentenças parciais ou definitivas, devem ser escritas também. Obviamente as sentenças e as decisões não precisam ser originariamente escritas, do mesmo modo que a convenção de arbitragem também não precisa, mas deve ser possível transcrevê-las e reduzi-las à termo, a partir da utilização da esteniotipia, por exemplo. Os avanços tecnológicos, tão imediatamente incorporados pela arbitragem, devem ser utilizados a favor da celeridade do procedimento. O documento escrito é importante já que esses documentos podem ser objeto de ação de anulação de sentença arbitral (parcial ou definitiva) ou de cumprimento imediato (decisões interlocutórias). Nesse aspecto, seu traslado a outros juízos que irão efetivar as medidas ou analisar questões jurídicas fica bastante facilitado.

§ 1º Quando forem vários os árbitros, a decisão será tomada por maioria. Se não houver acordo majoritário, prevalecerá o voto do presidente do tribunal arbitral (1).

1. **A apuração do resultado do julgamento em painéis plurais.** Regra geral o julgamento se dá pela maioria dos votos a favor de um determinado entendimento em determinada questão apresentada. Pode haver, contudo, que a diferença de interpretações seja completa e cada um doa árbitros análise uma questão de modo distinto. Nesse caso, conforme prevê a parte final do artigo, o julgamento será tomado conforme o entendimento do presidente do painel. Assim, para a questão A, se um dos árbitros considerou existir culpa da parte autora com multa contratual de 20%, o outro árbitro considerou haver culpa da parte requerida com multa contratual de 10% e o árbitro presidente considerou que a culpa da autora, mas com multa de 15%, prevalecerá o voto da maioria pela culpa da autora, conforme a primeira parte do § 1º do art. 24 da Lei de Arbitragem, e a multa de 15%, conforme voto do árbitro presidente e entendimento da parte final do § 1º do art. 24 da Lei de Arbitragem.

§ 2º O árbitro que divergir da maioria poderá, querendo, declarar seu voto em separado (1).

1. **O voto divergente.** Figura não muito comum em arbitragens embora sua ocorrência possa ser verificada na prática. Seus detratores argu-

mentam que a declaração de um voto divergente só atiçaria a parte vencida pela maioria a buscar esclarecimentos ou ajuizar ação de anulação de sentença arbitral. De qualquer modo, a declaração da divergência engrandece o julgamento e a análise do caso demonstrando toda a dialeticidade pela qual os árbitros passaram e em qual ponto reside a divergência, registrando de modo claro os fatos e argumentos jurídicos levados em conta para os julgadores obterem conclusões distintas. Eventualmente um voto divergente bem feito e levando em conta pontos importantes do caso pode sim dar ensejo à uma ação de anulação de sentença arbitral. De outro lado, uma sentença unanime também não é garantia de imunidade contra pedidos de anulação que venham a ser julgados procedentes. O importante é que os árbitros, com entendimentos vencedores ou minoritários, julguem de acordo com as suas consciências.

Art. 25. Revogado (Revogado pela Lei nº 13.129, de 2015)

Art. 26. São requisitos obrigatórios da sentença arbitral (1):

1. **O que a sentença arbitral deve conter.** O referido artigo refere-se aos elementos estruturais que a sentença arbitral deve conter sob pena da sentença arbitral não produzir seus efeitos.

I – O relatório, que conterá os nomes das partes e um resumo do litígio (1);

1. **A história do litígio.** No relatório os árbitros irão individualizar os litigantes, identificando-os. Além disso, há um resumo do litígio contendo os principais acontecimentos, bem como os atos, fatos e argumentos apresentados no processo arbitral, de modo detalhado. Nesse sentido, prepara-se prepara-se uma introdução para a decisão que se seguirá.

II – os fundamentos da decisão, onde serão analisadas as questões de fato e de direito, mencionando-se, expressamente, se os árbitros julgaram por equidade (1);

1. **O porquê do julgamento.** Nesse momento é feita uma análise crítica das questões de fato e de direito trazidas pelas partes de modo a dar-lhes análise considerando a legislação escolhida ou a equidade, que deve ser indicada se utilizada. É o momento de se indicar a correção e a incorreção dos argumentos apresentados.

III – o dispositivo, em que os árbitros resolverão as questões que lhes forem submetidas e estabelecerão o prazo para o cumprimento da decisão, se for o caso (1); e

1. **Dar a cada um o que é seu.** Nessa parte declara-se a decisão final sobre o conflito, apresentando-se o comando que deverá ser seguido pelas partes. O árbitro dirá se os pedidos apresentados são procedentes, improcedentes ou parcialmente procedentes, com as relativas consequências para as partes.

STJ – SEC 760 / US

SENTENÇA ESTRANGEIRA CONTESTADA Nº 760 – EX (2005/0123948-2)

RELATOR: MINISTRO FELIX FISCHER

REQUERENTE: TREMOND ALLOYS AND METALS CORP

ADVOGADO: CELSO BOTELHO DE MORAES E OUTROS

TREMOND ALLOYS AND METALS CORPORATION

REQUERIDO: METALTUBOS INDÚSTRIA E COMÉRCIO DE METAIS LTDA

ADVOGADO: JOÃO LUIZ AGUION E OUTROS

EMENTA SENTENÇA ARBITRAL ESTRANGEIRA. CONTROLE JUDICIAL. IMPOSSIBILIDADE DE APRECIAÇÃO DO MÉRITO. REQUISITOS FORMAIS ATENDIDOS. HOMOLOGAÇÃO. DEFERIMENTO.

I – O controle judicial da sentença arbitral estrangeira está limitado a aspectos de ordem formal, não podendo ser apreciado o mérito do arbitramento. Precedentes.

II – Impõe-se a homologação da sentença arbitral estrangeira quando atendidos todos os requisitos indispensáveis ao pedido, bem como constatada a ausência de ofensa à soberania nacional, à ordem pública e aos bons costumes. Homologação deferida.

***

IV – a data e o lugar em que foi proferida (1).

1. **Precisão no proferimento da sentença.** Nesse inciso são informados dois requisitos, data e local, que podem ter consequências importantes para o tratamento futuro da sentença arbitral. O primeiro deles é a data. Diz respeito ao cumprimento de prazos pelos árbitros, ao respeito aos limites temporais estabelecidos para o processo arbitral, indicativos de prazos para propositura de ação de anulação de sentença arbitral, indicativos para prazos prescricionais, por exemplo. Já o local em que a sentença foi proferida determinará, como se verá a seguir, a jurisdição em que deverá ser executada, podendo tornar necessária a homologação da sentença.

STJ – REsp 1231554 / RJ

AgRg nos EMBARGOS DE DIVERGÊNCIA EM RESP Nº 1.231.554 – RJ (2011/0312279-5)

RELATORA: MINISTRA LAURITA VAZ

AGRAVANTE: PETROMEC INC E OUTRO

ADVOGADO: HÉLIO JOSÉ CAVALCANTI BARROS E OUTRO(S)

AGRAVADO: NUOVO PIGNONE SPA

ADVOGADOS: ANTÔNIO TAVARES PAES JÚNIOR E OUTRO(S)
VÍTOR JOSÉ DE MELLO MONTEIRO E OUTRO(S)

EMENTA AGRAVO REGIMENTAL NOS EMBARGOS DE DIVERGÊNCIA. PROCESSUAL CIVIL. RECURSO ESPECIAL. AÇÃO DE

EXECUÇÃO DE SENTENÇA ARBITRAL. NACIONALIDADE. DETERMINAÇÃO. CRITÉRIO TERRITORIAL. ACÓRDÃO PARADIGMA PROLATADOS EM PROCESSO DE HOMOLOGAÇÃO DE SENTENÇA ESTRANGEIRA. INADMISSIBILIDADE. PRECEDENTES DO STJ. DISSÍDIO JURISPRUDENCIAL INDEMONSTRADO. EMBARGOS DE DIVERGÊNCIA LIMINARMENTE INDEFERIDOS. DECISÃO MANTIDA EM SEUS PRÓPRIOS TERMOS. AGRAVO REGIMENTAL DESPROVIDO.

1. O paradigma apontado como divergente pelos Embargantes foi prolatado em processo de homologação de sentença estrangeira, inapto, portanto, a configurar o alegado dissídio, conforme jurisprudência mansa e pacífica desta Corte. Com efeito, em sede de embargos de divergência, os paradigmas devem, necessariamente, ser provenientes de julgados prolatados em recurso especial ou em agravo que examina o mérito do recurso especial. Precedentes citados: AgRg nos EREsp 575.684/SP, TERCEIRA SEÇÃO, Rel. Ministra LAURITA VAZ, DJe de 07/04/2010; AgRg na Pet 4269/GO, CORTE ESPECIAL, Rel. Ministro JOSÉ DELGADO, DJ de 23/04/2007; Pet 2.398/SP, CORTE ESPECIAL, Rel. Ministra LAURITA VAZ, DJe de 12/05/2010; EREsp 337.640/SP, CORTE ESPECIAL, Rel. Ministro FERNANDO GONÇALVES, DJ de 21/08/2006; AgRg nos EREsp 693.716/SC, CORTE ESPECIAL, Rel. Ministra LAURITA VAZ, DJ de 01/08/2006; AgRg nos EREsp 250.479/BA, TERCEIRA SEÇÃO, Rel. Min. ARNALDO ESTEVES LIMA, DJ de 20/11/2006; EREsp 423.618/RJ, PRIMEIRA SEÇÃO, Rel. Min. JOÃO OTÁVIO DE NORONHA, DJ de 09/05/2005.

2. Agravo regimental desprovido.

***

Parágrafo único. A sentença arbitral será assinada pelo árbitro ou por todos os árbitros. Caberá ao presidente do tribunal arbitral, na hipótese de um ou alguns dos árbitros não poder ou não querer assinar a sentença, certificar tal fato (1).

1. **Assinatura da sentença.** A sentença arbitral deve conter a assinatura de todos os árbitros de modo a demonstrar às partes o trabalho em conjunto e o resultando alcançado, mesmo havendo divergências quanto ao mérito da questão. Se algum dos árbitros recusar-se ou não puder

assinar a sentença arbitral, nenhuma consequência desse fato decorrerá quanto ao resultado do processo e a subsistência da sentença. O árbitro presidente apenas certificará tal situação.

STJ – SEC 760

SENTENÇA ESTRANGEIRA CONTESTADA Nº 760 – EX (2005/0123948-2)

RELATOR: MINISTRO FELIX FISCHER

REQUERENTE: TREMOND ALLOYS AND METALS CORP

ADVOGADO: CELSO BOTELHO DE MORAES E OUTROS

TREMOND ALLOYS AND METALS CORPORATION

REQUERIDO: METALTUBOS INDÚSTRIA E COMÉRCIO DE METAIS LTDA

ADVOGADO: JOÃO LUIZ AGUION E OUTROS

EMENTA SENTENÇA ARBITRAL ESTRANGEIRA. CONTROLE JUDICIAL. IMPOSSIBILIDADE DE APRECIAÇÃO DO MÉRITO. REQUISITOS FORMAIS ATENDIDOS. HOMOLOGAÇÃO. DEFERIMENTO.

I – O controle judicial da sentença arbitral estrangeira está limitado a aspectos de ordem formal, não podendo ser apreciado o mérito do arbitramento. Precedentes.

II – Impõe-se a homologação da sentença arbitral estrangeira quando atendidos todos os requisitos indispensáveis ao pedido, bem como constatada a ausência de ofensa à soberania nacional, à ordem pública e aos bons costumes. Homologação deferida.

***

Art. 27. A sentença arbitral decidirá sobre a responsabilidade das partes acerca das custas e despesas com a arbitragem, bem como sobre verba decorrente de litigância de má-fé, se for o caso, respeitadas as disposições da convenção de arbitragem, se houver (1).

1. **As verbas sucumbenciais.** As partes devem estar atentas para a indicação das regras de distribuição dos ônus sucumbenciais decorrentes do processo arbitral. Normalmente as cláusulas compromissórias não contêm disposição específica a respeito. Daí porque a partir da redação do Termo de Arbitragem (vide comentários do art. 19 da Lei de Arbitragem, acima), as partes devem verificar quais questões relativas a este tema são pertinentes e interessantes no caso concreto. A legislação aplicável ao caso deve ser analisada a fim de que se verifiquem princípios norteadores de um sistema de distribuição de sucumbência e também de que modo tais princípios se coadunam com os regulamentos aplicáveis no caso de arbitragens institucionais. A questão da litigância de má-fé ainda ganha certa complexidade nas arbitragens internacionais na medida em que será necessária uma uniformização das condutas coibidas.

STJ - Edcl no REsp 1810444

EDcl no RECURSO ESPECIAL Nº 1810444 - SP (2018/0337644-0)

RELATOR: MINISTRO LUIS FELIPE SALOMÃO

EMBARGANTE: BELARINA ALIMENTOS S/A

ADVOGADOS: PÉRSIO THOMAZ FERREIRA ROSA E OUTRO(S) - SP183463 ANA FLÁVIA MAMBELLI - MS014292 RAQUEL GARCIA MARTINS CONDE DE OLIVEIRA - SP286721

EMBARGADO: ALIMENTOS SANTA FÉ LTDA EMBARGADO: JEAN MARCELL CARLOS ADVOGADO : SEM REPRESENTAÇÃO NOS AUTOS - SE000000M EMENTA

EMBARGOS DE DECLARAÇÃO NO RECURSO ESPECIAL. AUSÊNCIA DOS REQUISITOS DO ART. 1.022 DO CPC DE 2015. EMBARGOS DE DECLARAÇÃO REJEITADOS. PROCESSO CIVIL. LIBERDADE NEGOCIAL CONDICIONADA AOS FUNDAMENTOS CONSTITUCIONAIS. CPC/2015. NEGÓCIO JURÍDICO PROCESSUAL. FLEXIBILIZAÇÃO DO RITO PROCEDIMENTAL. REQUISITOS E LIMITES. IMPOSSIBILIDADE DE DISPOSIÇÃO SOBRE AS FUNÇÕES DESEMPENHADAS PELO JUIZ.

1. Depreende-se do artigo 1.022 do Código de Processo Civil que os embargos de declaração não se prestam ao simples reexame de questões já analisadas, com o intuito de conferir meramente efeito modificativo ao recurso.

2. A liberdade negocial deriva do princípio constitucional da liberdade individual e da livre iniciativa, fundamento da República, e, como toda garantia constitucional, estará sempre condicionada ao respeito à dignidade humana e sujeita às limitações impostas pelo Estado Democrático de Direito, estruturado para assegurar o exercício dos direitos sociais e individuais e a Justiça.

3. O CPC/2015 formalizou a adoção da teoria dos negócios jurídicos processuais, conferindo flexibilização procedimental ao processo, com vistas à promoção efetiva do direito material discutido. Apesar de essencialmente constituído pelo autorregramento das vontades particulares, o negócio jurídico processual atua no exercício do múnus público da jurisdição.

4. São requisitos do negócio jurídico processual: a) versar a causa sobre direitos que admitam autocomposição; b) serem partes plenamente capazes; c) limitar-se aos ônus, poderes, faculdades e deveres processuais das partes; d) tratar de situação jurídica individualizada e concreta.

5. O negócio jurídico processual não se sujeita a um juízo de conveniência pelo juiz, que fará apenas a verificação de sua legalidade, pronunciando-se nos casos de nulidade ou de inserção abusiva em contrato de adesão ou ainda quando alguma parte se encontrar em manifesta situação de vulnerabilidade.

6. A modificação do procedimento convencionada entre as partes por meio do negócio jurídico sujeita-se a limites, dentre os quais ressai o requisito negativo de não dispor sobre a situação jurídica do magistrado. As funções desempenhadas pelo juiz no processo são inerentes ao exercício da jurisdição e à garantia do devido processo legal, sendo vedado às partes sobre elas dispor.

7. Embargos de declaração rejeitados.

Art. 28. Se, no decurso da arbitragem, as partes chegarem a acordo quanto ao litígio, o árbitro ou o tribunal arbitral poderá, a pedido das partes, declarar tal fato mediante sentença arbitral, que conterá os requisitos do art. 26 desta Lei (1).

1. **A eficácia do acordo das partes. Outra vez a referência ao sistema multiportas.** O objetivo desse dispositivo é prestigiar a combinação entre métodos de solução de conflitos, arbitragem e conciliação. De outro lado, busca-se também economia processual, já que o processo arbitral está iniciado e pode conferir eficácia de sentença aos resultados de métodos consensuais, tal como é a conciliação, que normalmente produziria um acordo entre as partes com eficácia contratual. Resolve-se assim completamente o conflito apresentado pelas partes.

Art. 29. Proferida a sentença arbitral, dá-se por finda a arbitragem, devendo o árbitro, ou o presidente do tribunal arbitral, enviar cópia da decisão às partes, por via postal ou por outro meio qualquer de comunicação, mediante comprovação de recebimento, ou, ainda, entregando-a diretamente às partes, mediante recibo (1).

1. **O encerramento da jurisdição arbitral.** Normalmente a jurisdição arbitral encerra-se com o proferimento da sentença arbitral, estando cumprido o encargo assumido pelos árbitros e atribuído pelas partes. Para sacramentar tal momento, os árbitros devem enviar a sentença arbitral às partes no modo determinado na convenção de arbitragem, no Termo de Arbitral ou no regulamento adotado em uma arbitragem institucional. O recebimento da sentença é importante para o desencadeamento de outros prazos e a produção dos efeitos determinados na sentença arbitral. Normalmente também há uma lista de endereços daqueles que participam da arbitragem e que devem sempre ser intimados. Há também o estabelecimento de regras em caso de alteração das pessoas que assistem cada uma das partes, tudo para facilitar o trabalho e garantir a higidez do processo arbitral.

Art. 30. No prazo de 5 (cinco) dias, a contar do recebimento da notificação ou da ciência pessoal da sentença arbitral, salvo se outro prazo for acordado entre as partes, a parte interessada, mediante comunicação à outra parte, poderá solicitar ao árbitro ou ao tribunal arbitral que: (Redação dada pela Lei nº 13.129, de 2015) (Vigência) (1):

1. **Esclarecimentos e o adiamento do fim do encargo.** Mesmo após o proferimento da sentença arbitral, há uma possibilidade para o não encerramento da jurisdição arbitral. Pode ser que uma das partes ou ambas requeiram os árbitros esclarecimentos ou correções na sentença arbitral por meio de uma petição análoga aos embargos de declaração do processo civil tradicional. O prazo fixado na Lei de Arbitragem para tal esclarecimento é de 5 (cinco) dias, mesmo dos embargos de declaração do processo judicial. Contudo, a regulação dos prazos em arbitragens institucionais é bastante diferente e os prazos podem, portanto, variar bastante de um processo para o outro, especialmente quando administrados por Câmaras de Arbitragem diferentes.

Por se tratar da última oportunidade que as partes terão de se dirigirem aos árbitros para eventualmente tentarem alterar algum ponto do julgamento, não raro, essa manifestação conterá efeitos infringentes, o que não é vedado. Todavia, caberá aos árbitros analisarem a questão sob o prisma adequado, garantindo a higidez do processo arbitral e, se for o caso, fazendo as alterações necessárias.

I – Corrija qualquer erro material da sentença arbitral (1);

1. **Erro material.** Representa um descuido de algum item o termo da decisão em face do raciocínio apresentado pelo julgador e daquilo que já se expos. Pode representar um número grafado de modo incorreto em referência ao valor do contrato em discussão, por exemplo, ou o equívoco de alguma nomenclatura, trocando procedência por improcedência. Não trata da análise de critérios, mas sim de incorreções no resultado da aplicação dessas premissas.

II – esclareça alguma obscuridade (1), dúvida (2) ou contradição (3) da sentença arbitral, ou se pronuncie sobre ponto omitido (4) a respeito do qual devia manifestar-se a decisão.

1. **Obscuridade.** Indica confusão na compreensão de um determinado texto prejudicando a apreensão das ideias expostas. Pelo que é exposto não se torna possível verificar aquilo que o árbitro quis dizer, podendo ser alguma questão ambígua ou até mesmo uma afirmação completamente desprovida de significado objetivo, algo incongruente.

2. **Dúvida.** De modo diferente dos embargos de declaração, o pedido de esclarecimentos na arbitragem pode conter dúvidas das partes quanto ao que foi decidido, bem como na forma de cumprimento da decisão, especialmente quanto aos prazos, meios de pagamento, forma de extinção de determinada obrigação, etc. As partes podem portanto formular consulta aos árbitros acerca de temas que não lhe tenham ficado claros, algo absolutamente subjetivo, portanto.

3. **Contradição.** É a incoerência entre afirmações contidas no julgado. Diz-se, por exemplo, que o demandado agiu com imperícia, mas que a rescisão do contrato não foi culposa. É fundamental que seja intrínseca, ou seja, entre conclusão e premissas da própria decisão e não com alguma tese ou argumento exposto.

4. **Omissão.** Representa algo que o julgador deveria, mas deixou de analisar. Via de regra a matéria a ser julgada está mencionada nos famosos "Termos de Arbitragem (vide art. 19 da Lei de Arbitragem), bem como na decisão saneadora do processo civil (art. 331 do CPC). Nesse aspecto, basta um cotejo entre tais decisões e a sentença para que se verifique eventual questão omitida.

Parágrafo único. O árbitro ou o tribunal arbitral decidirá no prazo de 10 (dez) dias ou em prazo acordado com as partes, aditará a sentença arbitral e notificará as partes na forma do art. 29. (1) (Redação dada pela Lei nº 13.129, de 2015) (Vigência)

1. **Prazo para decisão.** Após recebidos os pedidos de esclarecimentos sobre a sentença, a Lei de Arbitragem confere aos árbitros o prazo de 10 (dez) dias para julgamento. Como já mencionado nos comentários do caput desse artigo, os prazos indicados lá e aqui são bastante flexíveis e não é nada raro que sejam alterados com frequência, quer por vontade das partes, quer já em regulamentos adotados em arbitragens institucionais. A nova decisão deve ser notificada às partes, do mesmo que sentença arbitral objeto do pedido de esclarecimentos foi.

Art. 31. A sentença arbitral produz, entre as partes e seus sucessores, os mesmos efeitos da sentença proferida pelos órgãos do Poder Judiciário e, sendo condenatória, constitui título executivo (1).

1. **A sentença arbitral e sua nova relação com o Judiciário.** No regime do Código de Processo Civil de 1973, a sentença arbitral após proferida, deveria ser encaminhada ao Judiciário para que este realizasse a sua homologação. Tal procedimento, sem dúvida, representou uma grande dificuldade para o desenvolvimento da arbitragem em nosso país. Nesse aspecto, a expressão *"laudo arbitral"* caiu em desuso e representa uma lembrança do momento em que a sentença arbitral dependia do *exequatur* do Judiciário por se entender que esse laudo detinha natureza contratual, só passando a ser considerada como sentença com o crivo judicial. As novas regras introduzidas pela Lei de Arbitragem afastaram essa necessidade atribuindo à sentença arbitral os mesmos efeitos da sentença judicial desde o momento em que aquela foi proferida, sem a necessidade de qualquer outra medida adicional. Quando da elaboração da Lei de Arbitragem, a sentença arbitral constituiria inclusive título executivo judicial quando fosse condenatória. Embora não tenha havido a atualização da Lei de Arbitragem após a promulgação da lei 11.232, de 22 de dezembro de 2005, que alterou a características das sentenças como títulos executivos daquelas condenatórias para as que reconheçam *"existência de obrigação de fazer, não fazer, entregar coisa ou pagar quantia"*, a sentença arbitral continuou a ter tal característica. No mesmo diploma legal, a *"sentença arbitral"* passou a constar como título executivo sem qualquer especificação. Daí porque perdeu a razão de ser a disposição *"sendo condenatória"*, presente no *caput* desse artigo.

STF – SE 5206 AgR / EP – ESPANHA e SEC 5847 / REINO UNIDO DA GRÃ-BRETANHA E DA IRLANDA DO NORTE

08/05/1997

COORD. DE ANÁLISE DE JURISPRUDÊNCIA

D.J. 30.04.2004

EMENTÁRIO Nº 2149 – 6

TRIBUNAL PLENO

AG.REG.NA SENTENÇA ESTRANGEIRA 5.206-7 REINO DA ESPANHA

RELATOR: MINISTRO PRESIDENTE

AGRAVANTE: M B V COMMERCIAL AND EXPORT MANAGEMENT ESTABLISMENT
ADVOGADO: EVANDRO CATUNDA DE CLODOALDO PINTO E OUTROS
AGRAVADO: RESIL INDUSTRIA E COMERCIO LTDA
ADVOGADO: MARCIA SERRA NEGRA E OUTROS
ADVOGADO: ANDRÉ CARMELINGO ALVES
EMENTA: 1. Sentença estrangeira: laudo arbitral que dirimiu conflito entre duas sociedades comerciais sobre direitos inquestionavelmente disponíveis – a existência e o montante de créditos a título de comissão por representação comercial de empresa brasileira no exterior: compromisso firmado pela requerida que, neste processo, presta anuência ao pedido de homologação: ausência de chancela, na origem, de autoridade judiciária ou órgão público equivalente: homologação negada pelo Presidente do STF, nos termos da jurisprudência da Corte, então dominante: agravo regimental a que se dá provimento, por unanimidade, tendo em vista a edição posterior da L. 9.307, de 23.9.96, que dispõe sobre a arbitragem, para que, homologado c laudo, valha no Brasil como título executivo judicial.

2. Laudo arbitral: homologação: Lei da Arbitragem: controle incidental de constitucionalidade e o papel do STF.

A constitucionalidade da primeira das inovações da Lei da Arbitragem – a possibilidade de execução específica de compromisso arbitral – não constitui, na espécie, questão prejudicial da homologação do laudo estrangeiro; a essa interessa apenas, como premissa, a extinção, no direito interno, da homologação judicial do laudo (arts. 18' e 31), e sua consequente dispensa, na origem, como requisito de reconhecimento, no Brasil, de sentença arbitral estrangeira (art. 35).

A completa assimilação, no direito interno, da decisão arbitral à decisão judicial, pela nova Lei de Arbitragem, já bastaria, a rigor, para autorizar a homologação, no Brasil, do laudo arbitral estrangeiro, independentemente de sua prévia homologação pela Justiça do país de origem.

Ainda que não seja essencial à solução do caso concreto, não pode o Tribunal – dado o seu papel de "guarda da Constituição" – se furtar a enfrentar o problema de constitucionalidade suscitado incidentemente (v.g. MS 20.505, Néri).

3. Lei de Arbitragem (L. 9.307/96): constitucionalidade, em *teser* do juízo arbitral; discussão incidental da constitucionalidade de vários dos

tópicos da nova lei, especialmente acerca da compatibilidade, ou não, entre a execução judicial específica para a solução de futuros conflitos da cláusula compromissória e a garantia constitucional da universalidade da jurisdição do Poder Judiciário (CF, art. 5º, XXXV).

Constitucionalidade declarada pelo plenário, considerando o Tribunal, por maioria de votos, que a manifestação de vontade da parte na cláusula compromissória, quando da celebração do contrato, e a permissão legal dada ao juiz para que substitua a vontade da parte recalcitrante em firmar o compromisso não ofendem o artigo 5º, XXXV, da CF.

Votos vencidos, em parte – incluído o do relator – que entendiam inconstitucionais a cláusula compromissória – dada a indeterminação de seu objeto – e a possibilidade de a outra parte, havendo resistência quanto à instituição da arbitragem, recorrer ao Poder Judiciário para compelir a parte recalcitrante a firmar o compromisso, e, consequentemente, declaravam a inconstitucionalidade de dispositivos da Lei 9.307/96 (art. 6º, parág. único; 7º e seus parágrafos e, no art. 41, das novas redações atribuídas ao art. 267, VII e art. 301, inciso IX do C. Pr. Civil; e art. 42), por violação da garantia da universalidade da jurisdição do Poder Judiciário.

Constitucionalidade – aí por decisão unânime, dos dispositivos da Lei de Arbitragem que prescrevem a irrecorribilidade (art. 18) e os efeitos de decisão judiciária da sentença arbitral (art. 31).

ACÓRDÃO

Vistos, relatados e discutidos estes autos, acordam os Ministros do Supremo Tribunal Federal, em sessão plenária, na conformidade da ata do julgamento e das notas taquigráficas, por unanimidade de votos, em prover o agravo para homologar a sentença arbitral, e, por maioria, declarar constitucional a L. 9307, de 23.9.96, vencidos, em parte, os Senhores Ministros Sepúlveda

Pertence, Sydney Sanches, Néri da Silveira e Moreira Alves, que declaravam a inconstitucionalidade do parágrafo único do artigo 6º; do artigo 7º e seus parágrafos; no artigo 41, das novas redações atribuídas ao artigo 267, inciso VII e ao artigo 301, inciso IX, do Código de Processo Civil; e do artigo 42, todos do referido diploma legal.

Brasília 12 de dezembro de 2001.

(...)

A segunda inovação, de interesso decisivo no caso, ó a equiparação, no plano do direito interno, dos efeitos da sentença arbitral aos da sentença judiciária – incluída a formação de título executório, se condenatório o laudo – independentemente de homologação judicial (art. 31).

(...)

Situam-se elas, no que diz com a arbitragem realizada no Brasil, no art. 18 combinado com o art. 31 da nova lei, *verbis*:

"Art. 18. O árbitro é juiz de fato e de direito, e a sentença que proferir não fica sujeita a recurso ou a homologação pelo poder Judiciário."

Art. 31. A sentença arbitral produz, entre as partes e seus sucessores, os mesmos efeitos da sentença proferida pelos órgãos do Poder Judiciário e, sendo condenatória, constitui título executivo."

Não há dúvida de que a completa equiparação de laudo arbitral – expressivamente rebatizado de "sentença arbitral" – à decisão judiciária, independentemente de sua homologação em juízo, e a nota da irrecorribilidade são rupturas de uma longa tradição do direito brasileiro.

****

COORD. DE ANÁLISE DE JURISPRUDÊNCIA

D.J. 17.12.99

EMENTÁRIO NP 1976-2

01/12/1999 TRIBUNAL PLENO

SENTENÇA ESTRANGEIRA CONTESTADA N. 5.847-1 REINO UNIDO DA GRÃ- BRETANHA E DA IRLANDA DO NORTE

RELATOR: MIN. MAURÍCIO CORRÊA

REQUERENTE: AIGLON DUBLIN LIMITED ("AIGLON")

ADVOGADA: LÚCIA MARIA DE FIGUEIREDO

REQUERIDA: TEKA TECELAGEM KUENRICH S/A ("TEKA")

ADVOGADOS: HAROLDO PASBT E OUTROS

EMENTA: HOMOLOGAÇÃO DE LAUDO ARBITRAL ESTRANGEIRO.

REQUISITOS FORMAIS: COMPROVAÇÃO. CAUÇÃO: DESNECESSIDADE. INCIDÊNCIA IMEDIATA DA LEI Nº 9.307/96. CONTRATO DE ADESÃO: INEXISTÊNCIA DE CARACTERÍSTICAS

PRÓPRIAS. INAPLICAÇÃO DO CÓDIGO DE DEFESA DO CONSUMIDOR.

1. Hipótese em que restaram comprovados os requisitos formais para a homologação (RISTF, artigo 217). 2. O Supremo Tribunal Federal entende desnecessária a caução em homologação de sentença estrangeira (SE nº 3.407, Rei. Min. OSCAR CORRÊA, DJ DE 07.12.84). 3. As disposições processuais da Lei nº 9.307/96 têm incidência imediata nos casos pendentes de julgamento (RE nº 91.839/GO, RAFAEL MAYER, DJ de 15.05.81). 4. Não é contrato de adesão aquele em que as cláusulas são modificáveis por acordo das partes. 5. O Código de Proteção e Defesa do Consumidor, conforme dispõe seu artigo 2º, aplica-se somente a "pessoa física ou jurídica que adquire ou utiliza produto ou serviço conto destinatário final". Pedido de homologação deferido.

ACÓRDÃO

Vistos, relatados e discutidos estes autos, acordam os Ministros do Supremo Tribunal Federal, em Sessão Plenária, na conformidade da ata do julgamento e das notas taquigráficas, por unanimidade de votos, deferir o pedido de homologação, nos termos do voto do Senhor Ministro Relator.

(...)

Com o advento da Lei nº 9.307, de 23.09.96, o laudo arbitrai, sendo condenatório, passou a equivaler a título executivo judicial, nos termos do artigo 31:

"Art. 31 – "A sentença arbitrai produz, entre as partes e seus sucessores, os mesmos efeitos da sentença proferida pelos órgãos do Poder Judiciário e, sendo condenatória, constitui título executivo."

2. Cumpre ressaltar, preliminarmente, que nos termos dos artigos 176 e 177 do RISTF, e na forma de precedente deste Pleno, suscitada incidentemente a questão de inconstitucionalidade de lei em qualquer outro processo submetido ao Plenário, "a Corte não se poderá furtar a decidi-la, ainda que não seja ela essencial à solução do caso concreto." (MS nº 20.505, Rei. Min. NÉRI DA SILVEIRA, LEX 59/90).

3. Retomo, assim, o tema da argüição de inconstitucionalidade que está sob apreciação nos autos da Sentença Estrangeira nº 5.206 do Reino da Espanha, de que é Relator o Ministro SEPÚLVEDA PERTENCE, ora

com vista ao Ministro NELSON JOBIM (Sessão de 08.05.97), em que o Ministro MOREIRA ALVES, em questão de ordem, suscitou o exame da constitucionalidade de dispositivos da nova lei de arbitragem.

***

STJ - REsp 1203430 / PR, REsp 1231554 / RJ, REsp 944917 / SP e REsp 777906 / BA

RECURSO ESPECIAL Nº 1.203.430 - PR (2010/0128596-1)

RELATOR: MINISTRO PAULO DE TARSO SANSEVERINO

RECORRENTE: OITO GRÃOS EXPORTAÇÃO E IMPORTAÇÃO DE CEREAIS E DEFENSIVOS AGRÍCOLAS LTDA

ADVOGADO: EDUARDO TEIXEIRA SILVEIRA E OUTRO(S)

RECORRIDO: GALAXY GRAIN ITÁLIA SPA

ADVOGADO: PAULO ROBERTO MUNHOZ COSTA FILHO

EMENTA AÇÃO DE COBRANÇA E DE INDENIZAÇÃO. CONTRATO DE EXPORTAÇÃO DE SOJA. HOMOLOGAÇÃO DE SENTENÇA ARBITRAL ESTRANGEIRA EM QUE APRECIADA CAUSA DE PEDIR E PEDIDO QUE ABRANGEM O DA PRESENTE AÇÃO DE COBRANÇA. EXTINÇÃO DO PROCESSO SEM O JULGAMENTO DO MÉRITO. NECESSIDADE.

1. Ação de cobrança cumulada com pedido de indenização ajuizada por sociedade brasileira exportadora em face de sociedade italiana em razão de problemas na execução de contrato de exportação de soja.

2. Homologação, pela Corte Especial do STJ, antes da prolação do acórdão recorrido, de sentença arbitral estrangeira relativa às mesmas partes com a mesma causa de pedir e o mesmo pedido, englobando a pretensão veiculada na presente ação de cobrança.

3. Não conhecimento de parte do recurso especial com base na Súmula 284 do STF.

4. Ausência de violação ao art. 535 do CPC.

5. Impossibilidade de apreciação, na presente demanda, de aspectos relativos à regularidade do procedimento arbitral, os quais deveriam ter sido suscitados no momento da homologação da sentença arbitral.

6. Inexistência de contrariedade ao art. 515 do CPC, porque, com a extinção, no acórdão recorrido, do processo sem o julgamento do mérito em razão da convenção de arbitragem, não mais pode subsistir,

como decorrência lógica, qualquer capítulo da sentença, ainda que não impugnado.

7. Uma vez homologada, a sentença arbitral estrangeira adquire plena eficácia no território nacional.

8. A obrigatoriedade da sentença arbitral estrangeira homologada por esta Corte determina a impossibilidade de ser ela revista ou modificada pelo Poder Judiciário, aplicando-se o disposto no art. 3º da Convenção de Nova York.

9. A continuidade de processo judicial, em que veiculados causa de pedir e pedido apreciados na sentença arbitral estrangeira homologada, colocaria em risco a obrigatoriedade desta.

10. RECURSO ESPECIAL CONHECIDO EM PARTE E, NESTA, DESPROVIDO.

***

RECURSO ESPECIAL Nº 1.231.554 - RJ (2011/0006426-8)

RELATORA: MINISTRA NANCY ANDRIGHI

RECORRENTE: NUOVO PIGNONE SPA

ADVOGADOS: VÍTOR JOSÉ DE MELLO MONTEIRO E OUTRO(S) ANTÔNIO TAVARES PAES JÚNIOR E OUTRO(S)

RECORRIDO: PETROMEC INC E OUTRO

ADVOGADO: HÉLIO JOSÉ CAVALCANTI BARROS E OUTRO(S)

EMENTA PROCESSUAL CIVIL. RECURSO ESPECIAL. AÇÃO DE EXECUÇÃO DE SENTENÇA ARBITRAL. NACIONALIDADE. DETERMINAÇÃO. CRITÉRIO TERRITORIAL. EMBARGOS DE DECLARAÇÃO. OMISSÃO, CONTRADIÇÃO OU OBSCURIDADE. NÃO INDICAÇÃO. SÚMULA 284/STF.

1. A ausência de expressa indicação de obscuridade, omissão ou contradição nas razões recursais enseja o não conhecimento do recurso especial.

2. A execução, para ser regular, deve estar amparada em título executivo idôneo, dentre os quais, prevê o art. 475-N a sentença arbitral (inciso IV) e a sentença estrangeira homologada pelo STJ (inciso VI).

3. A determinação da internacionalidade ou não de sentença arbitral, para fins de reconhecimento, ficou ao alvedrio das legislações nacionais, conforme o disposto no art. 1º da Convenção de Nova Iorque (1958),

promulgada pelo Brasil, por meio do Decreto 4.311/02, razão pela qual se vislumbra no cenário internacional diferentes regulamentações jurídicas acerca do conceito de sentença arbitral estrangeira.

4. No ordenamento jurídico pátrio, elegeu-se o critério geográfico (*jus solis*) para determinação da nacionalidade das sentenças arbitrais, baseando-se exclusivamente no local onde a decisão for proferida (art. 34, parágrafo único, da Lei nº 9.307/96).

5. Na espécie, o fato de o requerimento para instauração do procedimento arbitral ter sido apresentado à Corte Internacional de Arbitragem da Câmara de Comércio Internacional não tem o condão de alterar a nacionalidade dessa sentença, que permanece brasileira.

6. Sendo a sentença arbitral em comento de nacionalidade brasileira, constitui, nos termos dos arts. 475-N, IV, do CPC e 31 da Lei da Arbitragem, título executivo idôneo para embasar a ação de execução da qual o presente recurso especial se origina, razão pela qual é desnecessária a homologação por esta Corte.

7. Recurso especial provido para restabelecer a decisão proferida à e-STJ fl. 60.

***

RECURSO ESPECIAL Nº 944.917 – SP (2007/0093096-6)

RELATORA: MINISTRA NANCY ANDRIGHI

RECORRENTE: COROL COOPERATIVA AGROINDUSTRIAL

ADVOGADO: MARCUS VINÍCIUS BOSSA GRASSANO E OUTRO(S)

RECORRIDO: ITOCHU INTERNATIONAL INC E OUTROS

ADVOGADOS: DÉBORA RIBEIRO FLEISCHMANN E OUTRO(S) CARLOS FELIPE DE AGUIAR NERY E OUTRO(S)

INTERES.: COOPERATIVA DOS AGRICULTORES DA REGIÃO DE ORLÂNDIA CAROL

ADVOGADO: JOSÉ JORGE MARCUSSI E OUTRO(S) I

NTERES.: COOPERMOTA COOPERATIVA DOS CAFEICULTORES DA MEDIA SOROCABANA E OUTROS

ADVOGADO: PIERRE MOREAU E OUTRO(S)

EMENTA PROCESSO CIVIL. POSSIBILIDADE DE EXECUÇÃO DE TÍTULO QUE CONTÉM CLÁUSULA COMPROMISSÓRIA. EXCEÇÃO DE PRÉ-EXECUTIVIDADE AFASTADA. CONDENAÇÃO

EM HONORÁRIOS DEVIDA. – Deve-se admitir que a cláusula compromissória possa conviver com a natureza executiva do título. Não se exige que todas as controvérsias oriundas de um contrato sejam submetidas à solução arbitral. Ademais, não é razoável exigir que o credor seja obrigado a iniciar uma arbitragem para obter juízo de certeza sobre uma confissão de dívida que, no seu entender, já consta do título executivo. Além disso, é certo que o árbitro não tem poder coercitivo direto, não podendo impor, contra a vontade do devedor, restrições a seu patrimônio, como a penhora, e nem excussão forçada de seus bens. – São devidos honorários tanto na procedência quanto na improcedência da exceção de pré-executividade, desde que nesta última hipótese tenha se formado contraditório sobre a questão levantada. Recurso Especial improvido.

***

RECURSO ESPECIAL Nº 777.906 – BA (2005/0144695-7)
RELATOR: MINISTRO JOSÉ DELGADO
RECORRENTE: ADALTRO FERRERA DE SOUZA
ADVOGADO: YOLANDA SANTOS DE SANTANA E OUTROS
RECORRIDO: CAIXA ECONÔMICA FEDERAL – CEF
ADVOGADO: CARLOS HENRIQUE B CASTELLO CHIOSSI E OUTROS

EMENTA DIREITO TRABALHISTA. ADMINISTRATIVO. FGTS. SAQUE DOS DEPÓSITOS. DESPEDIDA IMOTIVADA. SENTENÇA ARBITRAL. POSSIBILIDADE. PRECEDENTES.

1. Mandado de Segurança impetrado contra ato do gerente da CEF que não autorizou o levantamento dos valores da conta vinculada do FGTS em razão da natureza arbitral da sentença que solucionou litígio trabalhista. Concessão da segurança em primeiro grau. Acórdão dando provimento à apelação da CEF por entender que a arbitragem não pode ser utilizada quando a matéria versa sobre dissídios individuais trabalhistas, haja vista que os direitos assegurados aos trabalhadores são indisponíveis. Irresignado, o particular interpôs recurso especial alegando violação do art. 31 da Lei nº 9.307/96.

2. A indisponibilidade dos direitos trabalhistas deve ser interpretada no sentido de proteger o empregado na relação trabalhista e não

de prejudicá-lo. Havendo rescisão contratual sem justa causa, é cabível o levantamento dos depósitos do FGTS, ainda que a sentença tenha natureza arbitral. Nulidade inexistente. Precedentes da Primeira e Segunda Turmas do STJ.

3. O art. 477, § 1º, da CLT, o qual exige a assistência do sindicato da categoria do empregado ou de órgão do Ministério do Trabalho na rescisão contratual de trabalho, é regra que visa a proteger o lado presumidamente mais fraco da relação jurídica laboral, qual seja, o trabalhador e sua classe. Não pode a mencionada norma ser invocada em prejuízo do obreiro.

4. Recurso especial provido.

Art. 32. É nula a sentença arbitral se (1):

I – for nulo o compromisso

I – for nula a convenção de arbitragem(2);

II – emanou de quem não podia ser árbitro (3);

III – não contiver os requisitos do art. 26 desta Lei (4);

IV – for proferida fora dos limites da convenção de arbitragem (5);

VI – comprovado que foi proferida por prevaricação, concussão ou corrupção passiva (7);

VII – proferida fora do prazo, respeitado o disposto no art. 12, inciso III, desta Lei (8); e

VIII – forem desrespeitados os princípios de que trata o art. 21, § 2º, desta Lei (9).

1. **Outro ponto de contato entre a arbitragem e o Judiciário.** Durante o processo arbitral e depois de sua realização, o Judiciário não poderá analisar as questões atinentes ao mérito do caso em discussão. Entretanto, em questões específicas, o Judiciário poderá ser instado, ao final do processo arbitral, a analisar a higidez da sentença proferida pelos árbitros analisando única e exclusivamente as questões indicadas nos incisos que seguem o caput do art. 32 da Lei de Arbitragem e que podem ser analisados a seguir. As hipóteses abaixo já foram comentada em seu aspecto positivo em outros dispositivos da lei. Abaixo se analisa o aspecto negativo desses dispositivos e o que a sua falta pode gerar. É fundamental que a ocorrência de qualquer ofensa tenha sido questionada pela parte interessada desde o momento em que ocorreu no processo arbitral já que a ação de anulação não se trata de um recurso ou da chance de uma revisão acerca da sentença arbitral. Essa já estará consolidada e, eventualmente, pode ser alterada. A premissa é a de que a sentença arbitral é imutável, perfeita e acabada. Não se analisa de modo algum, ainda, o mérito da sentença arbitral, mas apenas as questões de eventual anulação.

2. **A nulidade da convenção.** A convenção de arbitragem será nula sempre quando não estiverem presentes os requisitos indicados nos arts. 1º a 5 e 10 da Lei de Arbitragem já analisados acima. Nessas hipóteses, se o defeito ou a falta dos requisitos não foi sanada, a única possibilidade é a anulação da sentença arbitral. Contudo, com tal alteração legislativa, a cláusula compromissória também é incluída na hipótese de nulidade, o que poderá ser discutido em sede judicial, mesmo após a decisão do árbitro a respeito pelo princípio da Kompetenz-kompetenz.

3. **Quem pode ser árbitro?** Se o indivíduo que atuou como árbitro, sozinho ou compondo um painel/tribunal arbitral não era maior, capaz e tinha a confiança das partes, além dos princípios indicados, requisitos nos termos do art. 13 da Lei de Arbitragem, comentado acima. Nesses casos, a arbitragem pode sim ser anulada.

4. **A sentença e seus requisitos formais.** Como comentado no art. 26 da Lei de Arbitragem, acima, a sentença arbitragem deve conter quatro elementos. E eles são imprescindíveis. A falta do relatório, da fundamentação e dos dispositivos, além do local e da data em que foi proferida a sentença são elementos essenciais. Para aqueles árbitros com formação jurídica, a questão pode ser trivial, mas é bom lembrar que cada vez mais arbitragens já contam com profissionais de outras formações como árbitros. Daí porque a observância e o conhecimento desses requisitos é fundamental. A falta dessas hipóteses pode gerar medidas de esclarecimento nos termos do art. 30 da Lei de Arbitragem ou do regulamento adotado, mas em última instância, se não houver solução ou se ela for insatisfatória, caberá a sua anulação.

5. **A convenção de arbitragem e os seus limites.** Via de regra a convenção de arbitragem aplica-se para todos os litígios decorrentes do negócio jurídico em que está contida ou a que se refira, mas não necessariamente ou sempre é assim. Pode ocorrer em um contrato de compra e venda, por exemplo, que apenas vícios dos produtos a serem tenham sido indicados para serem dirimidos por arbitragem. Assim, outras questões como a fixação do preço, não estarão contidas na convenção de arbitragem respectiva. Por isso, deve ser feita uma leitura atenta da convenção de arbitragem e a sentença.

6. **O litígio submetido à arbitragem.** Em geral, a extensão do encargo dos árbitros é definido em documento conhecidos genericamente como "Adendo" ou "Termo de Arbitragem" em arbitragens decorrentes de cláusulas compromissórias, conforme art. 19, parágrafo único da Lei de Arbitragem e no próprio compromisso arbitral, quando ele é o elemento de vínculo entre as partes, conforme o inciso III do art. 10 da Lei de Arbitragem, comentados acima. Nesse aspecto deve ser feito um cotejo entre os pontos indicados nesses documentos e o conteúdo da sentença arbitral. Se um dos itens do litígio submetido não tiver sido julgado pelos árbitros, a sentença arbitral poderá ser anulada. matérias indicadas.

7. **Prevaricação, concussão e corrupção passiva.** Essa designação decorre da análise conjunta desses tipos com o art. 17 da Lei de Arbitragem, comentado acima. Isso porque as condutas aqui retratadas só podem ser praticadas por funcionários públicos ou por alguém equiparado a eles. Todas essas condutas estão descritas como "Dos Crimes Contra a Administração Pública" no Código Penal, tendo a arbitragem uma equiparação à função Judicial de jurisdicionar. A *prevaricação*, prevista no art. 319 do Código Penal e é conceituada como o ato de retardar ou deixar de praticar ato de ofício, ou praticá-lo de modo contrário à disposição legal para satisfazer interesse ou sentimento pessoal. Ou seja, o árbitro deve praticar todos os atos que a lei aplicável ao caso exige sob pena de a sentença arbitral por ele proferida poder ser anulada se porventura for proferida no Brasil ou aqui tiver que ser executada. Já a *concussão* está prevista no art. 316 do Código Penal e é conceituada como a exigência para si ou para alguém, direta ou indiretamente, ainda que fora da função ou antes de assumi-la, mas em razão dela, vantagem indevida. Por fim, a *corrupção passiva*, está conceituada no art. 317 do Código Penal e significa a solicitação ou o recebimento, para si ou para terceiro, direta ou indiretamente, ainda que fora da função ou antes de assumi-la, mas em razão dela, vantagem indevida ou aceitar promessa de vantagem. A diferença entre concussão e corrupção passiva é bastante tênue, mas a diferença básica é o verbo do tipo. Enquanto que no primeiro caso se exige, no segundo só se pede. De qualquer modo, todo o cuidado é pouco na relação entre árbitros e partes, tanto no curso do processo arbitral, como também no exercício da atividade profissional, especialmente depois de encerrado o caso.

8. **O compromisso arbitral e o prazo limite para o término do processo arbitral.** Essa hipótese aplica-se exclusivamente para os casos em que a arbitragens foi instaurada por meio de compromisso arbitral e refere-se aos incisos III dos arts. 11 e 12 da Lei de Arbitragem, comentados acima. Fixado prazo para proferimento da sentença arbitral e notificados os árbitros acerca desse adiamento, a sentença arbitral pode ser anulada. A parte interessada deverá demonstrar a existência de todos esses fatos ensejadores da anulação sob pena de improcedência da demanda.

9. **Os princípios processuais aplicáveis ao processo arbitral.** O art. 21, § 2º da Lei de Arbitragem indica os princípios do processo arbitral

que devem ser respeitados, a saber: contraditório, da igualdade das partes, da imparcialidade do árbitro e de seu livre convencimento. Caberá à parte autora da ação de anulação da sentença arbitral demonstrar quais fatos durante o processo arbitral ensejaram o pedido de anulação e quais foram os princípios efetivamente ofendidos.

STJ – REsp 693.219 / PR e SEC 831 / FR
RECURSO ESPECIAL Nº 693.219 – PR (2004/0124717-5)
RELATORA: MINISTRA NANCY ANDRIGHI
RECORRENTE: CONSÓRCIO CARIOCA PASSARELLI
ADVOGADO: CÉSAR AUGUSTO GUIMARÃES PEREIRA E OUTROS
RECORRIDO: COMPANHIA PARANAENSE DE GÁS – COMPAGÁS
ADVOGADO: ALEXANDRE HELLENDER DE QUADROS E OUTROS

EMENTA Direito processual civil. Recurso especial. Litispendência. Embargos do devedor. Ação de nulidade de compromisso arbitral. – Não há litispendência entre ação declaratória de compromisso arbitral e embargos do devedor objetivando a desconstituição da sentença arbitral. – Embora exista coincidência entre alguns fundamentos jurídicos apresentados em ambas as ações, é inviável reconhecer a litispendência, pois seria necessária não apenas semelhança, mas identidade entre as causas de pedir. – Não é possível a análise do mérito da sentença arbitral pelo Poder Judiciário, sendo, contudo, viável a apreciação de eventual nulidade no procedimento arbitral. – O Tribunal de origem, na hipótese, apenas deferiu a produção de provas para que pudesse analisar a ocorrência ou não de nulidade no procedimento arbitral. Recurso especial não conhecido.

***

SENTENÇA ESTRANGEIRA CONTESTADA Nº 831 - FR (2005/0031310-2)
RELATOR: MINISTRO ARNALDO ESTEVES LIMA
REQUERENTE: SPIE ENERTRANS S/A
ADVOGADO: HUGO IBEAS E OUTRO(S)

REQUERIDO: INEPAR S/A INDÚSTRIA E CONSTRUÇÕES

ADVOGADO: MARIA DE FÁTIMA TEMER BARBOSA CURSINO E OUTRO(S)

EMENTA SENTENÇA ESTRANGEIRA. JUÍZO ARBITRAL. CONTRATO INTERNACIONAL FIRMADO ANTERIORMENTE À EDIÇÃO DA LEI DE ARBITRAGEM (9.307/96). ACORDO DE CONSÓRCIO INADIMPLIDO. EMPRESA BRASILEIRA QUE INCORPORA A ORIGINAL CONTRATANTE. SENTENÇA HOMOLOGADA.

1. Acordo de consórcio internacional, com cláusula arbitral expressa, celebrado entre empresas francesa e brasileira.

2. A empresa requerida, ao incorporar a original contratante, assumiu todos os direitos e obrigações da cedente, inclusive a cláusula arbitral em questão, inserida no Acordo de Consórcio que restou por ela inadimplido.

3. Imediata incidência da Lei de Arbitragem aos contratos que contenham cláusula arbitral, ainda que firmados anteriormente à sua edição. Precedente da Corte Especial. 4. Sentença arbitral homologada.

Art. 33. A parte interessada poderá pleitear ao órgão do Poder Judiciário competente a declaração de nulidade da sentença arbitral, nos casos previstos nesta Lei. (Redação dada pela Lei nº 13.129, de 2015) (Vigência)

§ 1º A demanda para a declaração de nulidade da sentença arbitral, parcial ou final, seguirá as regras do procedimento comum (1), previstas na Lei nº 5.869, de 11 de janeiro de 1973 (Código de Processo Civil), e deverá ser proposta no prazo de até 90 (noventa) dias após o recebimento da notificação da respectiva sentença, parcial ou final, ou da decisão do pedido de esclarecimentos. (Redação dada pela Lei nº 13.129, de 2015) (Vigência)

1. **Procedimento Comum Ordinário ou Sumário.** A ação de anulação de sentença arbitral não difere muito de qualquer ação que siga o procedimento comum ordinário. Basicamente haverá uma fase postulatória, uma fase probatória e uma fase decisória. A análise do caso e das questões em discussão será feita horizontalmente nos limites das questões presentes nos incisos do art. 32 da Lei de Arbitragem, mas verticalmente sua análise deve ser bastante profunda, sendo viáveis todos os meios de prova em direito admitidos. É uma análise parecida com aquela feita em segunda instância de acordo com o art. 515, § 3º. A cognição do julgador, nesses casos é parcial e exauriente. Como se vê, é possível ainda não só o requerimento, mas como o provimento de medidas de urgência nesse caso para as hipóteses em que se julgue necessário suspender qualquer possibilidade de execução da sentença arbitral. Claro, a premissa deve ser a de que a sentença arbitral é hígida e só em situações excepcionalíssimas ela deve ser alterada ou ter a sua execução suspensão por meio de ação de anulação. O procedimento comum será o ordinário ou o sumário conforme o valor da causa em discussão.

2. **Prazo para propositura. Natureza.** O prazo para propositura da ação de anulação da sentença arbitral é de 90 (noventa) dias contados a partir do recebimento da notificação da sentença arbitral ou de seu aditamento, resultado de eventuais pedidos de esclarecimentos apresentados. Esse prazo é decadencial, o que significa que não se interrompe e nem se suspende, fazendo com que a parte interessada deve apressar ao máximo a apresentação de seus argumentos em juízo por via da ação de anulação da sentença arbitral, como se viu acima, ou por meio da impugnação na fase de cumprimento de sentença, como se verá abaixo.

§ 2º A sentença que julgar procedente o pedido declarará a nulidade da sentença arbitral, nos casos do art. 32, e determinará, se for o caso, que o árbitro ou o tribunal profira nova sentença arbitral. (Redação dada pela Lei nº 13.129, de 2015) (Vigência)

1. **No mínimo a correção da sentença.** Em um primeiro momento, as hipóteses do art. 32 da Lei de Arbitragem indicadas nesse inciso terão a mesma consequência: farão com que a sentença arbitral seja considerada nula. Casa uma das hipóteses, porém, gerará consequências adicionais próprias. A nulidade do compromisso fará com que a arbitragem não seja mais a forma de solução de conflitos a não ser que as partes celebrem uma nova convenção de arbitragem posto que aquele liame inicial foi desfeito. Daí a importância enorme do cuidado com os requisitos do compromisso. Na hipótese de a sentença ter emanado de quem não podia ser árbitro, com certeza, haverá a substituição desse indivíduo inabilitado para o exercício do encargo de arbitrar e em casos colegiados poderá haver até a alteração de todo o quadro de árbitros pela quebra de confiança em seu trabalho conforme as circunstâncias do caso. O mesmo ocorre para as hipóteses de prevaricação, concussão e corrupção passiva, desrespeito ao prazo do art. 12, inciso III da Lei de Arbitragem e pelo desrespeito aos princípios esculpidos no art. 21, § 2º da Lei de Arbitragem. Nesse último caso, o correto seria que a arbitragem retorna-se ao momento no qual ocorre-se a ofensa e segue-se seu curso sanado o vício que levou à anulação da sentença arbitral. O proferimento fora dos limites da convenção de arbitragem exige apenas nova sentença, dessa vez, nos limites da convenção.

2. **Novo "laudo".** Como se viu nos comentários ao art. 31 da Lei de Arbitragem acima, a técnica da nova Lei substituiu a expressão laudo por sentença arbitral tendo em vista a opção política do legislador de alterar a natureza jurídica da arbitragem, de contratual para jurisdicional. De qualquer modo, a expressão "laudo" passou a ser tratada como sinônimo de sentença. Os atos da arbitragem são aproveitados com exceção da sentença arbitral. A arbitragem subsiste sem dúvida como método de solução de conflitos, mas a sentença deve ser complementada nesses casos. Se faltar alguns dos requisitos do art. 26 da Lei de Arbitragem. Também na hipótese de a sentença arbitral não decidir todo o litígio submetido, a caminho a ser adotado é a da complementação, com o julgamento dos árbitros sobre aqueles pontos que porventura deixaram de constar do primeiro julgamento, que foi anulado.

§ 3º A decretação da nulidade da sentença arbitral também poderá ser requerida na impugnação ao cumprimento da sentença, nos termos dos arts. 525 e seguintes do Código de Processo Civil, se houver execução judicial. (Redação dada pela Lei nº 13.105, de 2015) (Vigência)

1. A decretação de anulação e, casos de cumprimento de sentença. Nesse inciso também deve ser feita uma correção atinente à disciplina da fase de execução (cumprimento de sentença) inserida no sistema jurídico brasileiro pela lei n. 11.232, de 22 de dezembro 2005 e passou a tratar o principal meio de defesa do executado pelo nome de impugnação e por meio do art. 475-L do Código de Processo Civil e assim continua após a alteração de 2015 (CPC, art.525). Todavia, a apresentação de argumentos que possam levar à anulação da sentença arbitral por meio da impugnação só é viável se respeitado o prazo de 90 (noventa) dias indicado no caput deste art. 33 da Lei de Arbitragem comentado acima. Nessa hipótese, além das matérias atinentes ao art. 32 da Lei de Arbitragem, o executado poderá discutir: falta ou nulidade da citação, se o processo correu; à revelia; inexigibilidade do título; penhora incorreta ou avaliação errônea; ilegitimidade das partes; excesso de execução; qualquer causa impeditiva, modificativa ou extintiva da obrigação, como pagamento, novação, compensação, transação ou prescrição, desde que superveniente à sentença, que são as matérias previstas no art. 525 do CPC.

STJ - REsp 693219 / PR

RECURSO ESPECIAL Nº 693.219 - PR (2004/0124717-5)

RELATORA: MINISTRA NANCY ANDRIGHI

RECORRENTE: CONSÓRCIO CARIOCA PASSARELLI

ADVOGADO: CÉSAR AUGUSTO GUIMARÃES PEREIRA E OUTROS

RECORRIDO: COMPANHIA PARANAENSE DE GÁS - COMPAGÁS

ADVOGADO: ALEXANDRE HELLENDER DE QUADROS E OUTROS

EMENTA Direito processual civil. Recurso especial. Litispendência. Embargos do devedor. Ação de nulidade de compromisso arbitral. - Não há litispendência entre ação declaratória de compromisso arbitral e embargos do devedor objetivando a desconstituição da sentença arbitral. - Embora exista coincidência entre alguns fundamentos jurídicos apresentados em ambas as ações, é inviável reconhecer a litispendência, pois seria necessária não apenas semelhança, mas identidade entre as causas de pedir. – Não é possível a análise do mérito da sentença arbitral pelo Poder Judiciário, sendo, contudo, viável a apreciação de eventual nulidade no procedimento arbitral. – O Tribunal de origem, na hipótese, apenas deferiu a produção de provas para que pudesse analisar a ocorrência ou não de nulidade no procedimento arbitral. Recurso especial não conhecido.

§ 4º A parte interessada poderá ingressar em juízo para requerer a prolação de sentença arbitral complementar, se o árbitro não decidir todos os pedidos submetidos à arbitragem. (Incluído pela Lei nº 13.129, de 2015) (Vigência)

1. **Sentença Suplementar.** Este parágrafo cria a figura da sentença suplementar, aplicável para situações em que o árbitro não teria decidido todos os pedidos submetidos à arbitragem, isto é, constantes do Termo de Arbitragem ou da Ata de Missão. É fundamental notar que tal disposição não se aplica para lapso das partes, questões que não foram apresentadas ou que poderiam ter sido apresentadas.

2. **Subversão.** Trata-se de uma medida que subverte a lógica da relação da arbitragem com o Judiciário. Ainda que a sentença possa ser incompleta, ou melhor, cita petita, a convenção de arbitragem não estará extinta, sendo correto que o árbitro analise eventualmente se faltou algo. Não há nenhum motivo para transferir a jurisdição dos árbitros para o Judiciário caso tenha faltado a análise de algum pedido.

STF – SE 5206 AgR / EP – ESPANHA e SEC 5847 / REINO UNIDO DA GRÃ-BRETANHA E DA IRLANDA DO NORTE

08/05/1997

COORD. DE ANÁLISE DE JURISPRUDÊNCIA

D.J. 30.04.2004

EMENTÁRIO Nº 2149-6

TRIBUNAL PLENO

AG.REG.NA SENTENÇA ESTRANGEIRA 5.206-7 REINO DA ESPANHA

RELATOR: MINISTRO PRESIDENTE

AGRAVANTE: M B V COMMERCIAL AND EXPORT MANAGEMENT ESTABLISMENT

ADVOGADO: EVANDRO CATUNDA DE CLODOALDO PINTO E OUTROS

AGRAVADO: RESIL INDUSTRIA E COMERCIO LTDA
ADVOGADO: MARCIA SERRA NEGRA E OUTROS
ADVOGADO: ANDRÉ CARMELINGO ALVES

EMENTA: 1. Sentença estrangeira: laudo arbitral que dirimiu conflito entre duas sociedades comerciais sobre direitos inquestionavelmente disponíveis – a existência e o montante de créditos a título de comissão por representação comercial de empresa brasileira no exterior: compromisso firmado pela requerida que, neste processo, presta anuência ao pedido de homologação: ausência de chancela, na origem, de autoridade judiciária ou órgão público equivalente: homologação negada pelo Presidente do STF, nos termos da jurisprudência da Corte, então dominante: agravo regimental a que se dá provimento, por unanimidade, tendo em vista a edição posterior da L. 9.307, de 23.9.96, que dispõe sobre a arbitragem, para que, homologado o laudo, valha no Brasil como título executivo judicial.

2. Laudo arbitral: homologação: Lei da Arbitragem: controle incidental de constitucionalidade e o papel do STF.

A constitucionalidade da primeira das inovações da Lei da Arbitragem – a possibilidade de execução específica de compromisso arbitral – não constitui, na espécie, questão prejudicial da homologação do laudo estrangeiro; a essa interessa apenas, como premissa, a extinção, no direito interno, da homologação judicial do laudo (arts. 18' e 31), e sua consequente dispensa, na origem, como requisito de reconhecimento, no Brasil, de sentença arbitral estrangeira (art. 35).

A completa assimilação, no direito interno, da decisão arbitral à decisão judicial, pela nova Lei de Arbitragem, já bastaria, a rigor, para autorizar a homologação, no Brasil, do laudo arbitral estrangeiro, independentemente de sua prévia homologação pela Justiça do país de origem.

Ainda que não seja essencial à solução do caso concreto, não pode o Tribunal – dado o seu papel de "guarda da Constituição" – se furtar a enfrentar o problema de constitucionalidade suscitado incidentemente (v.g. MS 20.505, Néri).

3. Lei de Arbitragem (L. 9.307/96): constitucionalidade, em *teser* do juízo arbitral; discussão incidental da constitucionalidade de vários dos tópicos da nova lei, especialmente acerca da compatibilidade, ou não, entre a execução judicial específica para a solução de futuros conflitos da cláusula compromissória e a garantia constitucional da universalidade da jurisdição do Poder Judiciário (CF, art. 5º, XXXV).

Constitucionalidade declarada pelo plenário, considerando o Tribunal, por maioria de votos, que a manifestação de vontade da parte na cláusula compromissória, quando da celebração do contrato, e a permissão legal dada ao juiz para que substitua a vontade da parte recalcitrante em firmar o compromisso não ofendem o artigo 5º, XXXV, da CF.

Votos vencidos, em parte – incluído o do relator – que entendiam inconstitucionais a cláusula compromissória – dada a indeterminação de seu objeto – e a possibilidade de a outra parte, havendo resistência quanto à instituição da arbitragem, recorrer ao Poder Judiciário para compelir a parte recalcitrante a firmar o compromisso, e, consequentemente, declaravam a inconstitucionalidade de dispositivos da Lei 9.307/96 (art. 6º, parág. único; 7º e seus parágrafos e, no art. 41, das novas redações atribuídas ao art. 267, VII e art. 301, inciso IX do C. Pr. Civil; e art. 42), por violação da garantia da universalidade da jurisdição do Poder Judiciário.

Constitucionalidade – aí por decisão unânime, dos dispositivos da Lei de Arbitragem que prescrevem a irrecorribilidade (art. 18) e os efeitos de decisão judiciária da sentença arbitral (art. 31).

ACÓRDÃO

Vistos, relatados e discutidos estes autos, acordam os Ministros do Supremo Tribunal Federal, em sessão plenária, na conformidade da ata do julgamento e das notas taquigráficas, por unanimidade de votos, em prover o agravo para homologar a sentença arbitral, e, por maioria, declarar constitucional a L. 9307, de 23.9.96, vencidos, em parte, os Senhores Ministros Sepúlveda.

Pertence, Sydney Sanches, Néri da Silveira e Moreira Alves, que declaravam a inconstitucionalidade do parágrafo único do artigo 6º; do artigo 7º e seus parágrafos; no artigo 41, das novas redações atribuídas ao artigo 267, inciso VII e ao artigo 301, inciso IX, do Código de Processo Civil; e do artigo 42, todos do referido diploma legal.

Brasília 12 de dezembro de 2001.

(...)

Mas a lei nova não subtrai do controle judiciário a controvérsia que a respeito surja entre as partes nem a consequente argüição de nulidade da sentença arbitral: apenas se dá que a verificação da invalidade, cominada expressamente nas hipóteses do art. 32, ao invés de ser objeto do juízo de homologação prévia, haverá de ser demandada em procedimento ordinário (art. 33, § 3º).

(...)

Senhor Presidente, o legislador foi cuidadoso e só merece, aqui, encômios, porque, prevendo a hipótese de haver uma sentença arbitral nula, fez constar do artigo 32 que:

"Art. 32. á nula a sentença arbitral se: 1 – for nulo o compromisso; II – emanou de quem não podia ser árbitro; III – não contiver" – quanto à forma da sentença arbitral – "os requisitos do art. 26 desta Lei;

IV – for proferida fora dos limites da convenção de arbitragem".

Dir-se-á: mas não se conhecem, quando da formalização da cláusula ou do compromisso, os limites; do litígio. Ora, será que esses limites podem estar fora das balizas do contrato firmado? A resposta é desenganadamente negativa. O árbitro atuará a partir do contrato, por vontade, independente, sem vícios, das partes contratantes. E prossegue o preceito:

"V – não decidir todo o litígio submetido à arbitragem;

VI – comprovado que foi" – o laudo ou a sentença arbitral – "proferida por prevaricação, concussão ou corrupção passiva;

VII – proferida fora do prazo, respeitado o disposto no art. 12, inciso III, desta Lei;

O aspecto de maior valia, dada a necessidade de restabelecimento da paz social, está no tempo para se chegar ao afastamento definitivo das incertezas, porquanto a sentença arbitral tem força de título executivo, como se fosse título executivo judicial. E, por último, no inciso VIII, dispõe-se que também é nula a sentença arbitral quando "forem desrespeitados os princípios de que trata o art. 21, § 2a", desta Lei. Quais são esses princípios? São aqueles próprios ao devido processo legal, tão caros a uma sociedade que se diga democrática, na qual não se pode compelir ninguém a ingressar em juízo, por mais confiança que mereça o Judiciário.

***

COORD. DE ANÁLISE DE JURISPRUDÊNCIA

D.J. 17.12.99

EMENTÁRIO NP 1976-2

01/12/1999 TRIBUNAL PLENO

SENTENÇA ESTRANGEIRA CONTESTADA N. 5.847-1 REINO UNIDO DA GRÃ-BRETANHA E DA IRLANDA DO NORTE

RELATOR: MIN. MAURÍCIO CORRÊA

REQUERENTE: AIGLON DUBLIN LIMITED ("AIGLON")

ADVOGADA: LÚCIA MARIA DE FIGUEIREDO

REQUERIDA: TEKA TECELAGEM KUENRICH S/A ("TEKA") ADVOGADOS: HAROLDO PASBT E OUTROS

EMENTA: HOMOLOGAÇÃO DE LAUDO ARBITRAL ESTRANGEIRO.

REQUISITOS FORMAIS: COMPROVAÇÃO. CAUÇÃO: DESNECESSIDADE. INCIDÊNCIA IMEDIATA DA LEI Nº 9.307/96. CONTRATO DE ADESÃO: INEXISTÊNCIA DE CARACETERÍSTICAS PRÓPRIAS. INAPLICAÇÃO DO CÓDIGO DE DEFESA DO CONSUMIDOR.

1. Hipótese em que restaram comprovados os requisitos formais para a homologação (RISTF, artigo 217). 2. O Supremo Tribunal Federal entende desnecessária a caução em homologação de sentença estrangeira (SE nº 3.407, Rei. Min. OSCAR CORRÊA, DJ DE 07.12.84). 3. As disposições processuais da Lei nº 9.307/96 têm incidência imediata nos casos pendentes de julgamento (RE nº 91.839/GO, RAFAEL MAYER, DJ de 15.05.81). 4. Não é contrato de adesão aquele em que as cláusulas são modificáveis por acordo das partes. 5. O Código de Proteção e Defesa do Consumidor, conforme dispõe seu artigo 2º, aplica-se somente a "pessoa física ou jurídica que adquire ou utiliza produto ou serviço conto destinatário final". Pedido de homologação deferido.

ACÓRDÃO

Vistos, relatados e discutidos estes autos, acordam os Ministros do Supremo Tribunal Federal, em Sessão Plenária, na conformidade da ata do julgamento e das notas taquigráficas, por unanimidade de votos, deferir o pedido de homologação, nos termos do voto do Senhor Ministro Relator.

(...)

Mas a lei nova não subtrai do controle judiciário a controvérsia que a respeito surja entre as partes nem a consequente argüição de nulidade da sentença arbitrai: apenas se dá que a verificação da invalidade, cominada expressamente nas hipóteses do art. 32, ao invés de ser objeto do juízo de homologação prévia, haverá de ser demandada em procedimento ordinário (art. 33, § 3-) ou, havendo execução de sentença arbitral, mediante embargos do devedor, "conforme o art. 741 do C. Pr. Civil" (art. 33, § 3S), ou seja, nos mesmos termos prescri tos para os embargos à execução fundada em sentença judicial.

Irretocável aqui, malgrado anterior à nova lei, o texto de Celio Borja (O Juízo Arbitrai – Rev. Inf. Legislativa, 97/102), invocado no parecer da Procuradoria Geral:

"A homologação da decisão dos árbitros teria justificação na dupla necessidade de assegurar, não só o monopólio da função jurisdicional do Estado, como o direito de toda pessoa de 'submeter ao Poder Judiciário a apreciação de lesão ou ameaça a direito' (art. 5Q, XXXV, Constituição Federal).

Começo pela última e reporto-me ao que disse, antes, acerca da natureza estritamente voluntária e negociai do recurso á arbitragem que resulta do exercício do direito civilmente assegurado a todos que são capazes de transigir e de pôr fim ao litígio com a anuência da outra parte. Trata-se, na verdade, de uma forma consensual de dispor sobre a interpretação e execução dos contratos.

Nessa hipótese, só haveria que falar em lesão se o direito transacionado fosse indisponível. E se houver causa de nulidade, o recurso ao Judiciário permanece válido e possível."

CAPÍTULO 6
DO RECONHECIMENTO E EXECUÇÃO DE SENTENÇAS ARBITRAIS ESTRANGEIRAS

Art. 34. A sentença arbitral estrangeira será reconhecida ou executada no Brasil de conformidade com os tratados internacionais com eficácia no ordenamento interno e, na sua ausência, estritamente de acordo com os termos desta Lei (1).

1. **A inserção do Brasil no contexto internacional.** A Lei de Arbitragem preocupou-se em fazer valer tratados assinados pelo Brasil em matéria de arbitragem. Tal medida é uma reação ao passado de adesão a diversos tratados, como o Protocolo de Genebra sobre Cláusulas Compromissórias, que tinham aplicação mínima no direito brasileiro. Com isso, além de privilegiar esse diploma legal, foram privilegiados outros importantíssimos tais como Convenção Interamericana do Panamá de 1975, Convenção Interamericana sobre Eficácia Extraterritorial das Sentenças e Laudos Arbitrais de 1979, Protocolo de Brasília, Protocolo de Buenos Aires, Protocolo de Buenos Aires, Protocolo de Las Leñas e Convenção de Nova Iorque de 1958.

Parágrafo único. Considera-se sentença arbitral estrangeira a que tenha sido proferida fora do território nacional (1).

1. **Critério de nacionalidade da sentença arbitral.** O direito brasileiro não faz diferenciação entre arbitragem nacional e internacional. Contudo, diferencia as sentenças arbitrais nacionais das sentenças

arbitrais estrangeiras a partir de um critério bastante objetivo que diz respeito ao local de proferimento da sentença. Não há, portanto, nenhuma relação com local dos atos processuais da arbitragem, com a sede do processo arbitral, localização da Câmara de Arbitragem e etc. Existem outros critérios no direito internacional quanto à caracterização na nacionalidade da sentença, como por exemplo a quantidade ou diversidade de jurisdições em que produzirá efeitos. O critério da Lei de Arbitragem, todavia, é exclusivamente territorial.

STJ – SEC 4439, REsp 1231554 e SEC 3661

SENTENÇA ESTRANGEIRA CONTESTADA Nº 4.439 - GB (2009/0188275-1) (f)

RELATOR: MINISTRO TEORI ALBINO ZAVASCKI

REQUERENTE: WESTERN BULK CARRIERS

ADVOGADOS: GODOFREDO MENDES VIANNA E OUTRO(S) PEDRO NEIVA DE SANTANA NETO E OUTRO(S)

REQUERIDO: A.P. OXIDOS INDUSTRIA E COMERCIO LTDA A

ADVOGADO: ROBERTO HENRIQUE COUTO CORRIERI E OUTRO(S)

EMENTA SENTENÇA ESTRANGEIRA CONTESTADA. CONTRATO INTERNACIONAL FIRMADO COM CLÁUSULA ARBITRAL. REQUISITOS ATENDIDOS. PEDIDO DEFERIDO.

1. Resguardada a ordem pública e a soberania nacional, o juízo de delibação próprio da ação de homologação de sentença estrangeira não comporta exame do mérito do que nela ficou decidido.

2. A exigência de autenticação consular a que se refere o art. 5º, inciso IV, da Resolução STJ nº 9, de 05/05/2005, como requisito para homologação de sentença estrangeira, deve ser interpretada à luz das Normas de Serviço Consular e Jurídico (NSCJ), do Ministério das Relações Exteriores (expedidas nos termos da delegação outorgada Decreto 84.788, de 16/06/1980), que regem as atividades consulares e às quais estão submetidas também as autoridades brasileiras que atuam no exterior.

3. Segundo tais normas, consolidadas no Manual de Serviço Consular e Jurídico – MSCJ (Instrução de Serviço 2/2000, do MRE), o ato de fé pública, representativo da autenticação consular oficial de documentos produzidos no exterior, é denominado genericamente de "legalização", e se opera (a) mediante reconhecimento da assinatura da autoridade

expedidora (que desempenha funções no âmbito da jurisdição consular), quando o documento a ser legalizado estiver assinado (MSCJ - 4.7.5), ou (b) mediante autenticação em sentido estrito, relativamente a documentos não-assinados ou em que conste assinatura impressa ou selos secos (MSCJ - 4.7.14).

4. No caso, a sentença estrangeira recebeu ato formal de "legalização" do Consulado brasileiro mediante o reconhecimento da assinatura da autoridade estrangeira que expediu o documento, com o que fica atendido o requisito de autenticação.

5. Sentença estrangeira homologada.

***

RECURSO ESPECIAL Nº 1.231.554 - RJ (2011/0006426-8)

RELATORA: MINISTRA NANCY ANDRIGHI

RECORRENTE: NUOVO PIGNONE SPA

ADVOGADOS: VÍTOR JOSÉ DE MELLO MONTEIRO E OUTRO(S) ANTÔNIO TAVARES PAES JÚNIOR E OUTRO(S)

RECORRIDO: PETROMEC INC E OUTRO

ADVOGADO: HÉLIO JOSÉ CAVALCANTI BARROS E OUTRO(S)

EMENTA PROCESSUAL CIVIL. RECURSO ESPECIAL. AÇÃO DE EXECUÇÃO DE SENTENÇA ARBITRAL. NACIONALIDADE. DETERMINAÇÃO. CRITÉRIO TERRITORIAL. EMBARGOS DE DECLARAÇÃO. OMISSÃO, CONTRADIÇÃO OU OBSCURIDADE. NÃO INDICAÇÃO. SÚMULA 284/STF.

1. A ausência de expressa indicação de obscuridade, omissão ou contradição nas razões recursais enseja o não conhecimento do recurso especial.

2. A execução, para ser regular, deve estar amparada em título executivo idôneo, dentre os quais, prevê o art. 475-N a sentença arbitral (inciso IV) e a sentença estrangeira homologada pelo STJ (inciso VI).

3. A determinação da internacionalidade ou não de sentença arbitral, para fins de reconhecimento, ficou ao alvedrio das legislações nacionais, conforme o disposto no art. 1º da Convenção de Nova Iorque (1958), promulgada pelo Brasil, por meio do Decreto 4.311/02, razão pela qual se vislumbra no cenário internacional diferentes regulamentações jurídicas acerca do conceito de sentença arbitral estrangeira.

4. No ordenamento jurídico pátrio, elegeu-se o critério geográfico (*jus solis*) para determinação da nacionalidade das sentenças arbitrais, baseando-se exclusivamente no local onde a decisão for proferida (art. 34, parágrafo único, da Lei nº 9.307/96).

5. Na espécie, o fato de o requerimento para instauração do procedimento arbitral ter sido apresentado à Corte Internacional de Arbitragem da Câmara de Comércio Internacional não tem o condão de alterar a nacionalidade dessa sentença, que permanece brasileira.

6. Sendo a sentença arbitral em comento de nacionalidade brasileira, constitui, nos termos dos arts. 475-N, IV, do CPC e 31 da Lei da Arbitragem, título executivo idôneo para embasar a ação de execução da qual o presente recurso especial se origina, razão pela qual é desnecessária a homologação por esta Corte.

7. Recurso especial provido para restabelecer a decisão proferida à e-STJ fl. 60.

***

SENTENÇA ESTRANGEIRA CONTESTADA Nº 3.661 - EX (2008/ 0226863-5)
RELATOR: MINISTRO PAULO GALLOTTI
REQUERENTE: PLEXUS COTTON LIMITED
ADVOGADO: GILBERTO GIUSTI E OUTRO(S)
REQUERIDO: ARI GIONGO
ADVOGADO: GABRIEL GAETA ALEIXO
EMENTA SENTENÇA ESTRANGEIRA. PEDIDO DE HOMOLOGAÇÃO. NULIDADE DA CITAÇÃO NO PROCEDIMENTO ARBITRAL. INEXISTÊNCIA. ART. 39, PARÁGRAFO ÚNICO, DA LEI Nº 9.307/1996.

1. Comprovado que o requerido foi devidamente comunicado de todos os atos do procedimento arbitral, tendo a requerente, inclusive, trazido aos autos os recibos fornecidos pela empresa encarregada da postagem, não há que se falar em nulidade da citação.

2. Presentes os requisitos indispensáveis à convalidação da sentença estrangeira, não havendo ofensa à soberania nacional ou à ordem pública, deve ser deferido o pedido de homologação.

3. Sentença estrangeira homologada.

Art. 35. Para ser reconhecida ou executada no Brasil, a sentença arbitral estrangeira está sujeita, unicamente, à homologação do Superior Tribunal de Justiça. (Redação dada pela Lei nº 13.129, de 2015) (Vigência)

1. **Competência para homologação e a Emenda Constitucional nº 45/2004.** O juízo de delibação para homologação das sentenças arbitrais estrangeiras era realizado incialmente pelo Supremo Tribunal Federal e lá realizou-se um dos julgamentos mais célebres sobre arbitragem no Brasil no que dizia respeito à sua constitucionalidade. Trata-se do célebre SE 5206 AgR / EP – ESPANHA, já mencionado em vários comentários a artigos, acima, que discutiu diversos pontos atinentes à Lei de Arbitragem. A Emenda Constitucional nº 45 de 2004 alterou a competência para análise de homologação de sentenças (art. 105, I, i, da Constituição Federal), passando-a para o Superior Tribunal de Justiça.

STJ - SEC 4439; SEC 6335

SENTENÇA ESTRANGEIRA CONTESTADA Nº 4.439 - GB (2009/ 0188275-1) (f)

RELATOR: MINISTRO TEORI ALBINO ZAVASCKI

REQUERENTE: WESTERN BULK CARRIERS

ADVOGADOS: GODOFREDO MENDES VIANNA E OUTRO(S) PEDRO NEIVA DE SANTANA NETO E OUTRO(S)

REQUERIDO: A.P. OXIDOS INDUSTRIA E COMERCIO LTDA

ADVOGADO: ROBERTO HENRIQUE COUTO CORRIERI E OUTRO(S)

EMENTA SENTENÇA ESTRANGEIRA CONTESTADA. CONTRATO INTERNACIONAL FIRMADO COM CLÁUSULA ARBITRAL. REQUISITOS ATENDIDOS. PEDIDO DEFERIDO.

1. Resguardada a ordem pública e a soberania nacional, o juízo de delibação próprio da ação de homologação de sentença estrangeira não comporta exame do mérito do que nela ficou decidido.

2. A exigência de autenticação consular a que se refere o art. 5º, inciso IV, da Resolução STJ nº 9, de 05/05/2005, como requisito para homologação de sentença estrangeira, deve ser interpretada à luz das Normas de Serviço Consular e Jurídico (NSCJ), do Ministério das Relações Exteriores (expedidas nos termos da delegação outorgada Decreto 84.788, de 16/06/1980), que regem as atividades consulares e às quais estão submetidas também as autoridades brasileiras que atuam no exterior.

3. Segundo tais normas, consolidadas no Manual de Serviço Consular e Jurídico – MSCJ (Instrução de Serviço 2/2000, do MRE), o ato de fé pública, representativo da autenticação consular oficial de documentos produzidos no exterior, é denominado genericamente de "legalização", e se opera (a) mediante reconhecimento da assinatura da autoridade expedidora (que desempenha funções no âmbito da jurisdição consular), quando o documento a ser legalizado estiver assinado (MSCJ – 4.7.5), ou (b) mediante autenticação em sentido estrito, relativamente a documentos não-assinados ou em que conste assinatura impressa ou selos secos (MSCJ – 4.7.14).

4. No caso, a sentença estrangeira recebeu ato formal de "legalização" do Consulado brasileiro mediante o reconhecimento da assinatura da autoridade estrangeira que expediu o documento, com o que fica atendido o requisito de autenticação.

5. Sentença estrangeira homologada.

***

SENTENÇA ESTRANGEIRA CONTESTADA Nº 6.335 – EX (2011/0072243-3)

RELATOR: MINISTRO FELIX FISCHER

REQUERENTE: L D C B S A

ADVOGADOS: JOÃO BERCHMANS CORREIA SERRA E OUTRO(S) FREDERICO DO VALLE ABREU

REQUERIDO: L V L DE C

ADVOGADO: WAGNER BARBOSA PAMPLONA E OUTRO(S)

EMENTA HOMOLOGAÇÃO DE SENTENÇA ARBITRAL ESTRANGEIRA CONTESTADA. COMPETÊNCIA DO SUPERIOR TRIBUNAL DE JUSTIÇA (CF. Art. 105, I, "i"; LEI 9.307/96, Art. 35). PEDIDO ADEQUADAMENTE INSTRUÍDO. DEFERIMENTO.

I – A sentença estrangeira não terá eficácia no Brasil sem a prévia homologação pelo e. Superior Tribunal de Justiça ou por seu Presidente (Resolução nº 9/STJ, art. 4º).

II – A atuação jurisdicional do e. STJ no processo de homologação de sentença arbitral estrangeira encontra balizas nos artigos 38 e 39 da Lei de Arbitragem (Lei 9.307/96). Se não houver transgressão aos bons costumes, à soberania nacional e à ordem pública, não se discute a relação de direito material subjacente à sentença arbitral.

III – *In casu*, verifica-se a existência de contrato assinado pelas partes com cláusula compromissória. Sem embargo, no âmbito de processo de homologação de sentença arbitral estrangeira, é inviável a análise da natureza do contrato a ela vinculado, para fins de caracterizá-lo como contrato de adesão. Precedente do e. STF.

IV – Não há inexistência de notificação e cerceamento de defesa "ante a comprovação de que o requerido foi comunicado acerca do início do procedimento de arbitragem, bem como dos atos ali realizados, tanto por meio das empresas de serviços de courier, como também, correio eletrônico e fax" (SEC 3.660/GB, Corte Especial, Rel. Min. Arnaldo Esteves Lima, DJe de 25/06/2009)

V – "A propositura de ação, no Brasil, discutindo a validade de cláusula arbitral porque inserida, sem destaque, em contrato de adesão, não impede a homologação de sentença arbitral estrangeira que, em procedimento instaurado de acordo com essa cláusula, reputou-a válida" (AgRg na SEC 854/GB, Corte Especial, Rel. p./ Acórdão Minª Nancy Andrighi, DJe de 14/04/2011)

VI – Constatada a presença dos requisitos indispensáveis à homologação da sentença estrangeira (Resolução nº 9/STJ, arts. 5º e 6º), é de se deferir o pedido. Sentença Arbitral homologada.

Art. 36. Aplica-se à homologação para reconhecimento ou execução de sentença arbitral estrangeira, no que couber, o disposto nos arts. 483 e 484 do Código de Processo Civil (1).

1. **O Código de Processo Civil, Resolução do STJ E Regimento Interno do STJ.** A regra geral acerca da homologação de sentenças arbitrais insculpida no Código de Processo Civil (arts. 960 e seguintes para o CPC atual) aplica-se para os casos de homologação de sentenças arbitrais estrangeiras. De modo amplo, o Código exige a necessidade de *exequatur* para sentenças proferidas no estrangeiro e determina ainda que a sentença homologada será encaminhada para execução. Conjuntamente com esse regramento, o STJ editou primeiramente a Resolução nº 9, de 4 de maio de 2005 e depois fez um aditamento ao seu Regimento Interno, apresentando as regras procedimentais do tribunal acerca dos pedidos de homologação de sentenças arbitrais estrangeiras apresentados, bem como daqueles provenientes de Países do Mercosul apresentados via Cartas Rogatórias, de acordo com o Protocolo de Las Leñas. Desse documento podem ser destacadas as etapas a serem percorridas para a homologação, os requisitos para homologação e a competência para análise dos pedidos. De todas as regras, fica claro que o STJ exercerá apenas um juízo de delibação sobre as sentenças a serem homologadas, sem que seja feito qualquer juízo sobre o mérito.

STJ - REsp 1203430; SEC 4439

RECURSO ESPECIAL Nº 1.203.430 - PR (2010/0128596-1)

RELATOR: MINISTRO PAULO DE TARSO SANSEVERINO

RECORRENTE: OITO GRÃOS EXPORTAÇÃO E IMPORTAÇÃO DE CEREAIS E DEFENSIVOS AGRÍCOLAS LTDA

ADVOGADO: EDUARDO TEIXEIRA SILVEIRA E OUTRO(S)

RECORRIDO: GALAXY GRAIN ITÁLIA SPA

ADVOGADO: PAULO ROBERTO MUNHOZ COSTA FILHO

EMENTA AÇÃO DE COBRANÇA E DE INDENIZAÇÃO. CONTRATO DE EXPORTAÇÃO DE SOJA. HOMOLOGAÇÃO DE SENTENÇA ARBITRAL ESTRANGEIRA EM QUE APRECIADA CAUSA DE PEDIR E PEDIDO QUE ABRANGEM O DA PRESENTE AÇÃO DE COBRANÇA. EXTINÇÃO DO PROCESSO SEM O JULGAMENTO DO MÉRITO. NECESSIDADE.

1. Ação de cobrança cumulada com pedido de indenização ajuizada por sociedade brasileira exportadora em face de sociedade italiana em razão de problemas na execução de contrato de exportação de soja.

2. Homologação, pela Corte Especial do STJ, antes da prolação do acórdão recorrido, de sentença arbitral estrangeira relativa às mesmas partes com a mesma causa de pedir e o mesmo pedido, englobando a pretensão veiculada na presente ação de cobrança.

3. Não conhecimento de parte do recurso especial com base na Súmula 284 do STF.

4. Ausência de violação ao art. 535 do CPC.

5. Impossibilidade de apreciação, na presente demanda, de aspectos relativos à regularidade do procedimento arbitral, os quais deveriam ter sido suscitados no momento da homologação da sentença arbitral.

6. Inexistência de contrariedade ao art. 515 do CPC, porque, com a extinção, no acórdão recorrido, do processo sem o julgamento do mérito em razão da convenção de arbitragem, não mais pode subsistir, como decorrência lógica, qualquer capítulo da sentença, ainda que não impugnado.

7. Uma vez homologada, a sentença arbitral estrangeira adquire plena eficácia no território nacional.

8. A obrigatoriedade da sentença arbitral estrangeira homologada por esta Corte determina a impossibilidade de ser ela revista ou modificada pelo Poder Judiciário, aplicando-se o disposto no art. 3º da Convenção de Nova York.

9. A continuidade de processo judicial, em que veiculados causa de pedir e pedido apreciados na sentença arbitral estrangeira homologada, colocaria em risco a obrigatoriedade desta.

10. RECURSO ESPECIAL CONHECIDO EM PARTE E, NESTA, DESPROVIDO.

***

SENTENÇA ESTRANGEIRA CONTESTADA Nº 4.439 – GB (2009/0188275-1) (f)

RELATOR: MINISTRO TEORI ALBINO ZAVASCKI

REQUERENTE: WESTERN BULK CARRIERS

ADVOGADOS: GODOFREDO MENDES VIANNA E OUTRO(S) PEDRO NEIVA DE SANTANA NETO E OUTRO(S)

REQUERIDO: A.P. OXIDOS INDUSTRIA E COMERCIO LTDA

ADVOGADO: ROBERTO HENRIQUE COUTO CORRIERI E OUTRO(S)

EMENTA SENTENÇA ESTRANGEIRA CONTESTADA. CONTRATO INTERNACIONAL FIRMADO COM CLÁUSULA ARBITRAL. REQUISITOS ATENDIDOS. PEDIDO DEFERIDO.

1. Resguardada a ordem pública e a soberania nacional, o juízo de delibação próprio da ação de homologação de sentença estrangeira não comporta exame do mérito do que nela ficou decidido.

2. A exigência de autenticação consular a que se refere o art. 5º, inciso IV, da Resolução STJ nº 9, de 05/05/2005, como requisito para homologação de sentença estrangeira, deve ser interpretada à luz das Normas de Serviço Consular e Jurídico (NSCJ), do Ministério das Relações Exteriores (expedidas nos termos da delegação outorgada Decreto 84.788, de 16/06/1980), que regem as atividades consulares e às quais estão submetidas também as autoridades brasileiras que atuam no exterior.

3. Segundo tais normas, consolidadas no Manual de Serviço Consular e Jurídico - MSCJ (Instrução de Serviço 2/2000, do MRE), o ato de fé pública, representativo da autenticação consular oficial de documentos produzidos no exterior, é denominado genericamente de "legalização", e se opera (a) mediante reconhecimento da assinatura da autoridade expedidora (que desempenha funções no âmbito da jurisdição consular), quando o documento a ser legalizado estiver assinado (MSCJ – 4.7.5), ou (b) mediante autenticação em sentido estrito, relativamente a documentos não-assinados ou em que conste assinatura impressa ou selos secos (MSCJ – 4.7.14).

4. No caso, a sentença estrangeira recebeu ato formal de "legalização" do Consulado brasileiro mediante o reconhecimento da assinatura da autoridade estrangeira que expediu o documento, com o que fica atendido o requisito de autenticação.

5. Sentença estrangeira homologada.

Art. 37. A homologação de sentença arbitral estrangeira será requerida pela parte interessada, devendo a petição inicial conter as indicações da lei processual, conforme o art. 282 do Código de Processo Civil, e ser instruída, necessariamente (1), com:

1. **A Forma do Requerimento de Homologação.** O requerimento da homologação da sentença arbitral é veiculado por meio de uma petição endereçada ao Superior Tribunal de Justiça, com todos os requisitos do art. 319 do Código de Processo Civil. Não há grandes especificações em relação a qualquer processo, a não ser a limitação natural dos julgadores a um processo de delibação. O mérito da decisão, sem dúvida, não será analisado. Faz-se apenas um exame da sua conformidade com as regras do direito brasileiro a fim de conceder ou não o *exequatur*. O réu será citado e o contraditório será exercido no limite das matérias passíveis de discussão neste tipo de processo.

I – o original da sentença arbitral ou uma cópia devidamente certificada, autenticada pelo consulado brasileiro e acompanhada de tradução oficial (2);

II – o original da convenção de arbitragem ou cópia devidamente certificada, acompanhada de tradução oficial (2).

2. **A Certificação da Sentença Arbitral e a Certificação da Convenção de Arbitragem.** O legislador ao elaborar a Lei de Arbitragem, inteligentemente, decidiu certificar a regularidade dos pedidos de homologação, cercando dois pontos fundamentais da regularidade do processo arbitral. O primeiro deles é a convenção de arbitragem e o segundo é a sentença arbitral. Por tudo isso, exige-se a certificação das autoridades estrangeiras e brasileiras sobre a questão, de modo a conferir segurança como ponto de partida da análise de homologação a ser feita. Deve-se apresentara cópia certificada (ou "consularizada") ou original da sentença e da convenção.

A análise do processo arbitral e da higidez do percurso entre a convenção de arbitragem e a sentença arbitral de acordo com a lei brasileira será objeto do juízo de delibação.

De qualquer modo, a internalização da Convenção de Apostila de Haia (Decreto 8.660, de 29 de janeiro de 2016) tornou mais ágil e simples a apresentação de documentos estrangeiros. Conforme o caso, é importante verificar se os termos da Convenção são aplicáveis.

STF - SEC 6753/ UK - REINO UNIDO DA GRA BRETANHA E DA IRLANDA DO NORTE; SEC 5828 /NO - NORUEGA

COORD. DE ANÁLISE DE JURISPRUDÊNCIA D.J. 04.10.2002

13/06/2002 EMENTÁRIO Nº 2085 - 2 TRIBUNAL PLENO

SENTENÇA ESTRANGEIRA CONTESTADA N. 6.753-7 REINO UNIDO DA GRÃ-BRETANHA E DA IRLANDA DO NORTE

RELATOR: MIN. MAURÍCIO CORRÊA

REQUERENTE: PLEXUS COTTON LIMITED ("PLEXUS")

ADVOGADOS: LÚCIA MARIA DE FIGUEIREDO E OUTRO

REQUERIDA: SANTANA TÊXTIL S/A ("SANTANA")

ADVOGADOS: PEDRO GORDILHO E OUTRAS

EMENTA: SENTENÇA ARBITRAL ESTRANGEIRA. CONVENÇÃO DE ARBITRAGEM. INEXISTÊNCIA. COMPETÊNCIA NÃO DEMONSTRADA. HOMOLOGAÇÃO. IMPOSSIBILIDADE.

1. O requerimento de homologação de sentença arbitrai estrangeira deve ser instruído com a convenção de arbitragem, sem a qual não se pode aferir a competência do juízo prolator da decisão (Lei 9.307, artigos 37, II, e 39, II; RISTE, artigo 217, I).

2. Contrato de compra e venda não assinado pela parte compradora e cujos termos não induzem a conclusão de que houve pactuação de cláusula compromissória, ausentes, ainda, quaisquer outros documentos escritos nesse sentido. Falta de prova quanto à manifesta declaração autônoma de vontade da requerida de renunciar à jurisdição estatal em favor da particular.

3. Não demonstrada a competência do juízo que proferiu a sentença estrangeira, resta inviabilizada sua homologação pelo Supremo Tribunal Federal.

Pedido indeferido.

ACÓRDÃO

Vistos, relatados e discutidos estes autos, acordam os Ministros do Supremo Tribunal Federal, em sessão plenária, na conformidade da ata do julgamento e das notas taquigráficas, por unanimidade de votos, negar a homologação à sentença estrangeira e condenar a requerente nas custas e honorários advocatícios no percentual de 5% (cinco por cento) sobre o valor da causa.

Brasília, 13 de junho de 2002.

(...)

Ante o exposto, cumpridos os requisitos dos arts. 37 a 39 da Lei nº 9.307/96 e dos arts. 216 e 217 do RI/STF, meu voto é pelo deferimento do pedido de homologação, fixando honorários de R$ 5.000,00 (cinco mil reais).

***

COORD. DE ANÁLISE DE JURISPRUDÊNCIA
D.J. 23.02.2001
EMENTÁRIO NQ 2020
SENTENÇA ESTRANGEIRA CONTESTADA N. 5.323-7 REINO DA NORUEGA

RELATOR: MIN. ILMAR GALVÃO
REQUERENTE: ELKEM CHARTERING A/S
ADVOGADO: MARCO ANDRÉ DUNLEY GOMES
ADVOGADOS: ARTUR R. CARBONE E OUTROS
REQUERIDA: CONANCIA NAVEGAÇÃO DO NORTE
ADVOGADO: HENRIQUE O. MOTTA
ADVOGADOS: JACKSON PARAGUASSÚ DE LIMA E OUTROS

EMENTA: SENTENÇA ARBITRAL ESTRANGEIRA. PEDIDO HOMOLOGAÇÃO. CONTRATO DE AFRETAMENTO. REQUISITOS PREVISTOS NO REGIMENTO INTERNO DO STF E NA LEI Nº 9.307/96 (LEI DA ARBITRAGEM).

Tendo as normas de natureza processual da Lei nº 9.307/96 eficácia imediata, devem ser observados os pressupostos nela previstos para homologação de sentença arbitrai estrangeira, independentemente da data de início do respectivo processo perante o juízo arbitrai.

Pedido que cumpre os requisitos dos arts. 37 a 39 da mencionada lei, bem como os dos arts. 216 e 217 do RI/STF. Homologação deferida.

ACÓRDÃO

Vistos, relatados e discutidos estes autos, acordam os conformidade da ata do julgamento e das notas taquigráficas, por unanimidade de votos, em homologar a sentença, nos termos do voto do Senhor Ministro-Relator.

Brasília, 06 de dezembro de 2000.

(...)

Ante o exposto, cumpridos os requisitos dos arts. 37 a 39 da Lei nº 9.307/96 e dos arts. 216 e 217 do RI/STF, meu voto é pelo deferimento do pedido de homologação, fixando honorários de R$ 5.000,00 (cinco mil reais).

***

STJ – SEC 885 – EX; SEC 856 – EX

SENTENÇA ESTRANGEIRA CONTESTADA Nº 11.593 – EX (2014/0148674-1)

RELATOR: MINISTRO BENEDITO GONÇALVES

REQUERENTE: BIGLIFT SHIPPING BV

ADVOGADO: PEDRO NEIVA DE SANTANA NETO E OUTRO(S)

REQUERIDO: TRANSDATA TRANSPORTES LTDA

ADVOGADO: OCTÁVIO TEIXEIRA BRILHANTE USTRA

EMENTA PROCESSUAL CIVIL. SENTENÇA ESTRANGEIRA CONTESTADA. ARTIGOS 15 E 17 DA LEI DE INTRODUÇÃO ÀS NORMAS DO DIREITO BRASILEIRO. FALTA DE ASSINATURA DO CONTRATO. INEXISTÊNCIA DE CLÁUSULA COMPROMISSÓRIA. INCOMPETÊNCIA DO JUÍZO ARBITRAL.

1. Nos termos dos artigos 15 e 17 da Lei de Introdução às Normas do Direito Brasileiro e artigos 216-C, 216-D e 216-F do Regimento Interno do Superior Tribunal de Justiça, que, atualmente, disciplinam o procedimento de homologação de sentença estrangeira, constitui requisito indispensável haver sido a sentença proferida por autoridade competente.

2. Contrato de frete entre portos brasileiros, negociado e executado no Brasil, não assinado pela parte requerida. Não observância da forma escrita para a cláusula compromissória, exigida pela lei brasileira (art. 4º, § 1º , da Lei 9.307/96), aplicável em primeiro lugar para a verificação da validade da cláusula de lei e foro (art. 9º, § 1º, da LINDB).

3. Não há nos autos, ademais, elementos que comprovem a aceitação do juízo arbitral por parte da requerida.

4. Não demonstrada a competência do juízo arbitral que proferiu a sentença estrangeira, resta inviabilizada sua homologação, nos termos do art. 15, "a", da LINDB.

5. Homologação indeferida.

***

SENTENÇA ESTRANGEIRA CONTESTADA Nº 856 - EX (2005/0031430-2)

RELATOR: MINISTRO CARLOS ALBERTO MENEZES DIREITO

REQUERENTE: L'AIGLON S/A

ADVOGADO: LÚCIA MARIA FIGUEIREDO E OUTRO

REQUERIDO: TÊXTIL UNIÃO S/A

ADVOGADO: GILBERTO DA SILVA NOVITA E OUTROS

EMENTA Sentença arbitral estrangeira. Cláusula compromissória. Contrato não assinado pela requerida. Comprovação do pacto. Ausência de elementos.

1. Tem-se como satisfeito o requisito da aceitação da convenção de arbitragem quando a parte requerida, de acordo com a prova dos autos, manifestou defesa no juízo arbitral, sem impugnar em nenhum momento a existência da cláusula compromissória.

2. Descabe examinar o mérito da sentença estrangeira no presente requerimento, na esteira de precedentes do Supremo Tribunal Federal.

3. Homologação deferida.

Art. 38. Somente poderá ser negada a homologação para o reconhecimento ou execução de sentença arbitral estrangeira, quando o réu demonstrar que (1):

I – as partes na convenção de arbitragem eram incapazes (2);

II – a convenção de arbitragem não era válida segundo a lei à qual as partes a submeteram, ou, na falta de indicação, em virtude da lei do país onde a sentença arbitral foi proferida (3);

III – não foi notificado da designação do árbitro ou do procedimento de arbitragem, ou tenha sido violado o princípio do contraditório, impossibilitando a ampla defesa (4);

IV – a sentença arbitral foi proferida fora dos limites da convenção de arbitragem, e não foi possível separar a parte excedente daquela submetida à arbitragem (5);

V – a instituição da arbitragem não está de acordo com o compromisso arbitral ou cláusula compromissória (6);

VI – a sentença arbitral não se tenha, ainda, tornado obrigatória para as partes, tenha sido anulada, ou, ainda, tenha sido suspensa por órgão judicial do país onde a sentença arbitral for prolatada (7).

1. **Regras Gerais.** As regras contidas nos incisos do art. 38 da Lei de Arbitragem guardam bastante relação com a Convenção de Nova Iorque. No momento de promulgação da Lei de Arbitragem, referida convenção ainda não tinha sido internalizada pelo direito brasileiro, o que só veio a ocorrer em 2002. Inteligentemente, o legislador modernizou a lei brasileira, incorporando em seu conteúdo o teor dos regramentos mais modernos no direito estrangeiro. Daí em diante fez-se uma análise que permeia todos os momentos da arbitragem, incluindo a convenção de arbitragem até o início da eficácia da sentença.

2. **Capacidade das Partes.** Há de demonstrar que a convenção de arbitragem foi celebrada por partes capazes, nos termos do que já fora comentado no art. 1º da Lei de Arbitragem, acima.

3. **A Convenção de Arbitragem.** O STJ terá que analisar qual era a lei aplicável ao caso, materialmente, e se de acordo com tal lei a convenção de arbitragem celebrada era válida ou não. Para tanto, as partes deverão fazer prova da legislação estrangeira e, se for o caso, apresentando pareceres com a indicação da forma correta de aplicação dos ditames legais. Caso não se mencione a lei aplicável, deverá ser considerada a lei do país em que a sentença arbitral que se pretende homologar foi proferida.

4. **O Árbitro e o Processo Arbitral.** Deve ter sido garantido à parte a sua ciência e chance de reação a todos os atos do processo arbitral e, especialmente, acerca da existência desse processo. Assim, sentença que não tenha rejeitado o princípio do contraditório, já comentado no art. 21, § 2º da Lei de Arbitragem, acima, desrespeita e impede a ampla defesa, não podendo ser homologada.

5. **A sentença Arbitral.** Deve haver completa relação entre a convenção de arbitragem ou qualquer documento intermediário como, por exemplo, os "Termos de Arbitragem" e a sentença proferida. O Judiciário não analisará se o conteúdo de um ou outro são corretos ou incorretos, mas apenas se são ou não correlatos. Se não houver a correlação, a sentença poderá ser homologada ainda que parcialmente desde que seja possível destacar a parte em que essa correlação não existiu do conteúdo da sentença.

6. **A Instituição da Arbitragem.** A convenção de arbitragem, cláusula compromissória ou compromisso arbitral, determina a forma de instituição da arbitragem (aceitação do encargo pelos árbitros – vide comentários acerca do art. 19 da Lei de Arbitragem). Essa regra deve ser seguida e, se não for, pode impedir a homologação da sentença arbitral.

7. **A Eficácia da Sentença.** A sentença arbitral deve ser passível de execução imediata. Não deve existir fato impeditivo, modificativo ou extintivo da sentença arbitral em sua origem. Isso porque, o resultado imediato do processo de homologação de sentença é a concessão do *exequatur*. Com essa premissa, a sentença dó será passível de obter o *exequatur* se estiver nesse estágio em seu país de proferimento.

STF – SEC 6753/ UK – REINO UNIDO DA GRA BRETANHA E DA IRLANDA DO NORTE; SE 5206 AgR / EP – ESPANHA; SEC 5847 / UK – REINO UNIDO DA GRA BRETANHA E DA IRLANDA DO NORTE

COORD. DE ANÁLISE DE JURISPRUDÊNCIA D.J. 04.10.2002

13/06/2002 EMENTÁRIO Nº 2085 – 2 TRIBUNAL PLENO

SENTENÇA ESTRANGEIRA CONTESTADA N. 6.753-7 REINO UNIDO DA GRÃ-BRETANHA E DA IRLANDA DO NORTE

RELATOR: MIN. MAURÍCIO CORRÊA

REQUERENTE: PLEXUS COTTON LIMITED ("PLEXUS")

ADVOGADOS: LÚCIA MARIA DE FIGUEIREDO E OUTRO

REQUERIDA: SANTANA TÊXTIL S/A ("SANTANA") ADVOGADOS: PEDRO GORDILHO E OUTRAS

EMENTA: SENTENÇA ARBITRAL ESTRANGEIRA. CONVENÇÃO DE ARBITRAGEM. INEXISTÊNCIA. COMPETÊNCIA NÃO DEMONSTRADA. HOMOLOGAÇÃO. IMPOSSIBILIDADE.

1. O requerimento de homologação de sentença arbitrai estrangeira deve ser instruído com a convenção de arbitragem, sem a qual não se pode aferir a competência do juízo prolator da decisão (Lei 9.307, artigos 37, II, e 39, II; RISTE, artigo 217, I).

2. Contrato de compra e venda não assinado pela parte compradora e cujos termos não induzem a conclusão de que houve pactuação de cláusula compromissória, ausentes, ainda, quaisquer outros documentos escritos nesse sentido. Falta de prova quanto à manifesta declaração autônoma de vontade da requerida de renunciar à jurisdição estatal em favor da particular.

3. Não demonstrada a competência do juízo que proferiu a sentença estrangeira, resta inviabilizada sua homologação pelo Supremo Tribunal Federal.

Pedido indeferido.

ACÓRDÃO

Vistos, relatados e discutidos estes autos, acordam os Ministros do Supremo Tribunal Federal, em sessão plenária, na conformidade da ata do julgamento e das notas taquigráficas, por unanimidade de votos, negar a homologação à sentença estrangeira e condenar a requerente nas custas e honorários advocatícios no percentual de 5% (cinco porcento) sobre o valor da causa.

Brasília, 13 de junho de 2002.

***

08/05/1997
COORD. DE ANÁLISE DE JURISPRUDÊNCIA
D.J. 30.04.2004
EMENTÁRIO Nº 2149-6
TRIBUNAL PLENO
AG.REG.NA SENTENÇA ESTRANGEIRA 5.206-7 REINO DA ESPANHA

RELATOR: MINISTRO PRESIDENTE

AGRAVANTE: M B V COMMERCIAL AND EXPORT MANAGEMENT ESTABLISMENT

ADVOGADO: EVANDRO CATUNDA DE CLODOALDO PINTO E OUTROS

AGRAVADO: RESIL INDUSTRIA E COMERCIO LTDA

ADVOGADO: MARCIA SERRA NEGRA E OUTROS

ADVOGADO: ANDRÉ CARMELINGO ALVES

EMENTA: 1. Sentença estrangeira: laudo arbitral que dirimiu conflito entre duas sociedades comerciais sobre direitos inquestionavelmente disponíveis – a existência e o montante de créditos a título de comissão por representação comercial de empresa brasileira no exterior: compromisso firmado pela requerida que, neste processo, presta anuência ao pedido de homologação: ausência de chancela, na origem, de autoridade judiciária ou órgão público equivalente: homologação negada pelo Presidente do STF, nos termos da jurisprudência da Corte, então dominante: agravo regimental a que se dá provimento, por unanimidade, tendo em vista a edição posterior da L. 9.307, de 23.9.96, que dispõe sobre a arbitragem, para que, homologado c laudo, valha no Brasil como título executivo judicial.

2. Laudo arbitral: homologação: Lei da Arbitragem: controle incidental de constitucionalidade e o papel do STF.

A constitucionalidade da primeira das inovações da Lei da Arbitragem – a possibilidade de execução específica de compromisso arbitral – não constitui, na espécie, questão prejudicial da homologação do laudo estrangeiro; a essa interessa apenas, como premissa, a extinção, no direito interno, da homologação judicial do laudo (arts. 18' e 31), e sua consequente dispensa, na origem, como requisito de reconhecimento, no Brasil, de sentença arbitral estrangeira (art. 35).

A completa assimilação, no direito interno, da decisão arbitral à decisão judicial, pela nova Lei de Arbitragem, já bastaria, a rigor, para autorizar a homologação, no Brasil, do laudo arbitral estrangeiro, independentemente de sua prévia homologação pela Justiça do país de origem.

Ainda que não seja essencial à solução do caso concreto, não pode o Tribunal – dado o seu papel de "guarda da Constituição" – se furtar a enfrentar o problema de constitucionalidade suscitado incidentemente (v.g. MS 20.505, Néri).

3. Lei de Arbitragem (L. 9.307/96): constitucionalidade, em teser do juízo arbitral; discussão incidental da constitucionalidade de vários dos tópicos da nova lei, especialmente acerca da compatibilidade, ou não, entre a execução judicial específica para a solução de futuros conflitos da cláusula compromissória e a garantia constitucional da universalidade da jurisdição do Poder Judiciário (CF, art. 5º, XXXV).

Constitucionalidade declarada pelo plenário, considerando o Tribunal, por maioria de votos, que a manifestação de vontade da parte na cláusula compromissória, quando da celebração do contrato, e a permissão legal dada ao juiz para que substitua a vontade da parte recalcitrante em firmar o compromisso não ofendem o artigo 5º, XXXV, da CF.

Votos vencidos, em parte – incluído o do relator – que entendiam inconstitucionais a cláusula compromissória – dada a indeterminação de seu objeto – e a possibilidade de a outra parte, havendo resistência quanto à instituição da arbitragem, recorrer ao Poder Judiciário para compelir a parte recalcitrante a firmar o compromisso, e, consequentemente, declaravam a inconstitucionalidade de dispositivos da Lei 9.307/96 (art. 6º, parág. único; 7º e seus parágrafos e, no art. 41, das novas redações atribuídas ao art. 267, VII e art. 301, inciso IX do C. Pr. Civil; e art. 42), por violação da garantia da universalidade da jurisdição do Poder Judiciário.

Constitucionalidade – aí por decisão unânime, dos dispositivos da Lei de Arbitragem que prescrevem a irrecorribilidade (art. 18) e os efeitos de decisão judiciária da sentença arbitral (art. 31).

ACÓRDÃO

Vistos, relatados e discutidos estes autos, acordam os Ministros do Supremo Tribunal Federal, em sessão plenária, na conformidade da ata do julgamento e das notas taquigráficas, por unanimidade de votos, em prover o agravo para homologar a sentença arbitral, e, por maioria, declarar constitucional a L. 9307, de 23.9.96, vencidos, em parte, os Senhores Ministros Sepúlveda.

Pertence, Sydney Sanches, Néri da Silveira e Moreira Alves, que declaravam a inconstitucionalidade do parágrafo único do artigo 6º; do artigo 7º e seus parágrafos; no artigo 41, das novas redações atribuídas ao artigo 267, inciso VII e ao artigo 301, inciso IX, do Código de Processo Civil; e do artigo 42, todos do referido diploma legal.

Brasília 12 de dezembro de 2001.

(...)

COORD. DE ANÁLISE DE JURISPRUDÊNCIA
D.J. 17.12.99
EMENTÁRIO NP 1976 – 2
01/12/1999 TRIBUNAL PLENO
SENTENÇA ESTRANGEIRA CONTESTADA N. 5.847-1 REINO UNIDO DA GRÃ- BRETANHA E DA IRLANDA DO NORTE
RELATOR: MIN. MAURÍCIO CORRÊA
REQUERENTE: AIGLON DUBLIN LIMITED ("AIGLON")
ADVOGADA: LÚCIA MARIA DE FIGUEIREDO
REQUERIDA: TEKA TECELAGEM KUENRICH S/A ("TEKA")
ADVOGADOS: HAROLDO PASBT E OUTROS
EMENTA: HOMOLOGAÇÃO DE LAUDO ARBITRAL ESTRANGEIRO.
REQUISITOS FORMAIS: COMPROVAÇÃO. CAUÇÃO: DESNECESSIDADE. INCIDÊNCIA IMEDIATA DA LEI Nº 9.307/96. CONTRATO DE ADESÃO: INEXISTÊNCIA DE CARACETERÍSTICAS PRÓPRIAS. INAPLICAÇÃO DO CÓDIGO DE DEFESA DO CONSUMIDOR.

1. Hipótese em que restaram comprovados os requisitos formais para a homologação (RISTF, artigo 217). 2. O Supremo Tribunal Federal entende desnecessária a caução em homologação de sentença estrangeira (SE nº 3.407, Rei. Min. OSCAR CORRÊA, DJ DE 07.12.84). 3. As disposições processuais da Lei nº 9.307/96 têm incidência imediata nos casos pendentes de julgamento (RE nº 91.839/GO, RAFAEL MAYER, DJ de 15.05.81). 4. Não é contrato de adesão aquele em que as cláusulas são modificáveis por acordo das partes. 5. O Código de Proteção e Defesa do Consumidor, conforme

dispõe seu artigo 2º, aplica-se somente a "pessoa física ou jurídica que adquire ou utiliza produto ou serviço conto destinatário final". Pedido de homologação deferido.

ACÓRDÃO

Vistos, relatados e discutidos estes autos, acordam os Ministros do Supremo Tribunal Federal, em Sessão Plenária, na conformidade da ata do julgamento e das notas taquigráficas, por unanimidade de votos, deferir o pedido de homologação, nos termos do voto do Senhor Ministro Relator.

STJ – SEC 1; SEC 269; SEC 349; SEC 611; SEC 760; SEC 856; SEC 856 – EDCL; SEC 866; SEC 874; SEC 885; SEC 887; SEC 894; SEC 1210; SEC 3035; SEC4415; SEC4439; SEC 6335;

SENTENÇA ESTRANGEIRA CONTESTADA Nº 1 – EX (2007/ 0156979-5) RELATORA: MINISTRA MARIA THEREZA DE ASSIS MOURA

REQUERENTE: KIA MOTORS CORPORATION

ADVOGADO: SERGIO BERMUDES

REQUERIDO: WASHINGTON ARMÊNIO LOPES

ADVOGADO: ARNOLDO WALD FILHO E OUTRO(S)

REQUERIDO: CHONG JIN JEON

ADVOGADO: DEFENSORIA PÚBLICA DA UNIÃO – CURADOR ESPECIAL

REQUERIDO: ROBERTO UCHÔA NETO

ADVOGADO: LUIZ ROBERTO DE ANDRADE NOVAES E OUTRO(S) REQUERIDO: ÁSIA MOTORS DO BRASIL S/A

REQUERIDO: SET PARTICIPAÇÕES E EMPREENDIMENTOS S/A ADVOGADO: DEFENSORIA PÚBLICA DA UNIÂO – CURADOR ESPECIAL

REQUERIDO: SET TRADING S/A

ADVOGADO: DEFENSORIA PÚBLICA DA UNIÃO – CURADOR ESPECIAL

REQUERIDO: JBP DO BRASIL

ADVOGADA: TEREZINHA ANICETO CAMERON

REQUERIDO: AMERICAN SAMOA CORPORATION

ADVOGADO: DEFENSORIA PÚBLICA DA UNIÃO – CURADOR ESPECIAL

EMENTA SENTENÇA ARBITRAL ESTRANGEIRA CONTESTADA. PRETENSÃO HOMOLOGATÓRIA A SER DEFERIDA EM PARTE. REQUISITOS DA LEI ATENDIDOS. VÍCIOS DE NEGAÇÃO INEXISTENTES. AMPLA COMPETÊNCIA PARA DIRIMIR CONFLITOS ENTRE OS CONTRATANTES DE JOINT VENTURE. Sendo lícito o negócio jurídico realizado no Brasil, por partes de legítimo contrato de joint venture, não se lhe pode extrair as consequências jurídicas da quebra do acordado. Por mais razão, não se pode afastar a convenção arbitral nele instituída por meio de cláusula compromissória ampla, em que se regulou o Juízo competente para resolver todas as controvérsias das partes, incluindo aí a extensão dos temas debatidos, sob a alegação de renúncia tácita ou de suposta substituição do avençado. Uma vez expressada a vontade de estatuir, em contrato, cláusula compromissória ampla, a sua destituição deve vir através de igual declaração expressa das partes, não servindo, para tanto, mera alusão a atos ou a acordos que não tinham o condão de afastar a convenção das partes. Ademais, o próprio sentido do contrato de joint venture assinado pelas partes elimina o argumento de que uma delas quis abdicar da instituição de juízo arbitral no estrangeiro. A revelia não importa em falta de citação, mas, ao contrário, a pressupõe. O laudo arbitral lavrado por Corte previamente prevista na cláusula compromissória obedece aos requisitos para sua internalização em território pátrio, máxime porque não ofende os ditames dos arts. 3º, 5º e 6º da Resolução nº 9 desta Corte, devendo, por isso, ser homologado. Havendo a Justiça brasileira, definitivamente, resolvido controvérsia quanto a um dos temas do pedido de homologação da sentença arbitral, deve a pretensão ser negada quanto a isso por obediência à coisa julgada. Homologação deferida em parte, com a exclusão dos itens 7 e 10 da decisão arbitral.

***

SENTENÇA ESTRANGEIRA CONTESTADA Nº 269 - EX (2005/0162278-6)

RELATOR: MINISTRO FERNANDO GONÇALVES

REQUERENTE: EMPRESA ESTATAL FEDERAL FKP SOIUZ PLODOIMPORT

REQUERENTE: OSTALCO DO BRASIL LTDA S/A

REQUERENTE: O O O OST-ALKO

REQUERENTE: FGUP VSESOJUZNOE OBJEDINENIJE SOJUZPLODOIMPORT

ADVOGADO: THOMAS BENES FELSBERG E OUTRO(S)

REQUERIDO: INSTITUTO NACIONAL DE PROPRIEDADE INDUSTRIAL INPI

ADVOGADO: PROCURADORIA-GERAL FEDERAL

REQUERIDO: SPIRITS INTERNATIONAL N V
ADVOGADO: CARLOS AUGUSTO DA SILVEIRA LOBO
REQUERIDO: CLOSED JOINT STOCK COMPANY SOJUZPLODIMPORT
ADVOGADO: DANIELA BESSONE
REQUERIDO: PLODIMEX DO BRASIL IMPORTAÇÃO E EXPORTAÇÃO LTDA
ADVOGADO: CARLOS ROBERTO FERREIRA BARBOSA MOREIRA
REQUERIDO: FOREING ECONOMIC JOINT STOCK COMPANY SOJUZPLODOIMPORT
ADVOGADO: DANIELA BESSONE
EMENTA SENTENÇA ESTRANGEIRA CONTESTADA. AUSÊNCIA DE COMPROVAÇÃO DA CITAÇÃO DE TODOS OS RÉUS. LEGITIMIDADE ATIVA. INTERESSE. MÉRITO. IMPOSSIBILIDADE DE DISCUSSÃO.

1. Não é possível a homologação de sentença estrangeira quando não comprovada a citação regular ou o comparecimento espontâneo das partes.

2. O pedido de homologação pode ser proposto por qualquer pessoa interessada nos efeitos da sentença estrangeira.

3. O mérito da sentença não pode ser apreciado pelo Superior Tribunal de Justiça, pois o ato homologatório restringe-se à análise dos seus requisitos formais. Precedentes.

4. O pedido de homologação merece deferimento, uma vez que, a par da ausência de ofensa à ordem pública, reúne os requisitos essenciais e necessários a este desideratum, previstos na Resolução nº 9/2005 do Superior Tribunal de Justiça e dos artigos 38 e 39 da Lei 9.307/96.

***

SENTENÇA ESTRANGEIRA CONTESTADA Nº 349 - EX (2005/0023892-2)
RELATORA: MINISTRA ELIANA CALMON
REQUERENTE: MITSUBISHI ELECTRIC CORPORATION
ADVOGADO: FÁBIO DE CAMPOS LILLA E OUTROS
REQUERIDO: EVADIN INDÚSTRIAS AMAZÔNIA S/A

ADVOGADO: CARLOS ROBERTO SIQUEIRA CASTRO E OUTROS

EMENTA SENTENÇA ESTRANGEIRA - JUÍZO ARBITRAL - CONTRATO INTERNACIONAL ASSINADO ANTES DA LEI DE ARBITRAGEM (9.307/96).

1. Contrato celebrado no Japão, entre empresas brasileira e japonesa, com indicação do foro do Japão para dirimir as controvérsias, é contrato internacional.

2. Cláusula arbitral expressamente inserida no contrato internacional, deixando superada a discussão sobre a distinção entre cláusula arbitral e compromisso de juízo arbitral (precedente: REsp 712.566/RJ).

3. As disposições da Lei 9.307/96 têm incidência imediata nos contratos celebrados antecedentemente, se neles estiver inserida a cláusula arbitral.

4. Sentença arbitral homologada.

***

SENTENÇA ESTRANGEIRA CONTESTADA Nº 611 - EX (2005/0055688-0)

RELATOR: MINISTRO JOÃO OTÁVIO DE NORONHA

REQUERENTE: FIRST BRANDS DO BRASIL LTDA

REQUERENTE: STP DO BRASIL LTDA

ADVOGADO: LUIZ FERNANDO HENRY SANT'ANNA E OUTROS

REQUERIDO: STP - PETROPLUS PRODUTOS AUTOMOTIVOS S/A PPA

REQUERIDO: PETROPLUS SUL COMÉRCIO EXTERIOR S/A PSC

ADVOGADO: CARLOS HENRIQUE MENDES DIAS E OUTROS

EMENTA HOMOLOGAÇÃO DE SENTENÇA ESTRANGEIRA. SENTENÇA ARBITRAL. MATÉRIA DE MÉRITO. IRRELEVÂNCIA. ART. 38 DA LEI N. 9.307/96.

1. As disposições contidas no art. 38 da Lei n. 9.307/96 apresentam um campo mais largo das situações jurídicas que podem ser apresentadas na contestação, em relação à prevista no art. 221 do RISTF, mas não chega ao ponto de permitir a invasão da esfera de mérito da sentença homologanda.

2. A existência de ação anulatória da sentença arbitral estrangeira em trâmite nos tribunais pátrios não constitui impedimento à homologação da sentença alienígena, não havendo ferimento à soberania nacional, hipótese que exigiria a existência de decisão pátria relativa às mesmas questões resolvidas pelo Juízo arbitral. A Lei n. 9.307/96, no § 2º do seu art. 33, estabelece que a sentença que julgar procedente o pedido de anulação determinará que o árbitro ou tribunal profira novo laudo, o que significa ser defeso ao julgador proferir sentença substitutiva à emanada do Juízo arbitral. Daí a inexistência de decisões conflitantes.

3. Sentença arbitral estrangeira homologada.

***

SENTENÇA ESTRANGEIRA CONTESTADA Nº 760 - EX (2005/0123948-2)

RELATOR: MINISTRO FELIX FISCHER

REQUERENTE: TREMOND ALLOYS AND METALS CORP

ADVOGADO: CELSO BOTELHO DE MORAES E OUTROS

TREMOND ALLOYS AND METALS CORPORATION

REQUERIDO: METALTUBOS INDÚSTRIA E COMÉRCIO DE METAIS LTDA

ADVOGADO: JOÃO LUIZ AGUION E OUTROS

EMENTA SENTENÇA ARBITRAL ESTRANGEIRA. CONTROLE JUDICIAL. IMPOSSIBILIDADE DE APRECIAÇÃO DO MÉRITO. REQUISITOS FORMAIS ATENDIDOS. HOMOLOGAÇÃO. DEFERIMENTO.

I – O controle judicial da sentença arbitral estrangeira está limitado a aspectos de ordem formal, não podendo ser apreciado o mérito do arbitramento. Precedentes.

II – Impõe-se a homologação da sentença arbitral estrangeira quando atendidos todos os requisitos indispensáveis ao pedido, bem como constatada a ausência de ofensa à soberania nacional, à ordem pública e aos bons costumes.

Homologação deferida

***

SENTENÇA ESTRANGEIRA CONTESTADA Nº 856 – EX (2005/0031430-2)

RELATOR: MINISTRO CARLOS ALBERTO MENEZES DIREITO

REQUERENTE: L'AIGLON S/A

ADVOGADO: LÚCIA MARIA FIGUEIREDO E OUTRO

REQUERIDO: TÊXTIL UNIÃO S/A

ADVOGADO: GILBERTO DA SILVA NOVITA E OUTROS

EMENTA Sentença arbitral estrangeira. Cláusula compromissória. Contrato não assinado pela requerida. Comprovação do pacto. Ausência de elementos.

1. Tem-se como satisfeito o requisito da aceitação da convenção de arbitragem quando a parte requerida, de acordo com a prova dos autos, manifestou defesa no juízo arbitral, sem impugnar em nenhum momento a existência da cláusula compromissória.

2. Descabe examinar o mérito da sentença estrangeira no presente requerimento, na esteira de precedentes do Supremo Tribunal Federal.

3. Homologação deferida.

***

EDcl nos EDcl na SENTENÇA ESTRANGEIRA CONTESTADA Nº 856 - EX (2005/0031430-2)

RELATOR: MINISTRO CARLOS ALBERTO MENEZES DIREITO

EMBARGANTE: TÊXTIL UNIÃO S/A

ADVOGADO: GILBERTO DA SILVA NOVITA E OUTROS

EMBARGADO: L'AIGLON S/A

ADVOGADO: LÚCIA MARIA FIGUEIREDO E OUTRO

EMENTA Embargos de declaração. Sentença estrangeira contestada. Ausência de omissão.

1. A motivação do julgado dos primeiros embargos declaratórios, não há dúvida, repeliu a alegada ausência de fundamentação, bem como apreciou o tema relativo à cláusula compromissória, descaracterizando qualquer omissão por parte deste Colegiado.

2. Embargos declaratórios rejeitados, com aplicação da multa de 1% prevista no art. 538, parágrafo único, do Código de Processo Civil.

***

SENTENÇA ESTRANGEIRA CONTESTADA Nº 885 - EX (2005/0034898-7)

RELATOR: MINISTRO FRANCISCO FALCÃO

REQUERENTE: KANEMATSU USA INC

ADVOGADOS: SERGIO BERMUDES E OUTRO(S) DIEGO BARBOSA CAMPOS E OUTRO(S)

REQUERIDO: ATS - ADVANCED TELECOMMUNICATIONS SYSTEMS DO BRASIL LTDA

ADVOGADO: DÁRIO DOMINGOS DE AZEVEDO E OUTRO(S)

EMENTA SENTENÇA ESTRANGEIRA CONTESTADA. JUÍZO ARBITRAL. AUSÊNCIA DE PROVA QUANTO A SUA ELEIÇÃO. ARTIGO 37, INCISO II, DA LEI N. 9.307/96.

I – Não trazida aos autos a prova da convenção de arbitragem, não é possível homologar-se laudo arbitral.

II – Observância à norma contida no inciso II do artigo 37 da Lei n. 9.307/96.

III – Pedido homologatório indeferido.

***

SENTENÇA ESTRANGEIRA CONTESTADA Nº 866 - EX (2005/0034926-5)

RELATOR: MINISTRO FELIX FISCHER

REQUERENTE: OLEAGINOSA MORENO HERMANOS SOCIEDAD ANÓNIMA COMERCIAL INDUSTRIAL FINANCEIRA INMOBILIARIA Y AGROPECUARIA

ADVOGADO: ARNOLDO WALD E OUTROS

REQUERIDO: MOINHO PAULISTA LTDA

ADVOGADO: ANTÔNIO VILAS BOAS TEIXEIRA DE CARVALHO E OUTROS

ADVOGADA: CRISTIANA DE ALENCAR LAMEIRO DA COSTA E OUTROS

EMENTA SENTENÇA ARBITRAL ESTRANGEIRA. CONTROLE JUDICIAL. IMPOSSIBILIDADE DE APRECIAÇÃO DO MÉRITO. INEXISTÊNCIA DE CLÁUSULA COMPROMISSÓRIA. INCOMPETÊNCIA DO JUÍZO ARBITRAL. OFENSA À ORDEM PÚBLICA NACIONAL.

I – O controle judicial da sentença arbitral estrangeira está limitado a aspectos de ordem formal, não podendo ser apreciado o mérito do arbitramento.

II – Não há nos autos elementos seguros que comprovem a aceitação de cláusula compromissória por parte da requerida.

III – A decisão homologanda ofende a ordem pública nacional, uma vez que o reconhecimento da competência do juízo arbitral depende da existência de convenção de arbitragem (art. 37, II, c/c art. 39, II, da Lei nº 9.307/96). Precedente do c. Supremo Tribunal Federal.

IV – In casu, a requerida apresentou defesa no juízo arbitral alegando, preliminarmente, a incompetência daquela instituição, de modo que não se pode ter como aceita a convenção de arbitragem, ainda que tacitamente. Homologação indeferida.

***

SENTENÇA ESTRANGEIRA CONTESTADA Nº 874 – EX (2005/0034908-7)

RELATOR: MINISTRO FRANCISCO FALCÃO

REQUERENTE: UNION EUROPEÉNNE DE GYMNASTIQUE – UEG

ADVOGADO: MARCELO ROBERTO FERRO E OUTRO

REQUERIDO: MULTIPOLE DISTRIBUIDORA DE FILMES LTDA

ADVOGADO: CÉLIO RODRIGUES PEREIRA E OUTRO

EMENTA SENTENÇA ARBITRAL ESTRANGEIRA. CONDENAÇÃO DE EMPRESA BRASILEIRA AO CUMPRIMENTO DE CLÁUSULA CONTRATUAL. REQUISITOS FORMAIS PARA O DEFERIMENTO DO PEDIDO DE HOMOLOGAÇÃO OBSERVADOS. RECONHECIMENTO DA ARBITRAGEM COMO MEIO LEGAL DE SOLUÇÃO DE CONFLITOS DE DIREITOS DISPONÍVEIS. LEI N. 9307/96. AUSÊNCIA, IN CASU, DE AFRONTA A PRINCÍPIOS DE ORDEM PÚBLICA.

I – Não viola a ordem pública brasileira a utilização de arbitragem como meio de solução de conflitos, tanto que em plena vigência a Lei n. 9307/96 (Lei de Arbitragem), não se podendo afirmar, de outro turno, ter a ora requerida eleito esta via alternativa compulsoriamente, como sugere, até mesmo porque sequer levantou indício probatório de tal ocorrência.

II – Ex vi do parágrafo único do art. 39 da Lei de Arbitragem brasileira, "não será considerada ofensa à ordem pública nacional a efetivação da citação da parte residente ou domiciliada no Brasil, nos moldes da convenção de arbitragem ou da lei processual do país onde se realizou a arbitragem, admitindo-se, inclusive, a citação postal com prova inequívoca de recebimento, desde que assegure à parte brasileira tempo hábil para o exercício do direito de defesa."

III – Ademais, é farto o conjunto probatório, a demonstrar que a requerida recebeu, pela via postal, não somente a citação, como também intimações objetivando o seu comparecimento às audiências que foram realizadas, afinal, à sua revelia.

IV – Observados os requisitos legais, inclusive os elencados na Resolução n. 9/STJ, de 4/5/2005, relativos à regularidade formal do procedimento em epígrafe impossibilitado o indeferimento do pedido de homologação da decisão arbitral estrangeira.

V – Pedido de homologação deferido, portanto

***

SENTENÇA ESTRANGEIRA CONTESTADA Nº 887 – EX (2005/0034903-8)

RELATOR: MINISTRO JOÃO OTÁVIO DE NORONHA

REQUERENTE: BOUVERY INTERNATIONAL S/A

ADVOGADO: LUIZ NORTON NUNES E OUTRO

REQUERIDO: IRMÃOS PEREIRA – COMERCIAL E EXPORTADORA LTDA

ADVOGADO: ARTHUR DE CASTILHO NETO E OUTROS

EMENTA HOMOLOGAÇÃO DE SENTENÇA ESTRANGEIRA. SENTENÇA ARBITRAL. PROCEDIMENTO ARBITRAL QUE TEVE CURSO À REVELIA DO REQUERIDO. CONVENÇÃO ARBITRAL. INEXISTÊNCIA.

1. Para a homologação de sentença de arbitragem estrangeira proferida à revelia do requerido, deve ele, por ser seu o ônus, comprovar, nos termos do inciso III do art. 38 da Lei n. 9.307/96, que não foi devidamente comunicado da instauração do procedimento arbitral.

2. Homologação deferida.

***

SENTENÇA ESTRANGEIRA CONTESTADA Nº 894 - UY (2005/0203077-2)

RELATORA: MINISTRA NANCY ANDRIGHI

REQUERENTE: LITSA LÍNEAS DE TRANSMISIÓN DEL LITORAL S/A

ADVOGADO: ALEXANDRE KRUEL JOBIM E OUTRO(S)

REQUERIDO: SV ENGENHARIA S/A

ADVOGADOS: CELSO RENATO D'ÁVILA E OUTRO(S) CLÁUDIO FINKELSTEIN E OUTRO(S)

ADVOGADA: DIVINA DAS GRAÇAS TORRES E OUTRO(S)

REQUERIDO: INEPAR S/A INDÚSTRIA E CONSTRUÇÕES

ADVOGADO: CELSO RENATO D'ÁVILA E OUTRO(S)

ADVOGADA: DIVINA DAS GRAÇAS TORRES E OUTRO(S)

EMENTA Homologação de sentença arbitral estrangeira prolatada no Uruguai. Trânsito em julgado de ação judicial que contesta a sentença arbitral. Desnecessidade. Súmula 420/STF. Inaplicabilidade. Incorporação de empresa por outra. Sujeição à arbitragem. Contraditório. Violação. Inocorrência. Questões intrínsecas à própria arbitragem. Lei de Arbitragem brasileira. Norma de caráter processual. Incidência imediata. Controle judicial. Limitação aos aspectos dos arts. 38 e 39 da Lei 9.307/96. Inexistência de motivos para que seja denegada a homologação. – Pedido de homologação de sentença arbitral estrangeira obtida perante a Corte Internacional de Arbitragem da Câmara de Comércio Internacional, na cidade de Montevidéu, Uruguai, versando sobre cumprimento de obrigações de índole contratuais. – Pede-se a homologação de sentença arbitral proferida em maio de 2003 e não sujeita a recursos. Não subsiste a necessidade de trânsito em julgado de ação judicial no Uruguai que questiona a arbitragem, especialmente na espécie, em que a ação judicial foi indeferida. – A requerida Inepar, ao incorporar duas outras empresas contratantes, assumiu todos os direitos e obrigações das cedentes, inclusive a cláusula arbitral em questão. – A Lei de Arbitragem brasileira tem incidência imediata aos contratos que contenham cláusula arbitral, ainda que firmados anteriormente à sua edição. Precedentes da Corte Especial. – A análise do STJ na homologação de sentença arbitral estrangeira está limitada aos aspectos previstos nos artigos 38 e 39 da Lei 9.307/96. Não compete a esta Corte a apreciação do mérito da relação material objeto da sentença arbitral. Sentença arbitral estrangeira homologada.

***

SENTENÇA ESTRANGEIRA CONTESTADA Nº 1.210 - EX (2006/0185918-6)

RELATOR: MINISTRO FERNANDO GONÇALVES

REQUERENTE: INTERNATIONAL COTTON TRADING LIMITED ICT

ADVOGADO: JOÃO BERCHMANS CORREIA SERRA E OUTRO(S)

REQUERIDO: ODIL PEREIRA CAMPOS FILHO

ADVOGADO: VIRGÍNIA SANTOS PEREIRA GUIMARÃES E OUTRO(S)

EMENTA SENTENÇA ARBITRAL ESTRANGEIRA. HOMOLOGAÇÃO. REQUISITOS. LEI 9.307/96 E RESOLUÇÃO 9/2005 DO STJ. CONTRATO DE COMPRA E VENDA. CONVENÇÃO DE ARBITRAGEM. EXISTÊNCIA. CLÁUSULA COMPROMISSÓRIA. ANÁLISE DE CONTROVÉRSIA DECORRENTE DO CONTRATO. JUÍZO ARBITRAL. POSSIBILIDADE. MÉRITO DA DECISÃO ARBITRAL. ANÁLISE NO STJ. IMPOSSIBILIDADE. AUSÊNCIA DE VIOLAÇÃO À ORDEM PÚBLICA. PRECEDENTES DO STF E STJ.

1. As regras para a homologação da sentença arbitral estrangeira encontram-se elencadas na Lei nº 9.307/96, mais especificamente no seu capítulo VI e na Resolução nº 9/2005 do STJ.

2. As duas espécies de convenção de arbitragem, quais sejam, a cláusula compromissória e o compromisso arbitral, dão origem a processo arbitral, porquanto em ambos ajustes as partes convencionam submeter a um juízo arbitral eventuais divergências relativas ao cumprimento do contrato celebrado.

3. A diferença entre as duas formas de ajuste consiste no fato de que, enquanto o compromisso arbitral se destina a submeter ao juízo arbitral uma controvérsia concreta já surgida entre as partes, a cláusula compromissória objetiva submeter a processo arbitral apenas questões indeterminadas e futuras, que possam surgir no decorrer da execução do contrato.

4. Devidamente observado o procedimento previsto nas regras do Tribunal Arbitral eleito pelos contratantes, não há falar em qualquer vício que macule o provimento arbitral.

5. O mérito da sentença estrangeira não pode ser apreciado pelo Superior Tribunal de Justiça, pois o ato homologatório restringe-se à análise dos seus requisitos formais. Precedentes do STF e do STJ.

6. Pedido de homologação deferido.

***

SENTENÇA ESTRANGEIRA CONTESTADA Nº 3.035 - EX (2008/ 0044435-0)

RELATOR: MINISTRO FERNANDO GONÇALVES

REQUERENTE: ATECS MANNESMANN GMBH

ADVOGADO: SÔNIA MARIA GIANNINI MARQUES DOBLER E OUTRO(S)

REQUERIDO: RODRIMAR S/A TRANSPORTES EQUIPAMENTOS INDUSTRIAIS E ARMAZÉNS GERAIS

ADVOGADO: IVES GANDRA DA SILVA MARTINS E OUTRO(S)

EMENTA SENTENÇA ARBITRAL ESTRANGEIRA. LEGITIMIDADE ATIVA. INTERESSE. CONTRATO DE COMPRA E VENDA. MÉRITO DA DECISÃO ARBITRAL. ANÁLISE NO STJ. IMPOSSIBILIDADE. AUSÊNCIA DE VIOLAÇÃO À ORDEM PÚBLICA.

1. O pedido de homologação pode ser proposto por qualquer pessoa interessada nos efeitos da sentença estrangeira.

2. O mérito da sentença estrangeira não pode ser apreciado pelo Superior Tribunal de Justiça, pois o ato homologatório restringe-se à análise dos seus requisitos formais. Precedentes.

4.(sic) O pedido de homologação merece deferimento, uma vez que, a par da ausência de ofensa à ordem pública, reúne os requisitos essenciais e necessários a este desideratum, previstos na Resolução nº 9/2005 do Superior Tribunal de Justiça e dos artigos 38 e 39 da Lei 9.307/96. 4. Pedido de homologação deferido.

***

SENTENÇA ESTRANGEIRA CONTESTADA Nº 4.415 – EX (2009/0102352-8)

RELATOR: MINISTRO ALDIR PASSARINHO JUNIOR

REQUERENTE: JESS SMITH E SONS COTTON LLC

ADVOGADO: SIDNEY PEREIRA DE SOUZA JUNIOR E OUTRO(S)

REQUERIDO: ORLANDO POLATO

REQUERIDO: CAETANO POLATO

ADVOGADO: GABRIEL GAETA ALEIXO E OUTRO(S)

EMENTA SENTENÇA ESTRANGEIRA. HOMOLOGAÇÃO DE LAUDO ARBITRAL. PREENCHIMENTO DOS REQUISITOS.

I. Comprovado o atendimento dos requisitos para a validação do laudo arbitral, não há que se falar em ofensa à soberania nacional ou à ordem pública.

II. Inexistente, no caso, a demonstração do alegado erro na manifestação de vontade da parte ao se submeter ao compromisso arbitral, nem tampouco de qualquer elemento que denote ofensa à ordem pública.

III. Homologação deferida.

***

SENTENÇA ESTRANGEIRA CONTESTADA Nº 4.439 – GB (2009/0188275-1) (f)

RELATOR: MINISTRO TEORI ALBINO ZAVASCKI

REQUERENTE: WESTERN BULK CARRIERS

ADVOGADOS: GODOFREDO MENDES VIANNA E OUTRO(S) PEDRO NEIVA DE SANTANA NETO E OUTRO(S)

REQUERIDO: A.P. OXIDOS INDUSTRIA E COMERCIO LTDA

ADVOGADO: ROBERTO HENRIQUE COUTO CORRIERI E OUTRO(S)

EMENTA SENTENÇA ESTRANGEIRA CONTESTADA. CONTRATO INTERNACIONAL FIRMADO COM CLÁUSULA ARBITRAL. REQUISITOS ATENDIDOS. PEDIDO DEFERIDO.

1. Resguardada a ordem pública e a soberania nacional, o juízo de delibação próprio da ação de homologação de sentença estrangeira não comporta exame do mérito do que nela ficou decidido.

2. A exigência de autenticação consular a que se refere o art. 5º, inciso IV, da Resolução STJ nº 9, de 05/05/2005, como requisito para homologação de sentença estrangeira, deve ser interpretada à luz das Normas de Serviço Consular e Jurídico (NSCJ), do Ministério das Relações Exteriores (expedidas nos termos da delegação outorgada Decreto 84.788, de 16/06/1980), que regem as atividades consulares e às quais estão submetidas também as autoridades brasileiras que atuam no exterior.

3. Segundo tais normas, consolidadas no Manual de Serviço Consular e Jurídico – MSCJ (Instrução de Serviço 2/2000, do MRE), o ato de fé pública, representativo da autenticação consular oficial de documentos produzidos no exterior, é denominado genericamente de "legalização", e se opera (a) mediante reconhecimento da assinatura da autoridade expedidora (que desempenha funções no âmbito da jurisdição consular), quando o documento a ser legalizado estiver assinado (MSCJ – 4.7.5), ou (b) mediante autenticação em sentido estrito, relativamente a documentos não-assinados ou em que conste assinatura impressa ou selos secos (MSCJ – 4.7.14).

4. No caso, a sentença estrangeira recebeu ato formal de "legalização" do Consulado brasileiro mediante o reconhecimento da assinatura da autoridade estrangeira que expediu o documento, com o que fica atendido o requisito de autenticação.

5. Sentença estrangeira homologada.

***

SENTENÇA ESTRANGEIRA CONTESTADA Nº 6.335 – EX (2011/0072243-3)

RELATOR: MINISTRO FELIX FISCHER

REQUERENTE: L D C B S A

ADVOGADOS: JOÃO BERCHMANS CORREIA SERRA E OUTRO(S) FREDERICO DO VALLE ABREU

REQUERIDO: L V L DE C ADVOGADO: WAGNER BARBOSA PAMPLONA E OUTRO(S)

EMENTA HOMOLOGAÇÃO DE SENTENÇA ARBITRAL ESTRANGEIRA CONTESTADA. COMPETÊNCIA DO SUPERIOR TRIBUNAL DE JUSTIÇA (CF. Art. 105, I, "i"; LEI 9.307/96, Art. 35). PEDIDO ADEQUADAMENTE INSTRUÍDO. DEFERIMENTO.

I – A sentença estrangeira não terá eficácia no Brasil sem a prévia homologação pelo e. Superior Tribunal de Justiça ou por seu Presidente (Resolução nº 9/STJ, art. 4º).

II – A atuação jurisdicional do e. STJ no processo de homologação de sentença arbitral estrangeira encontra balizas nos artigos 38 e 39 da Lei de Arbitragem (Lei 9.307/96). Se não houver transgressão aos bons costumes, à soberania nacional e à ordem pública, não se discute a relação de direito material subjacente à sentença arbitral.

III – *In casu*, verifica-se a existência de contrato assinado pelas partes com cláusula compromissória. Sem embargo, no âmbito de processo de homologação de sentença arbitral estrangeira, é inviável a análise da natureza do contrato a ela vinculado, para fins de caracterizá-lo como contrato de adesão. Precedente do e. STF.

IV – Não há inexistência de notificação e cerceamento de defesa "ante a comprovação de que o requerido foi comunicado acerca do início do procedimento de arbitragem, bem como dos atos ali realizados, tanto por meio das empresas de serviços de courier, como também, correio eletrônico e fax" (SEC 3.660/GB, Corte Especial, Rel. Min. Arnaldo Esteves Lima, DJe de 25/06/2009)

V – "A propositura de ação, no Brasil, discutindo a validade de cláusula arbitral porque inserida, sem destaque, em contrato de adesão, não impede a homologação de sentença arbitral estrangeira que, em procedimento instaurado de acordo com essa cláusula, reputou-a válida" (AgRg na SEC 854/GB, Corte Especial, Rel. p./ Acórdão Minª Nancy Andrighi, DJe de 14/04/2011)

VI – Constatada a presença dos requisitos indispensáveis à homologação da sentença estrangeira (Resolução nº 9/STJ, arts. 5º e 6º), é de se deferir o pedido.

Sentença Arbitral homologada.

***

Art. 39. A homologação para o reconhecimento ou a execução da sentença arbitral estrangeira também será denegada se o Superior Tribunal de Justiça constatar que: (Redação dada pela Lei nº 13.129, de 2015) (Vigência) (1)

I – segundo a lei brasileira, o objeto do litígio não é suscetível de ser resolvido por arbitragem; (2)

II – a decisão ofende a ordem pública nacional. (3)

Parágrafo único. Não será considerada ofensa à ordem pública nacional a efetivação da citação da parte residente ou domiciliada no Brasil, nos moldes da convenção de arbitragem ou da lei processual do país onde se realizou a arbitragem, admitindo-se, inclusive, a citação postal com prova inequívoca de recebimento, desde que assegure à parte brasileira tempo hábil para o exercício do direito de defesa. (4)

1. **Adequação.** Em face das alterações introduzidas pela Emenda Constitucional nº 45.

2. **Objeto do Litígio e a lei brasileira.** Essa análise a ser feita no juízo de delibação deve levar em conta os conceitos de Arbitrabilidade objetiva adotados pela Lei de Arbitragem (art. 1º, acima), quais sejam, direitos patrimoniais disponíveis. Eventuais julgamentos que envolvam matérias não patrimoniais ou direitos indisponíveis não podem ser julgados por meio de arbitragem no Brasil e sequer podem também ser homologados.

3. **Ordem Pública.** Talvez se trate de um dos conceitos mais difíceis do direito. Basicamente a Ordem Pública representa aquelas normas brasileiras do ponto de vista da organização, econômica, social e política de um país. Por estarem ligadas subjetivamente à sociedade tais normais variam conforme o tempo e o espaço em que se aplicam. Costuma-se dizer que é impossível conceituar Ordem Pública de modo uníssono, mas há dúvida a respeito de sua ausência, perceptível imediatamente.

4. **A "citação".** O termo "citação" talvez não seja dos mais adequados para arbitragem. Isto porque o ato de comunicação da existência do processo arbitral não é dotado de todas as formalidades do ato de comunicação da existência de processo judicial, o que normalmente se denomina citação. De qualquer modo, a Lei de Arbitragem apresenta interessantes avanços já prevendo que os meios tecnológicos do final da década de 1990 tornariam necessária a aceitação de outras formas da existência da arbitragem. Lembre-se que na época da promulgação da

Lei de Arbitragem (1996), o uso de computadores, inclusive no plano profissional, estava em fase de consolidação e a internet ainda dava os seus primeiros passos. Os parâmetros para que a comunicação da existência da arbitragem não permitisse a denegação da homologação eram a ciência inequívoca dessa comunicação, que poderia ser inclusive postal e a existência de tempo hábil desde essa comunicação até o encerramento do prazo para apresentação de seus argumentos pela parte demandada. A chamada citação ainda pode ser suprida com o comparecimento das partes ao processo desde que se demonstre sem dúvidas a sua representação.

STF - SEC 6753/ UK - REINO UNIDO DA GRA BRETANHA E DA IRLANDA DO NORTE; SE 5206 AgR / EP - ESPANHA; SEC 5847 / UK - REINO UNIDO DA GRA BRETANHA E DA IRLANDA DO NORTE

COORD. DE ANÁLISE DE JURISPRUDÊNCIA D.J. 04.10.2002

13/06/2002 EMENTÁRIO Nº 2085 - 2 TRIBUNAL PLENO

SENTENÇA ESTRANGEIRA CONTESTADA N. 6.753-7 REINO UNIDO DA GRÃ-BRETANHA E DA IRLANDA DO NORTE

RELATOR: MIN. MAURÍCIO CORRÊA

REQUERENTE: PLEXUS COTTON LIMITED ("PLEXUS")

ADVOGADOS: LÚCIA MARIA DE FIGUEIREDO E OUTRO

REQUERIDA: SANTANA TÊXTIL S/A ("SANTANA")

ADVOGADOS: PEDRO GORDILHO E OUTRAS

EMENTA: SENTENÇA ARBITRAL ESTRANGEIRA. CONVENÇÃO DE ARBITRAGEM. INEXISTÊNCIA. COMPETÊNCIA NÃO DEMONSTRADA. HOMOLOGAÇÃO. IMPOSSIBILIDADE.

1. O requerimento de homologação de sentença arbitrai estrangeira deve ser instruído com a convenção de arbitragem, sem a qual não se pode aferir a competência do juízo prolator da decisão (Lei 9.307, artigos 37, II, e 39, II; RISTE, artigo 217, I}.

2. Contrato de compra e venda não assinado pela parte compradora e cujos termos não induzem a conclusão de que houve pactuação de cláusula compromissória, ausentes, ainda, quaisquer outros documentos escritos nesse sentido. Falta de prova quanto à manifesta declaração autônoma de vontade da requerida de renunciar à jurisdição estatal em favor da particular.

3. Não demonstrada a competência do juízo que proferiu a sentença estrangeira, resta inviabilizada sua homologação pelo Supremo Tribunal Federal.

Pedido indeferido.

ACÓRDÃO

Vistos, relatados e discutidos estes autos, acordam os Ministros do Supremo Tribunal Federal, em sessão plenária, na conformidade da ata do julgamento e das notas taquigráficas, por unanimidade de votos, negar a homologação à sentença estrangeira e condenar a requerente nas custas e honorários advocatícios no percentual de 5% (cinco porcento) sobre o valor da causa.

Brasília, 13 de junho de 2002.

***

08/05/1997

COORD. DE ANÁLISE DE JURISPRUDÊNCIA

D.J. 30.04.2004

EMENTÁRIO Nº 2149 - 6

TRIBUNAL PLENO

AG.REG.NA SENTENÇA ESTRANGEIRA 5.206-7 REINO DA ESPANHA

RELATOR: MINISTRO PRESIDENTE

AGRAVANTE: M B V COMMERCIAL AND EXPORT MANAGEMENT ESTABLISMENT

ADVOGADO: EVANDRO CATUNDA DE CLODOALDO PINTO E OUTROS

AGRAVADO: RESIL INDUSTRIA E COMERCIO LTDA

ADVOGADO: MARCIA SERRA NEGRA E OUTROS

ADVOGADO: ANDRÉ CARMELINGO ALVES

EMENTA: 1. Sentença estrangeira: laudo arbitral que dirimiu conflito entre duas sociedades comerciais sobre direitos inquestionavelmente disponíveis – a existência e o montante de créditos a título de comissão por representação comercial de empresa brasileira no exterior: compromisso firmado pela requerida que, neste processo, presta anuência ao pedido de homologação: ausência de chancela, na origem, de autoridade judiciária ou órgão público equivalente: homologação negada pelo Presidente do STF, nos termos da jurisprudência da Corte, então dominante: agravo regimental a que se dá provimento, por unanimidade, tendo em vista a edição posterior da L. 9.307, de 23.9.96, que dispõe sobre a arbitragem, para que, homologado c laudo, valha no Brasil como título executivo judicial.

2. Laudo arbitral: homologação: Lei da Arbitragem: controle incidental de constitucionalidade e o papel do STF.

A constitucionalidade da primeira das inovações da Lei da Arbitragem – a possibilidade de execução específica de compromisso arbitral – não constitui, na espécie, questão prejudicial da homologação do laudo estrangeiro; a essa interessa apenas, como premissa, a extinção, no direito interno, da homologação judicial do laudo (arts. 18' e 31), e sua consequente dispensa, na origem, como requisito de reconhecimento, no Brasil, de sentença arbitral estrangeira (art. 35).

A completa assimilação, no direito interno, da decisão arbitral à decisão judicial, pela nova Lei de Arbitragem, já bastaria, a rigor, para autorizar a homologação, no Brasil, do laudo arbitral estrangeiro, independentemente de sua prévia homologação pela Justiça do país de origem.

Ainda que não seja essencial à solução do caso concreto, não pode o Tribunal – dado o seu papel de "guarda da Constituição" – se furtar a enfrentar o problema de constitucionalidade suscitado incidentemente (v.g. MS 20.505, Néri).

3. Lei de Arbitragem (L. 9.307/96): constitucionalidade, em teser do juízo arbitral; discussão incidental da constitucionalidade de vários dos tópicos da nova lei, especialmente acerca da compatibilidade, ou não, entre a execução judicial específica para a solução de futuros conflitos da cláusula compromissória e a garantia constitucional da universalidade da jurisdição do Poder Judiciário (CF, art. 5º, XXXV).

Constitucionalidade declarada pelo plenário, considerando o Tribunal, por maioria de votos, que a manifestação de vontade da parte na cláusula compromissória, quando da celebração do contrato, e a permissão legal dada ao juiz para que substitua a vontade da parte recalcitrante em firmar o compromisso não ofendem o artigo 5º, XXXV, da CF.

Votos vencidos, em parte – incluído o do relator – que entendiam inconstitucionais a cláusula compromissória – dada a indeterminação de seu objeto – e a possibilidade de a outra parte, havendo resistência quanto à instituição da arbitragem, recorrer ao Poder Judiciário para compelir a parte recalcitrante a firmar o compromisso, e, consequentemente, declaravam a inconstitucionalidade de dispositivos da Lei 9.307/96 (art. 6º, parág. único; 7º e seus parágrafos e, no art. 41, das novas redações atribuídas ao art. 267, VII e art. 301, inciso IX do C. Pr. Civil; e art. 42), por violação da garantia da universalidade da jurisdição do Poder Judiciário.

Constitucionalidade – aí por decisão unânime, dos dispositivos da Lei de Arbitragem que prescrevem a irrecorribilidade (art. 18) e os efeitos de decisão judiciária da sentença arbitral (art. 31).

ACÓRDÃO

Vistos, relatados e discutidos estes autos, acordam os Ministros do Supremo Tribunal Federal, em sessão plenária, na conformidade da ata do julgamento e das notas taquigráficas, por unanimidade de votos, em prover o agravo para homologar a sentença arbitral, e, por maioria, declarar constitucional a L. 9307, de 23.9.96, vencidos, em parte, os Senhores Ministros Sepúlveda

Pertence, Sydney Sanches, Néri da Silveira e Moreira Alves, que declaravam a inconstitucionalidade do parágrafo único do artigo 6º; do artigo 7º e seus parágrafos; no artigo 41, das novas redações atribuídas ao artigo 267, inciso VII e ao artigo 301, inciso IX, do Código de Processo Civil; e do artigo 42, todos do referido diploma legal.

Brasília 12 de dezembro de 2001.

(...)

COORD. DE ANÁLISE DE JURISPRUDÊNCIA

D.J. 17.12.99

EMENTÁRIO NP 1976 – 2

01/12/1999 TRIBUNAL PLENO

SENTENÇA ESTRANGEIRA CONTESTADA N. 5.847-1 REINO UNIDO DA GRÃ-BRETANHA E DA IRLANDA DO NORTE

RELATOR: MIN. MAURÍCIO CORRÊA

REQUERENTE: AIGLON DUBLIN LIMITED ("AIGLON")

ADVOGADA: LÚCIA MARIA DE FIGUEIREDO

REQUERIDA: TEKA TECELAGEM KUENRICH S/A ("TEKA")
ADVOGADOS: HAROLDO PASBT E OUTROS
EMENTA: HOMOLOGAÇÃO DE LAUDO ARBITRAL ESTRANGEIRO.
REQUISITOS FORMAIS: COMPROVAÇÃO. CAUÇÃO: DESNECESSIDADE. INCIDÊNCIA IMEDIATA DA LEI Nº 9.307/96. CONTRATO DE ADESÃO: INEXISTÊNCIA DE CARACETERÍSTICAS PRÓPRIAS. INAPLICAÇÃO DO CÓDIGO DE DEFESA DO CONSUMIDOR.

1. Hipótese em que restaram comprovados os requisitos formais para a homologação (RISTF, artigo 217). 2. O Supremo Tribunal Federal entende desnecessária a caução em homologação de sentença estrangeira (SE nº 3.407, Rei. Min. OSCAR CORRÊA, DJ DE 07.12.84). 3. As disposições processuais da Lei nº 9.307/96 têm incidência imediata nos casos pendentes de julgamento (RE nº 91.839/GO, RAFAEL MAYER, DJ de 15.05.81). 4. Não é contrato de adesão aquele em que as cláusulas são modificáveis por acordo das partes. 5. O Código de Proteção e Defesa do Consumidor, conforme dispõe seu artigo 2º, aplica-se somente a "pessoa física ou jurídica que adquire ou utiliza produto ou serviço conto destinatário final". Pedido de homologação deferido.

ACÓRDÃO

Vistos, relatados e discutidos estes autos, acordam os Ministros do Supremo Tribunal Federal, em Sessão Plenária, na conformidade da ata do julgamento e das notas taquigráficas, por unanimidade de votos, deferir o pedido de homologação, nos termos do voto do Senhor Ministro Relator.

***

STJ - SEC 1; SEC 269; SEC 349; SEC 611; SEC 760; SEC 856; SEC 856 - EDCL; SEC 866; SEC 874; SEC 885; SEC 887; SEC 894; SEC 1210; SEC 3035; SEC4415; SEC4439; SEC6335;

SENTENÇA ESTRANGEIRA CONTESTADA Nº 1 - EX (2007/ 0156979-5) RELATORA: MINISTRA MARIA THEREZA DE ASSIS MOURA

REQUERENTE: KIA MOTORS CORPORATION

ADVOGADO: SERGIO BERMUDES
REQUERIDO: WASHINGTON ARMÊNIO LOPES
ADVOGADO: ARNOLDO WALD FILHO E OUTRO(S)
REQUERIDO: CHONG JIN JEON
ADVOGADO: DEFENSORIA PÚBLICA DA UNIÂO - CURADOR ESPECIAL
REQUERIDO: ROBERTO UCHÔA NETO
ADVOGADO: LUIZ ROBERTO DE ANDRADE NOVAES E OUTRO(S) REQUERIDO: ÁSIA MOTORS DO BRASIL S/A
REQUERIDO: SET PARTICIPAÇÕES E EMPREENDIMENTOS S/A ADVOGADO: DEFENSORIA PÚBLICA DA UNIÂO - CURADOR ESPECIAL
REQUERIDO: SET TRADING S/A ADVOGADO:
DEFENSORIA PÚBLICA DA UNIÃO - CURADOR ESPECIAL
REQUERIDO: JBP DO BRASIL
ADVOGADA: TEREZINHA ANICETO CAMERON
REQUERIDO: AMERICAN SAMOA CORPORATION
ADVOGADO: DEFENSORIA PÚBLICA DA UNIÃO - CURADOR ESPECIAL

EMENTA SENTENÇA ARBITRAL ESTRANGEIRA CONTESTADA. PRETENSÃO HOMOLOGATÓRIA A SER DEFERIDA EM PARTE. REQUISITOS DA LEI ATENDIDOS. VÍCIOS DE NEGAÇÃO INEXISTENTES. AMPLA COMPETÊNCIA PARA DIRIMIR CONFLITOS ENTRE OS CONTRATANTES DE JOINT VENTURE. Sendo lícito o negócio jurídico realizado no Brasil, por partes de legítimo contrato de joint venture, não se lhe pode extrair as consequências jurídicas da quebra do acordado. Por mais razão, não se pode afastar a convenção arbitral nele instituída por meio de cláusula compromissória ampla, em que se regulou o Juízo competente para resolver todas as controvérsias das partes, incluindo aí a extensão dos temas debatidos, sob a alegação de renúncia tácita ou de suposta substituição do avençado. Uma vez expressada a vontade de estatuir, em contrato, cláusula compromissória ampla, a sua destituição deve vir através de igual declaração expressa das partes, não servindo, para tanto, mera alusão a atos ou a acordos que não tinham o condão de afastar a convenção das partes. Ademais, o próprio sentido do contrato de joint venture assinado pelas partes elimina o argumento de que uma delas quis abdicar da instituição de juízo arbitral no estrangeiro. A revelia não importa em falta de citação, mas, ao contrário, a pressupõe. O laudo arbitral lavrado por Corte previamente prevista na cláusula compromissória obedece aos requisitos para sua internalização em território pátrio, máxime porque não ofende os ditames dos arts. 3º, 5º e 6º da Resolução nº 9 desta Corte, devendo, por isso, ser homologado. Havendo a Justiça brasileira, definitivamente, resolvido controvérsia quanto a um dos temas do pedido de homologação da sentença arbitral, deve a pretensão ser negada quanto a isso por obediência à coisa julgada. Homologação deferida em parte, com a exclusão dos itens 7 e 10 da decisão arbitral.

***

SENTENÇA ESTRANGEIRA CONTESTADA Nº 269 - EX (2005/0162278-6)

RELATOR: MINISTRO FERNANDO GONÇALVES

REQUERENTE: EMPRESA ESTATAL FEDERAL FKP SOIUZ PLODOIMPORT

REQUERENTE: OSTALCO DO BRASIL LTDA S/A

REQUERENTE: O O O OST-ALKO

REQUERENTE: FGUP VSESOJUZNOE OBJEDINENIJE SOJUZPLODOIMPORT

ADVOGADO: THOMAS BENES FELSBERG E OUTRO(S)

REQUERIDO: INSTITUTO NACIONAL DE PROPRIEDADE INDUSTRIAL INPI

ADVOGADO: PROCURADORIA-GERAL FEDERAL

REQUERIDO: SPIRITS INTERNATIONAL N V

ADVOGADO: CARLOS AUGUSTO DA SILVEIRA LOBO

REQUERIDO: CLOSED JOINT STOCK COMPANY SOJUZPLODIMPORT

ADVOGADO: DANIELA BESSONE

REQUERIDO: PLODIMEX DO BRASIL IMPORTAÇÃO E EXPORTAÇÃO LTDA

ADVOGADO: CARLOS ROBERTO FERREIRA BARBOSA MOREIRA

REQUERIDO: FOREING ECONOMIC JOINT STOCK COMPANY SOJUZPLODOIMPORT

ADVOGADO: DANIELA BESSONE

EMENTA SENTENÇA ESTRANGEIRA CONTESTADA. AUSÊNCIA DE COMPROVAÇÃO DA CITAÇÃO DE TODOS OS RÉUS. LEGITIMIDADE ATIVA. INTERESSE. MÉRITO. IMPOSSIBILIDADE DE DISCUSSÃO.

1. Não é possível a homologação de sentença estrangeira quando não comprovada a citação regular ou o comparecimento espontâneo das partes.

2. O pedido de homologação pode ser proposto por qualquer pessoa interessada nos efeitos da sentença estrangeira.

3. O mérito da sentença não pode ser apreciado pelo Superior Tribunal de Justiça, pois o ato homologatório restringe-se à análise dos seus requisitos formais. Precedentes.

4. O pedido de homologação merece deferimento, uma vez que, a par da ausência de ofensa à ordem pública, reúne os requisitos essenciais e necessários a este desideratum, previstos na Resolução nº 9/2005 do Superior Tribunal de Justiça e dos artigos 38 e 39 da Lei 9.307/96.

***

SENTENÇA ESTRANGEIRA CONTESTADA Nº 349 - EX (2005/0023892-2)

RELATORA: MINISTRA ELIANA CALMON

REQUERENTE: MITSUBISHI ELECTRIC CORPORATION

ADVOGADO: FÁBIO DE CAMPOS LILLA E OUTROS

REQUERIDO: EVADIN INDÚSTRIAS AMAZÔNIA S/A

ADVOGADO: CARLOS ROBERTO SIQUEIRA CASTRO E OUTROS

EMENTA SENTENÇA ESTRANGEIRA - JUÍZO ARBITRAL - CONTRATO INTERNACIONAL ASSINADO ANTES DA LEI DE ARBITRAGEM (9.307/96).

1. Contrato celebrado no Japão, entre empresas brasileira e japonesa, com indicação do foro do Japão para dirimir as controvérsias, é contrato internacional.

2. Cláusula arbitral expressamente inserida no contrato internacional, deixando superada a discussão sobre a distinção entre cláusula arbitral e compromisso de juízo arbitral (precedente: REsp 712.566/RJ).

3. As disposições da Lei 9.307/96 têm incidência imediata nos contratos celebrados antecedentemente, se neles estiver inserida a cláusula arbitral.

4. Sentença arbitral homologada.

***

SENTENÇA ESTRANGEIRA CONTESTADA Nº 611 - EX (2005/0055688-0)

RELATOR: MINISTRO JOÃO OTÁVIO DE NORONHA

REQUERENTE: FIRST BRANDS DO BRASIL LTDA

REQUERENTE: STP DO BRASIL LTDA

ADVOGADO: LUIZ FERNANDO HENRY SANT'ANNA E OUTROS

REQUERIDO: STP - PETROPLUS PRODUTOS AUTOMOTIVOS S/A PPA

REQUERIDO: PETROPLUS SUL COMÉRCIO EXTERIOR S/A PSC

ADVOGADO: CARLOS HENRIQUE MENDES DIAS E OUTROS

EMENTA HOMOLOGAÇÃO DE SENTENÇA ESTRANGEIRA. SENTENÇA ARBITRAL. MATÉRIA DE MÉRITO. IRRELEVÂNCIA. ART. 38 DA LEI N. 9.307/96.

1. As disposições contidas no art. 38 da Lei n. 9.307/96 apresentam um campo mais largo das situações jurídicas que podem ser apresentadas na contestação, em relação à prevista no art. 221 do RISTF, mas não chega ao ponto de permitir a invasão da esfera de mérito da sentença homologanda.

2. A existência de ação anulatória da sentença arbitral estrangeira em trâmite nos tribunais pátrios não constitui impedimento à homologação da sentença alienígena, não havendo ferimento à soberania nacional, hipótese que exigiria a existência de decisão pátria relativa às mesmas questões resolvidas pelo Juízo arbitral. A Lei n. 9.307/96, no § 2º do seu art.33, estabelece que a sentença que julgar procedente o pedido de anulação determinará que o árbitro ou tribunal profira novo laudo, o que significa ser defeso ao julgador proferir sentença substitutiva à emanada do Juízo arbitral. Daí a inexistência de decisões conflitantes.

3. Sentença arbitral estrangeira homologada.

***

SENTENÇA ESTRANGEIRA CONTESTADA Nº 760 - EX (2005/ 0123948-2)

RELATOR: MINISTRO FELIX FISCHER

REQUERENTE: TREMOND ALLOYS AND METALS CORP

ADVOGADO: CELSO BOTELHO DE MORAES E OUTROS

TREMOND ALLOYS AND METALS CORPORATION

REQUERIDO: METALTUBOS INDÚSTRIA E COMÉRCIO DE METAIS LTDA

ADVOGADO: JOÃO LUIZ AGUION E OUTROS

EMENTA SENTENÇA ARBITRAL ESTRANGEIRA. CONTROLE JUDICIAL. IMPOSSIBILIDADE DE APRECIAÇÃO DO MÉRITO. REQUISITOS FORMAIS ATENDIDOS. HOMOLOGAÇÃO. DEFERIMENTO.

I – O controle judicial da sentença arbitral estrangeira está limitado a aspectos de ordem formal, não podendo ser apreciado o mérito do arbitramento. Precedentes.

II – Impõe-se a homologação da sentença arbitral estrangeira quando atendidos todos os requisitos indispensáveis ao pedido, bem como constatada a ausência de ofensa à soberania nacional, à ordem pública e aos bons costumes.

Homologação deferida

***

SENTENÇA ESTRANGEIRA CONTESTADA Nº 856 - EX (2005/ 0031430-2)

RELATOR: MINISTRO CARLOS ALBERTO MENEZES DIREITO

REQUERENTE: L'AIGLON S/A

ADVOGADO: LÚCIA MARIA FIGUEIREDO E OUTRO

REQUERIDO: TÊXTIL UNIÃO S/A

ADVOGADO: GILBERTO DA SILVA NOVITA E OUTROS

EMENTA Sentença arbitral estrangeira. Cláusula compromissória. Contrato não assinado pela requerida. Comprovação do pacto. Ausência de elementos.

1. Tem-se como satisfeito o requisito da aceitação da convenção de arbitragem quando a parte requerida, de acordo com a prova dos autos, manifestou defesa no juízo arbitral, sem impugnar em nenhum momento a existência da cláusula compromissória.

2. Descabe examinar o mérito da sentença estrangeira no presente requerimento, na esteira de precedentes do Supremo Tribunal Federal.

3. Homologação deferida.

***

EDcl nos EDcl na SENTENÇA ESTRANGEIRA CONTESTADA Nº 856 - EX (2005/0031430-2)

RELATOR: MINISTRO CARLOS ALBERTO MENEZES DIREITO

EMBARGANTE: TÊXTIL UNIÃO S/A

ADVOGADO: GILBERTO DA SILVA NOVITA E OUTROS

EMBARGADO: L'AIGLON S/A

ADVOGADO: LÚCIA MARIA FIGUEIREDO E OUTRO

EMENTA Embargos de declaração. Sentença estrangeira contestada. Ausência de omissão.

1. A motivação do julgado dos primeiros embargos declaratórios, não há dúvida, repeliu a alegada ausência de fundamentação, bem como apreciou o tema relativo à cláusula compromissória, descaracterizando qualquer omissão por parte deste Colegiado.

2. Embargos declaratórios rejeitados, com aplicação da multa de 1% prevista no art. 538, parágrafo único, do Código de Processo Civil.

***

SENTENÇA ESTRANGEIRA CONTESTADA Nº 885 - EX (2005/0034898-7)

RELATOR: MINISTRO FRANCISCO FALCÃO

REQUERENTE: KANEMATSU USA INC

ADVOGADOS: SERGIO BERMUDES E OUTRO(S) DIEGO BARBOSA CAMPOS E OUTRO(S)

REQUERIDO: ATS - ADVANCED TELECOMMUNICATIONS SYSTEMS DO BRASIL LTDA

ADVOGADO: DÁRIO DOMINGOS DE AZEVEDO E OUTRO(S)

EMENTA SENTENÇA ESTRANGEIRA CONTESTADA. JUÍZO ARBITRAL. AUSÊNCIA DE PROVA QUANTO A SUA ELEIÇÃO. ARTIGO 37, INCISO II, DA LEI N. 9.307/96.

I – Não trazida aos autos a prova da convenção de arbitragem, não é possível homologar-se laudo arbitral.

II – Observância à norma contida no inciso II do artigo 37 da Lei n. 9.307/96.

III – Pedido homologatório indeferido.

***

SENTENÇA ESTRANGEIRA CONTESTADA Nº 866 – EX (2005/0034926-5)

RELATOR: MINISTRO FELIX FISCHER

REQUERENTE: OLEAGINOSA MORENO HERMANOS SOCIEDAD ANÓNIMA COMERCIAL INDUSTRIAL FINANCEIRA INMOBILIARIA Y AGROPECUARIA

ADVOGADO: ARNOLDO WALD E OUTROS

REQUERIDO: MOINHO PAULISTA LTDA

ADVOGADO: ANTÔNIO VILAS BOAS TEIXEIRA DE CARVALHO E OUTROS

ADVOGADA: CRISTIANA DE ALENCAR LAMEIRO DA COSTA E OUTROS

EMENTA SENTENÇA ARBITRAL ESTRANGEIRA. CONTROLE JUDICIAL. IMPOSSIBILIDADE DE APRECIAÇÃO DO MÉRITO. INEXISTÊNCIA DE CLÁUSULA COMPROMISSÓRIA. INCOMPETÊNCIA DO JUÍZO ARBITRAL. OFENSA À ORDEM PÚBLICA NACIONAL.

I – O controle judicial da sentença arbitral estrangeira está limitado a aspectos de ordem formal, não podendo ser apreciado o mérito do arbitramento.

II – Não há nos autos elementos seguros que comprovem a aceitação de cláusula compromissória por parte da requerida.

III – A decisão homologanda ofende a ordem pública nacional, uma vez que o reconhecimento da competência do juízo arbitral depende da existência de convenção de arbitragem (art. 37, II, c/c art. 39, II, da Lei nº 9.307/96). Precedente do c. Supremo Tribunal Federal.

IV – In casu, a requerida apresentou defesa no juízo arbitral alegando, preliminarmente, a incompetência daquela instituição, de modo que não se pode ter como aceita a convenção de arbitragem, ainda que tacitamente. Homologação indeferida.

***

SENTENÇA ESTRANGEIRA CONTESTADA Nº 874 - EX (2005/0034908-7)

RELATOR: MINISTRO FRANCISCO FALCÃO

REQUERENTE: UNION EUROPEÉNNE DE GYMNASTIQUE - UEG

ADVOGADO: MARCELO ROBERTO FERRO E OUTRO

REQUERIDO: MULTIPOLE DISTRIBUIDORA DE FILMES LTDA

ADVOGADO: CÉLIO RODRIGUES PEREIRA E OUTRO

EMENTA SENTENÇA ARBITRAL ESTRANGEIRA. CONDENAÇÃO DE EMPRESA BRASILEIRA AO CUMPRIMENTO DE CLÁUSULA CONTRATUAL. REQUISITOS FORMAIS PARA O DEFERIMENTO DO PEDIDO DE HOMOLOGAÇÃO OBSERVADOS. RECONHECIMENTO DA ARBITRAGEM COMO MEIO LEGAL DE SOLUÇÃO DE CONFLITOS DE DIREITOS DISPONÍVEIS. LEI N. 9307/96. AUSÊNCIA, IN CASU, DE AFRONTA A PRINCÍPIOS DE ORDEM PÚBLICA.

I – Não viola a ordem pública brasileira a utilização de arbitragem como meio de solução de conflitos, tanto que em plena vigência a Lei n. 9307/96 (Lei de Arbitragem), não se podendo afirmar, de outro turno, ter a ora requerida eleito esta via alternativa compulsoriamente, como sugere, até mesmo porque sequer levantou indício probatório de tal ocorrência.

II – Ex vi do parágrafo único do art. 39 da Lei de Arbitragem brasileira, "não será considerada ofensa à ordem pública nacional a efetivação da citação da parte residente ou domiciliada no Brasil, nos moldes da convenção de arbitragem ou da lei processual do país onde se realizou a arbitragem, admitindo-se, inclusive, a citação postal com prova inequívoca de recebimento, desde que assegure à parte brasileira tempo hábil para o exercício do direito de defesa."

III – Ademais, é farto o conjunto probatório, a demonstrar que a requerida recebeu, pela via postal, não somente a citação, como também intimações objetivando o seu comparecimento às audiências que foram realizadas, afinal, à sua revelia.

IV – Observados os requisitos legais, inclusive os elencados na Resolução n. 9/STJ, de 4/5/2005, relativos à regularidade formal do procedimento em epígrafe impossibilitado o indeferimento do pedido de homologação da decisão arbitral estrangeira.

V – Pedido de homologação deferido, portanto

***

SENTENÇA ESTRANGEIRA CONTESTADA Nº 887 - EX (2005/ 0034903-8)

RELATOR: MINISTRO JOÃO OTÁVIO DE NORONHA

REQUERENTE: BOUVERY INTERNATIONAL S/A

ADVOGADO: LUIZ NORTON NUNES E OUTRO

REQUERIDO: IRMÃOS PEREIRA - COMERCIAL E EXPORTADORA LTDA

ADVOGADO: ARTHUR DE CASTILHO NETO E OUTROS

EMENTA HOMOLOGAÇÃO DE SENTENÇA ESTRANGEIRA. SENTENÇA ARBITRAL. PROCEDIMENTO ARBITRAL QUE TEVE CURSO À REVELIA DO REQUERIDO. CONVENÇÃO ARBITRAL. INEXISTÊNCIA.

1. Para a homologação de sentença de arbitragem estrangeira proferida à revelia do requerido, deve ele, por ser seu o ônus, comprovar, nos termos do inciso III do art. 38 da Lei n. 9.307/96, que não foi devidamente comunicado da instauração do procedimento arbitral.

2. Homologação deferida.

***

SENTENÇA ESTRANGEIRA CONTESTADA Nº 894 - UY (2005/ 0203077-2)

RELATORA: MINISTRA NANCY ANDRIGHI

REQUERENTE: LITSA LÍNEAS DE TRANSMISIÓN DEL LITORAL S/A

ADVOGADO: ALEXANDRE KRUEL JOBIM E OUTRO(S)

REQUERIDO: SV ENGENHARIA S/A

ADVOGADOS: CELSO RENATO D'ÁVILA E OUTRO(S) CLÁUDIO FINKELSTEIN E OUTRO(S)

ADVOGADA: DIVINA DAS GRAÇAS TORRES E OUTRO(S)

REQUERIDO: INEPAR S/A INDÚSTRIA E CONSTRUÇÕES

ADVOGADO: CELSO RENATO D'ÁVILA E OUTRO(S)
ADVOGADA: DIVINA DAS GRAÇAS TORRES E OUTRO(S)

EMENTA Homologação de sentença arbitral estrangeira prolatada no Uruguai. Trânsito em julgado de ação judicial que contesta a sentença arbitral. Desnecessidade. Súmula 420/STF. Inaplicabilidade. Incorporação de empresa por outra. Sujeição à arbitragem. Contraditório. Violação. Inocorrência. Questões intrínsecas à própria arbitragem. Lei de Arbitragem brasileira. Norma de caráter processual. Incidência imediata. Controle judicial. Limitação aos aspectos dos arts. 38 e 39 da Lei 9.307/96. Inexistência de motivos para que seja denegada a homologação. – Pedido de homologação de sentença arbitral estrangeira obtida perante a Corte Internacional de Arbitragem da Câmara de Comércio Internacional, na cidade de Montevidéu, Uruguai, versando sobre cumprimento de obrigações de índole contratuais. – Pede-se a homologação de sentença arbitral proferida em maio de 2003 e não sujeita a recursos. Não subsiste a necessidade de trânsito em julgado de ação judicial no Uruguai que questiona a arbitragem, especialmente na espécie, em que a ação judicial foi indeferida. – A requerida Inepar, ao incorporar duas outras empresas contratantes, assumiu todos os direitos e obrigações das cedentes, inclusive a cláusula arbitral em questão. – A Lei de Arbitragem brasileira tem incidência imediata aos contratos que contenham cláusula arbitral, ainda que firmados anteriormente à sua edição. Precedentes da Corte Especial. – A análise do STJ na homologação de sentença arbitral estrangeira está limitada aos aspectos previstos nos artigos 38 e 39 da Lei 9.307/96. Não compete a esta Corte a apreciação do mérito da relação material objeto da sentença arbitral. Sentença arbitral estrangeira homologada

***

SENTENÇA ESTRANGEIRA CONTESTADA Nº 1.210 – EX (2006/0185918-6)
RELATOR: MINISTRO FERNANDO GONÇALVES
REQUERENTE: INTERNATIONAL COTTON TRADING LIMITED ICT
ADVOGADO: JOÃO BERCHMANS CORREIA SERRA E OUTRO(S)
REQUERIDO: ODIL PEREIRA CAMPOS FILHO

ADVOGADO: VIRGÍNIA SANTOS PEREIRA GUIMARÃES E OUTRO(S)

EMENTA SENTENÇA ARBITRAL ESTRANGEIRA. HOMOLOGAÇÃO. REQUISITOS. LEI 9.307/96 E RESOLUÇÃO 9/2005 DO STJ. CONTRATO DE COMPRA E VENDA. CONVENÇÃO DE ARBITRAGEM. EXISTÊNCIA. CLÁUSULA COMPROMISSÓRIA. ANÁLISE DE CONTROVÉRSIA DECORRENTE DO CONTRATO. JUÍZO ARBITRAL. POSSIBILIDADE. MÉRITO DA DECISÃO ARBITRAL. ANÁLISE NO STJ. IMPOSSIBILIDADE. AUSÊNCIA DE VIOLAÇÃO À ORDEM PÚBLICA. PRECEDENTES DO STF E STJ.

1. As regras para a homologação da sentença arbitral estrangeira encontram-se elencadas na Lei nº 9.307/96, mais especificamente no seu capítulo VI e na Resolução nº 9/2005 do STJ.

2. As duas espécies de convenção de arbitragem, quais sejam, a cláusula compromissória e o compromisso arbitral, dão origem a processo arbitral, porquanto em ambos os ajustes as partes convencionam submeter a um juízo arbitral eventuais divergências relativas ao cumprimento do contrato celebrado.

3. A diferença entre as duas formas de ajuste consiste no fato de que, enquanto o compromisso arbitral se destina a submeter ao juízo arbitral uma controvérsia concreta já surgida entre as partes, a cláusula compromissória objetiva submeter a processo arbitral apenas questões indeterminadas e futuras, que possam surgir no decorrer da execução do contrato.

4. Devidamente observado o procedimento previsto nas regras do Tribunal Arbitral eleito pelos contratantes, não há falar em qualquer vício que macule o provimento arbitral.

5. O mérito da sentença estrangeira não pode ser apreciado pelo Superior Tribunal de Justiça, pois o ato homologatório restringe-se à análise dos seus requisitos formais. Precedentes do STF e do STJ.

6. Pedido de homologação deferido.

***

SENTENÇA ESTRANGEIRA CONTESTADA Nº 3.035 - EX (2008/0044435-0)

RELATOR: MINISTRO FERNANDO GONÇALVES

REQUERENTE: ATECS MANNESMANN GMBH
ADVOGADO: SÔNIA MARIA GIANNINI MARQUES DOBLER E OUTRO(S)
REQUERIDO: RODRIMAR S/A TRANSPORTES EQUIPAMENTOS INDUSTRIAIS E ARMAZÉNS GERAIS
ADVOGADO: IVES GANDRA DA SILVA MARTINS E OUTRO(S)
EMENTA SENTENÇA ARBITRAL ESTRANGEIRA. LEGITIMIDADE ATIVA. INTERESSE. CONTRATO DE COMPRA E VENDA. MÉRITO DA DECISÃO ARBITRAL. ANÁLISE NO STJ. IMPOSSIBILIDADE. AUSÊNCIA DE VIOLAÇÃO À ORDEM PÚBLICA.

1. O pedido de homologação pode ser proposto por qualquer pessoa interessada nos efeitos da sentença estrangeira.

2. O mérito da sentença estrangeira não pode ser apreciado pelo Superior Tribunal de Justiça, pois o ato homologatório restringe-se à análise dos seus requisitos formais. Precedentes.

4.(sic) O pedido de homologação merece deferimento, uma vez que, a par da ausência de ofensa à ordem pública, reúne os requisitos essenciais e necessários a este desideratum, previstos na Resolução nº 9/2005 do Superior Tribunal de Justiça e dos artigos 38 e 39 da Lei 9.307/96. 4. Pedido de homologação deferido.

***

SENTENÇA ESTRANGEIRA CONTESTADA Nº 4.415 – EX (2009/0102352-8)
RELATOR: MINISTRO ALDIR PASSARINHO JUNIOR
REQUERENTE: JESS SMITH E SONS COTTON LLC
ADVOGADO: SIDNEY PEREIRA DE SOUZA JUNIOR E OUTRO(S)
REQUERIDO: ORLANDO POLATO
REQUERIDO: CAETANO POLATO
ADVOGADO: GABRIEL GAETA ALEIXO E OUTRO(S)
EMENTA SENTENÇA ESTRANGEIRA. HOMOLOGAÇÃO DE LAUDO ARBITRAL. PREENCHIMENTO DOS REQUISITOS.

IV. Comprovado o atendimento dos requisitos para a validação do laudo arbitral, não há que se falar em ofensa à soberania nacional ou à ordem pública.

V. Inexistente, no caso, a demonstração do alegado erro na manifestação de vontade da parte ao se submeter ao compromisso arbitral, nem tampouco de qualquer elemento que denote ofensa à ordem pública.

VI. Homologação deferida.

***

SENTENÇA ESTRANGEIRA CONTESTADA Nº 4.439 - GB (2009/0188275-1) (f)

RELATOR: MINISTRO TEORI ALBINO ZAVASCKI

REQUERENTE: WESTERN BULK CARRIERS

ADVOGADOS: GODOFREDO MENDES VIANNA E OUTRO(S) PEDRO NEIVA DE SANTANA NETO E OUTRO(S)

REQUERIDO: A.P. OXIDOS INDUSTRIA E COMERCIO LTDA

ADVOGADO: ROBERTO HENRIQUE COUTO CORRIERI E OUTRO(S)

EMENTA SENTENÇA ESTRANGEIRA CONTESTADA. CONTRATO INTERNACIONAL FIRMADO COM CLÁUSULA ARBITRAL. REQUISITOS ATENDIDOS. PEDIDO DEFERIDO.

1. Resguardada a ordem pública e a soberania nacional, o juízo de delibação próprio da ação de homologação de sentença estrangeira não comporta exame do mérito do que nela ficou decidido.

2. A exigência de autenticação consular a que se refere o art. 5º, inciso IV, da Resolução STJ nº 9, de 05/05/2005, como requisito para homologação de sentença estrangeira, deve ser interpretada à luz das Normas de Serviço Consular e Jurídico (NSCJ), do Ministério das Relações Exteriores (expedidas nos termos da delegação outorgada Decreto 84.788, de 16/06/1980), que regem as atividades consulares e às quais estão submetidas também as autoridades brasileiras que atuam no exterior.

3. Segundo tais normas, consolidadas no Manual de Serviço Consular e Jurídico - MSCJ (Instrução de Serviço 2/2000, do MRE), o ato de fé pública, representativo da autenticação consular oficial de documentos produzidos no exterior, é denominado genericamente de "legalização", e se opera (a) mediante reconhecimento da assinatura da autoridade expedidora (que desempenha funções no âmbito da jurisdição consular), quando o documento a ser legalizado estiver assinado (MSCJ - 4.7.5), ou (b) mediante autenticação em sentido estrito, relativamente a

documentos não-assinados ou em que conste assinatura impressa ou selos secos (MSCJ – 4.7.14).

4. No caso, a sentença estrangeira recebeu ato formal de "legalização" do Consulado brasileiro mediante o reconhecimento da assinatura da autoridade estrangeira que expediu o documento, com o que fica atendido o requisito de autenticação.

5. Sentença estrangeira homologada.

***

SENTENÇA ESTRANGEIRA CONTESTADA Nº 6.335 - EX (2011/ 0072243-3)

RELATOR: MINISTRO FELIX FISCHER

REQUERENTE: L D C B S A

ADVOGADOS: JOÃO BERCHMANS CORREIA SERRA E OUTRO(S) FREDERICO DO VALLE ABREU

REQUERIDO: L V L DE C ADVOGADO: WAGNER BARBOSA PAMPLONA E OUTRO(S)

EMENTA HOMOLOGAÇÃO DE SENTENÇA ARBITRAL ESTRANGEIRA CONTESTADA. COMPETÊNCIA DO SUPERIOR TRIBUNAL DE JUSTIÇA (CF. Art. 105, I, "i"; LEI 9.307/96, Art. 35). PEDIDO ADEQUADAMENTE INSTRUÍDO. DEFERIMENTO.

I – A sentença estrangeira não terá eficácia no Brasil sem a prévia homologação pelo e. Superior Tribunal de Justiça ou por seu Presidente (Resolução nº 9/STJ, art. 4º).

II – A atuação jurisdicional do e. STJ no processo de homologação de sentença arbitral estrangeira encontra balizas nos artigos 38 e 39 da Lei de Arbitragem (Lei 9.307/96). Se não houver transgressão aos bons costumes, à soberania nacional e à ordem pública, não se discute a relação de direito material subjacente à sentença arbitral.

III – *In casu*, verifica-se a existência de contrato assinado pelas partes com cláusula compromissória. Sem embargo, no âmbito de processo de homologação de sentença arbitral estrangeira, é inviável a análise da natureza do contrato a ela vinculado, para fins de caracterizá-lo como contrato de adesão. Precedente do e. STF.

IV – Não há inexistência de notificação e cerceamento de defesa "ante a comprovação de que o requerido foi comunicado acerca do início do procedimento de arbitragem, bem como dos atos ali realizados, tanto por meio das empresas de serviços de courier, como também, correio eletrônico e fax" (SEC 3.660/GB, Corte Especial, Rel. Min. Arnaldo Esteves Lima, DJe de 25/06/2009)

V – "A propositura de ação, no Brasil, discutindo a validade de cláusula arbitral porque inserida, sem destaque, em contrato de adesão, não impede a homologação de sentença arbitral estrangeira que, em procedimento instaurado de acordo com essa cláusula, reputou-a válida" (AgRg na SEC 854/GB, Corte Especial, Rel. p./ Acórdão Minª Nancy Andrighi, DJe de 14/04/2011)

VI – Constatada a presença dos requisitos indispensáveis à homologação da sentença estrangeira (Resolução nº 9/STJ, arts. 5º e 6º), é de se deferir o pedido.

Sentença Arbitral homologada.

***

Art. 40. A denegação da homologação para reconhecimento ou execução de sentença arbitral estrangeira por vícios formais, não obsta que a parte interessada renove o pedido, uma vez sanados os vícios apresentados. (1).

1. **Renovação do Pedido de Homologação.** A denegação da homologação assemelha-se em termos de consequências à extinção de um processo sem resolução do mérito nos termos do art. 485 do Código de Processo Civil. Nesse contexto, basta que o vício indicado para que a homologação tenha sido denegada seja sanado a fim de que novo pedido de homologação de sentença arbitral seja apresentado.

STF - SEC 5378;
COORD. DE ANÁLISE DE JURISPRUDÊNCIA
D.J. 25.02.2000
EMENTÁRIO NQ 1980 - 2
TRIBUNAL PLENO
SENTENÇA ESTRANGEIRA CONTESTADA N. 5.378-1 REPÚBLICA FRANCESA

RELATOR: MIN. MAURÍCIO CORRÊA
REQUERENTE: TARDIVAT INTERNATIONAL S/A
ADVOGADO: CARLOS MAXIMIANO MAERA DE LAET E OUTROS
ADVOGADO: ANTONIO CARLOS DANTAS RIBEIRO
REQUERIDO: B. OLIVEIRA S/A - INDUSTRIA, COMERCIO E EXPORTAÇÃO
ADVOGADO: ÂNGELO MÁRIO PEIXOTO DE MAGALHÃES JÚNIOR E OUTROS
EMENTA: HOMOLOGAÇÃO DE SENTENÇA ARBITRAL ESTRANGEIRA.
CAUÇÃO: DESNECESSIDADE. COMPETÊNCIA DO JUIZ ESTRANGEIRO.
APLICABILIDADE DA LEI Nº 9.307/96. INEXISTÊNCIA DE OUTORGA DE PROCURAÇÃO AO REPRESENTANTE DA REQUERIDA. CITAÇÃO NÃO COMPROVADA. PREJUDICIALIDADE DE OUTRAS QUESTÕES EM VIRTUDE DA FALTA DE REPRESENTAÇÃO. POSSIBILIDADE DE RENOVAR-SE O PEDIDO.

1. Não se exige caução em tema de homologação de sentença estrangeira (SEC nº 3.407, Oscar Corrêa, DJ de 07.12.84).

2. Não se tratando da hipótese prevista no artigo 89 do CPC, a jurisprudência do STF tem admitido a competência concorrente dos juízos brasileiro e estrangeiro para julgamento de causa em que é parte pessoa domiciliada no Brasil.

3. A Lei nº 9.307/96, dado seu conteúdo processual, tem incidência imediata nos casos pendentes de julgamento.

4. Não supre a citação o comparecimento à Câmara de Arbitragem de suposto representante da requerida desprovido de procuração.

5. Comprovada a ilegitimidade da representação, fica prejudicado qualquer exame sobre questões vinculadas ao contrato.

6. Hipótese em que, cumpridos os requisitos, poderá o pleito ser repetido.

Pedido de homologação indeferido.

ACÓRDÃO

Vistos, relatados e discutidos estes autos, acordam os Ministros do Supremo Tribunal Federal, em Sessão Plenária, na conformidade da ata do julgamento e das notas taquigráficas, por unanimidade de votos, indeferir o pedido de homologação, nos termos do voto do Senhor Ministro Relator.

Brasília, 03 de fevereiro de 2000.

(...)

Posta assim a controvérsia, opinamos seja denegada a homologação, sem embargo do disposto no art. 40 da Lei nº 9.307, de 23 de setembro de 1996" (fls. 244/245).

(...)

Afasto a condenação da requerente por litigância de má- fé, uma vez não evidenciada sua intenção dolosa. Embora reconheça que o pedido inicial, pela sua singeleza, padece de uma melhor e mais escorreita formulação, de seu conteúdo extrai-se compreensão suficiente do pedido, tanto mais que a carência do cumprimento dos pressupostos para o deferimento da homologação pode ser suprida, nos termos do artigo 40 da Lei nº 9.307/96, se renovado o pedido.

Ante o exposto, verificada a ausência de requisitos legais para a homologação do laudo arbitral estrangeiro, indefiro o pleito, sem prejuízo de que seja repetido, uma vez sanados os vícios apresentados, e condeno a requerente ao pagamento das custas processuais e honorários advocatícios, que fixo em R$10. 000, 00 (dez mil reais).

***

STJ - SEC 833; SEC 967; SEC 3035 SEC 4439; SEC 967 - EDCL nos EDCL;

SENTENÇA ESTRANGEIRA CONTESTADA Nº 967 - EX (2005/ 0053998-0)

RELATOR: MINISTRO JOSÉ DELGADO

REQUERENTE: PLEXUS COTTON LIMITED

ADVOGADO: LÚCIA MARIA DE FIGUEIREDO E OUTRO

REQUERIDO: SANTANA TÊXTIL S/A

ADVOGADO: PEDRO AUGUSTO DE FREITAS GORDILHO E OUTROS

EMENTA PROCESSUAL CIVIL. SEC - SENTENÇA ESTRANGEIRA CONTESTADA. HOMOLOGAÇÃO. DESCABIMENTO. ELEIÇÃO DO JUÍZO ARBITRAL. AUSÊNCIA DE MANIFESTAÇÃO EXPRESSA DA PARTE REQUERIDA. OFENSA A PRINCÍPIO DE ORDEM PÚBLICA. INDEFERIMENTO DO PEDIDO DE HOMOLOGAÇÃO.

1. PLEXUS COTTON LIMITED, sociedade constituída e existente de acordo com as leis da Inglaterra, com sede em Liverpool, Inglaterra, requer a homologação de SENTENÇA ARBITRAL ESTRANGEIRA, proferida por LIVERPOOL COTTON ASSOCIATION - LCA, que condenou SANTANA TÊXTIL LTDA. a pagar à requerente a quantia de U$D 231.776,35 (duzentos e trinta e um mil, setecentos e setenta e seis dólares e trinta e cinco centavos), além de determinar o faturamento de parte da mercadoria ou o equivalente a 2.204.600 libras líquidas, em razão de descumprimento de contrato firmado entre as partes.

2. Na hipótese em exame, consoante o registrado nos autos, não restou caracterizada a manifestação ou a vontade da requerida no tocante à eleição do Juízo arbitral, uma vez que não consta a sua assinatura nos contratos nos quais se estabeleceu a cláusula arbitral.

3. A inequívoca demonstração da manifestação de vontade de a parte aderir e constituir o Juízo arbitral ofende à ordem pública, porquanto afronta princípio insculpido em nosso ordenamento jurídico, que exige aceitação expressa das partes por submeterem a solução dos conflitos surgidos nos negócios jurídicos contratuais privados arbitragem.

4. No caso em exame, não houve manifestação expressa da requerida quanto à eleição do Juízo Arbitral, o que impede a utilização desta via jurisdicional na presente controvérsia.

5. Pedido de homologação a que se nega deferimento.

***

SENTENÇA ESTRANGEIRA CONTESTADA Nº 833 - US (2005/ 0032212-5) RELATORA: MINISTRA ELIANA CALMON

R.P/ACÓRDÃO: MINISTRO LUIZ FUX

REQUERENTE: SUBWAY PARTNERS C V

ADVOGADA: ANA LUIZA BROCHADO SARAIVA MARTINS E OUTROS

REQUERIDO: HTP HIGH TECHNOLOGY FOODS CORPORATION S/A

ADVOGADO: MÁRCIO PEREIRA PINTO GARCIA - CURADOR ESPECIAL

EMENTA PROCESSUAL CIVI. SENTENÇA ESTRANGEIRA CONTESTADA. HOMOLOGAÇÃO. AUSÊNCIA DE CITAÇÃO.

1. A homologação da Sentença Estrangeira pressupõe a obediência ao contraditório consubstanciado na convocação inequívoca realizada alhures. In casu, o processo correu à revelia, e não há prova inequívoca, restando cediço na Corte que a citação por rogatória deve deixar estreme de dúvidas que a comunicação chegou ao seu destino. Sob esse ângulo, assiste razão ao curador quando sustenta: "O que fulmina a pretensão homologatória é a ausência de demonstração inequívoca da regularidade da citação da requerida ou de seus representantes legais para, eventualmente, contestarem a ação na Corte Distrital de Connecticut, nos Estados Unidos da América. Cuida-se de requisito indispensável à homologação terem sido as partes citadas ou haver-se legalmente verificado a revelia (art. 5º – II da Resolução nº 9, de 4 de maio de 2005, que dispõe, em caráter transitório, sobre a competência acrescida ao

Superior Tribunal de Justiça pela Emenda Constitucional nº 45/2004) Tratando-se de sentença estrangeira, é necessário – salvo comparecimento voluntário e consequente aceitação do juízo estrangeiro – que a citação do requerido, residente no Brasil, seja feita por meio de carta rogatória após concessão do exequatur pelo Presidente do Superior Tribunal de Justiça (art. 105 – I – i da CF/88). Nesse sentido, copiosa jurisprudência do Supremo Tribunal Federal antes do advento da Emenda Constitucional Nº 45/2004 (v., entre inúmeras, SEC 3.495, SEC 6.122, SEC 6.304). Na mesma linha, orientação que se firma no Superior Tribunal de Justiça (v. SEC 295, relator Ministro José Delgado; SEC 841, relator Ministro José Arnaldo da Fonseca; e SEC 861, relator Ministro Ari Pargendler). Assim, a circunstância de a sentença dar notícia de que a requerida "tendo falhado em comparecer, foram inadimplidos, e o Autor foi plenamente ouvido" (fl. 43), ou "não compareceram, foram inadimplentes e a Autora foi ouvida" (fl. 65), ou "não tendo comparecido, foram julgadas à revelia, e a Autora foi plenamente ouvida" (fl. 292) não demonstra, de modo necessário e manifesto, sua regular citação. 'O fato de ter tramitado à revelia não induz a crer, como pretende a requerente (item 8, fls. 224 e 309), que a requerida foi regularmente citada. Sobre isso, não estimamos correto mero exercício de retórica ["... logrou a REQUERENTE fazer chegar a respectiva intimação às mãos da sócia da REQUERIDA, Sra. Alice Navarro Santos." (fl. 185) ou, ainda, "Resta comprovado, portanto, que a REQUERIDA, na pessoa de sua representante, ficou ciente do Documento: 584630 – Inteiro Teor do Acórdão – Site certificado – DJ: 30/10/2006 Página 1de 13 Superior Tribunal de Justiça pedido de confirmação da sentença arbitral perante a Corte Americana..." (fl. 185)]. Era imperioso demonstrar que a citação para o processo judicial estadunidense se fez no Brasil mediante carta rogatória. Isso não ocorreu. Desse modo, a sentença proferida em novembro de 1997 pelo Foro Distrital dos Estados Unidos da América do Distrito de Connecticut (fls. 68/72; tradução, fls. 65/67) não deve ser homologada."

2. Destarte, a confirmação da eminente Relatora quanto à não-comunicação é inconteste, posto ter afirmado que: "A sentença arbitral de 28 de fevereiro de 1998 foi confirmada em 17 de novembro do mesmo ano pelo Tribunal Distrital dos Estados Unidos da América, Distrito de Connecticut, cumprindo-se assim uma exigência anterior à Lei de Arbitragem, não mais necessária, embora não prejudique o teor da providência

a chancela de legalidade outorgada pela Justiça americana, com o chamamento da parte ré, ora requerida, que não respondeu ao chamado, como registra a sentença judicial. Conseqüentemente, não há como se imputar ao processo vício de nulidade por falta de citação, porque não foi possível localizar os sócios da empresa, senão um deles, por ocasião da homologação judicial."

3. É cediço que o trânsito em julgado da sentença alienígena não pode, no Brasil, ter maior força que a sentença nacional trânsita, sendo certo que no nosso ordenamento, a ausência de citação contamina todo o processo de cognição, ainda que vício aferível, apenas, quando da execução (art. 741 do CPC).

4. Deveras, no que pertine à sentença arbitral em si, objeto da homologação, em sendo o texto apresentado à chancela homologatória apócrifo (fls. 5/8), sobressai impossível a identificação de quem concordou, em nome da requerida, com os termos de conciliação (fls. 7/8; tradução fls. 11/12) da "sentença de consentimento" dos árbitros (fls. 5/6; tradução fls. 9/11).

5. Outrossim, não é por outra razão que os artigos 5º, 21, 37, II, 39, § único e 40 da Lei 9.307/96 dispõem: Art. 5° - Reportando-se as partes, na cláusula compromissória, às regras de algum órgão arbitral institucional ou entidade especializada, a arbitragem será instituída e processada de acordo com tais regras, podendo, igualmente, as partes estabelecer na própria cláusula, ou em outro documento, a forma convencionada para a instituição da arbitragem. ------------------------------ ---------------------- Art. 21 – A arbitragem obedecerá ao procedimento estabelecido pelas partes na convenção de arbitragem, que poderá reportar-se às regras de um órgão arbitral institucional ou entidade especializada, facultando-se, ainda, às partes delegar ao próprio árbitro, ou ao tribunal arbitral, regular o procedimento. § 1º – Não havendo estipulação acerca do procedimento, caberá ao árbitro ou ao tribunal arbitral disciplina-lo. § 2º – Serão, sempre, respeitados no procedimento arbitral os princípios do contraditório, da igualdade das partes, da imparcialidade do árbitro e de seu livre convencimento. § 3º – As partes poderão postular por intermédio de advogado, respeitada, sempre, a faculdade de designar quem as represente ou assista no procedimento arbitral. Documento: 584630 – Inteiro Teor do Acórdão – Site certificado – DJ: 30/10/2006 Página 2de 13 Superior Tribunal de Justiça

§ 4º – Competirá ao árbitro ou ao tribunal arbitral, no início do procedimento, tentar a conciliação das partes, aplicando-se, no que couber, o art. 28 desta Lei. -- Art. 37 – A homologação de sentença arbitral estrangeira será requerida pela parte interessada, devendo a petição inicial conter as indicações da lei processual, conforme o art. 282 do Código de Processo Civil, e ser instruída, necessariamente, com: (...) II – o original da convenção de arbitragem ou cópia devidamente certificada, acompanhada de tradução oficial; -- Art. 39 – Também será denegada a homologação para o reconhecimento ou execução da sentença arbitral estrangeira, se o Supremo Tribunal Federal constar que: (...) Parágrafo único. Não será considerada ofensa à ordem pública nacional a efetivação da citação da parte residente ou domiciliada no Brasil, nos moldes da convenção de arbitragem ou da lei processual do país onde se realizou a arbitragem, admitindo-se, inclusive, a citação postal com prova inequívoca de recebimento, desde que assegure à parte brasileira tempo hábil para o exercício do direito de defesa.

6. É cediço na jurisprudência do Eg. STJ que a homologação de sentença estrangeira reclama prova de citação válida da parte requerida, seja no território prolator da decisão homologanda, seja no Brasil, mediante carta rogatória, consoante a *ratio essendi* do art. 217, II, do RISTJ.

7. Deveras, é assente na Suprema Corte que:"A citação de pessoa domiciliada no Brasil há de fazer-se mediante carta rogatória, não prevalecendo, ante o princípio direcionado ao real conhecimento da ação proposta, intimação realizada no estrangeiro. Inexistente a citação, descabe homologar a sentença.(...)" (SEC 7696/HL, Relator Ministro Marco Aurélio, DJ de 12.11.2004)

8. Precedentes jurisprudenciais do STF: SEC 6684/EU, Relator Ministro Sepúlveda Pertence, DJ de 19.08.2004; SEC 7570/EU, Relatora Ministra Ellen Gracie, DJ de 30.04.2004 e SEC 7459/PT, Relator Ministro Nelson Jobim, DJ de 30.04.2004.

9. Outrossim, quanto ao *thema iudicandum* o Eg. STF decidiu: "EMENTA: SENTENÇA ARBITRAL ESTRANGEIRA. CONVENÇÃO DE ARBITRAGEM. INEXISTÊNCIA. COMPETÊNCIA NÃO DEMONSTRADA. HOMOLOGAÇÃO. IMPOSSIBILIDADE. 1. O requerimento de homologação de sentença arbitral estrangeira deve ser instruído com a convenção de arbitragem, sem a qual não se pode aferir

a competência do juízo prolator da decisão (Lei 9.307, artigos 37, II, e 39, II; RISTF, artigo 217, I). 2. Contrato de compra e venda não assinado pela parte compradora e cujos termos não induzem a conclusão de que houve pactuação de cláusula compromissória, ausentes, ainda, quaisquer outros documentos escritos nesse sentido. Falta de prova quanto à manifesta declaração autônoma de vontade da requerida de renunciar à jurisdição estatal em favor da particular. 3. Não demonstrada a competência do juízo que proferiu a sentença Documento: 584630 - Inteiro Teor do Acórdão - Site certificado - DJ: 30/10/2006 Página 3 de 13 Superior Tribunal de Justiça estrangeira, resta inviabilizada sua homologação pelo Supremo Tribunal Federal. Pedido indeferido." (SEC 6.753/ UK - Reino Unido da Grã-Bretanha e da Irlanda do Norte, Rel. Min. Maurício Corrêa, Tribunal Pleno, DJ 04.10.2002)

10. Por fim, reportando-se às partes, às regras da A.A.A. (Associação de Arbitragem Americana) impunha-se anexá-las como método integrativo dos parâmetros da arbitragem, o que não restou efetivado, conspirando contra a homologação.

11. Voto pelo indeferimento da Homologação (art. 217, I e II e 216, RISTF c/c 17 da LICC), divergindo da E. Relatora.

***

SENTENÇA ESTRANGEIRA CONTESTADA Nº 3.035 - EX (2008/ 0044435-0)

RELATOR: MINISTRO FERNANDO GONÇALVES

REQUERENTE: ATECS MANNESMANN GMBH

ADVOGADO: SÔNIA MARIA GIANNINI MARQUES DOBLER E OUTRO(S)

REQUERIDO: RODRIMAR S/A TRANSPORTES EQUIPAMENTOS INDUSTRIAIS E ARMAZÉNS GERAIS

ADVOGADO: IVES GANDRA DA SILVA MARTINS E OUTRO(S)

EMENTA SENTENÇA ARBITRAL ESTRANGEIRA. LEGITIMIDADE ATIVA. INTERESSE. CONTRATO DE COMPRA E VENDA. MÉRITO DA DECISÃO ARBITRAL. ANÁLISE NO STJ. IMPOSSIBILIDADE. AUSÊNCIA DE VIOLAÇÃO À ORDEM PÚBLICA.

1. O pedido de homologação pode ser proposto por qualquer pessoa interessada nos efeitos da sentença estrangeira.

2. O mérito da sentença estrangeira não pode ser apreciado pelo Superior Tribunal de Justiça, pois o ato homologatório restringe-se à análise dos seus requisitos formais. Precedentes.

4.(sic) O pedido de homologação merece deferimento, uma vez que, a par da ausência de ofensa à ordem pública, reúne os requisitos essenciais e necessários a este desideratum, previstos na Resolução nº 9/2005 do Superior Tribunal de Justiça e dos artigos 38 e 39 da Lei 9.307/96.

4. Pedido de homologação deferido.

***

SENTENÇA ESTRANGEIRA CONTESTADA Nº 4.439 - GB (2009/0188275-1) (f)

RELATOR: MINISTRO TEORI ALBINO ZAVASCKI

REQUERENTE: WESTERN BULK CARRIERS

ADVOGADOS: GODOFREDO MENDES VIANNA E OUTRO(S) PEDRO NEIVA DE SANTANA NETO E OUTRO(S)

REQUERIDO: A.P. OXIDOS INDUSTRIA E COMERCIO LTDA

ADVOGADO: ROBERTO HENRIQUE COUTO CORRIERI E OUTRO(S)

EMENTA SENTENÇA ESTRANGEIRA CONTESTADA. CONTRATO INTERNACIONAL FIRMADO COM CLÁUSULA ARBITRAL. REQUISITOS ATENDIDOS. PEDIDO DEFERIDO.

1. Resguardada a ordem pública e a soberania nacional, o juízo de delibação próprio da ação de homologação de sentença estrangeira não comporta exame do mérito do que nela ficou decidido.

2. A exigência de autenticação consular a que se refere o art. 5º, inciso IV, da Resolução STJ nº 9, de 05/05/2005, como requisito para homologação de sentença estrangeira, deve ser interpretada à luz das Normas de Serviço Consular e Jurídico (NSCJ), do Ministério das Relações Exteriores (expedidas nos termos da delegação outorgada Decreto 84.788, de 16/06/1980), que regem as atividades consulares e às quais estão submetidas também as autoridades brasileiras que atuam no exterior.

3. Segundo tais normas, consolidadas no Manual de Serviço Consular e Jurídico - MSCJ (Instrução de Serviço 2/2000, do MRE), o ato de fé pública, representativo da autenticação consular oficial de documentos

produzidos no exterior, é denominado genericamente de "legalização", e se opera (a) mediante reconhecimento da assinatura da autoridade expedidora (que desempenha funções no âmbito da jurisdição consular), quando o documento a ser legalizado estiver assinado (MSCJ - 4.7.5), ou (b) mediante autenticação em sentido estrito, relativamente a documentos não-assinados ou em que conste assinatura impressa ou selos secos (MSCJ - 4.7.14).

4. No caso, a sentença estrangeira recebeu ato formal de "legalização" do Consulado brasileiro mediante o reconhecimento da assinatura da autoridade estrangeira que expediu o documento, com o que fica atendido o requisito de autenticação.

5. Sentença estrangeira homologada.

***

EDcl na SENTENÇA ESTRANGEIRA CONTESTADA Nº 967 - EX (2005/0053998-0)

RELATOR: MINISTRO JOSÉ DELGADO

EMBARGANTE: PLEXUS COTTON LIMITED

ADVOGADO: LÚCIA MARIA DE FIGUEIREDO E OUTRO

EMBARGADO: SANTANA TÊXTIL S/A

ADVOGADO: PEDRO AUGUSTO DE FREITAS GORDILHO E OUTROS

EMENTA PROCESSUAL CIVIL. EMBARGOS DE DECLARAÇÃO. INEXISTÊNCIA DE OMISSÃO E CONTRADIÇÃO. EXPRESSA FUNDAMENTAÇÃO DA SOLUÇÃO JURÍDICA EMPREGADA. CORREÇÃO DE ERRO MATERIAL. CABIMENTO. EMBARGOS ACOLHIDOS PARCIALMENTE, TÃO-SOMENTE PARA A CORREÇÃO DE ERRO MATERIAL, SEM ALTERAÇÃO DO RESULTADO DO JULGAMENTO.

1. Os embargos de declaração somente são cabíveis quando "houver, na sentença ou no acórdão, obscuridade, dúvida ou contradição" ou "for omitido ponto sobre o qual devia pronunciar-se o Juiz ou Tribunal" (incisos I e II do art. 535 do CPC).

2. Em exame embargos de declaração apresentados por Plexus Cotton Ltd, sob o argumento de contradição e omissão do acórdão de fls. 889/896, na medida em que a matéria efetivamente submetida a

exame – possibilidade ou impossibilidade de renovação do pedido de homologação da sentença estrangeira em razão da ocorrência de coisa julgada – não está contemplada no acórdão ora impugnado, que somente se manifestou sobre o mérito da demanda, o qual não foi objeto de julgamento.

3. Não se identifica no acórdão embargado a apontada teratologia e desvinculação da matéria controversa trazida a exame. Em verdade, este Relator não foi vencido quanto à preliminar de coisa julgada. Tema que, afinal, situou-se como questão de fundo ao direito posto a debate. Assim, realmente, não condiz com a realidade dos autos a expressão que consignou "vencido que fui na preliminar de coisa julgada...".

4. Contudo, é certo que a mencionada expressão não possui o alcance e o efeito indicado pela embargante. Não resulta, também, em teratologia da análise e da jurisdição prestada à controvérsia, como se pretende, isso porque, diversamente do que propugna as razões recursais, o voto proferido pelo Sr. Min. Carlos Alberto Menezes Direito é no sentido de se posicionar em inteira sintonia e acompanhar a exegese aplicada ao caso por este Relator, como expressamente demonstrado.

5. Embargos acolhidos parcialmente, com a finalidade de que, reparando erro material, seja retirada do julgado a expressão "Vencido que fui na preliminar de coisa julgada, examino o contrato apresentado pela requerente ", sem alteração do resultado do julgamento.

CAPÍTULO 7
DISPOSIÇÕES FINAIS

Art. 41. Os arts. 267, inciso VII; 301, inciso IX; e 584, inciso III, do Código de Processo Civil passam a ter a seguinte redação:

"Art. 267...

VII – pela convenção de arbitragem;" (1)

1. A Relação entre os dois Métodos de Solução de Conflitos Jurisdicionais. A nova redação do inciso VII do art. 485 do Código de Processo Civil (já aprovado antes da alteração da Lei de Arbitragem de 2015) passou a mencionar o vocábulo "convenção de arbitragem" ao invés de apenas mencionar uma de suas espécies "compromisso arbitral". Com isso, tanto cláusula compromissória quanto o compromisso arbitral, espécies do gênero convenção de arbitragem passaram a ser aplicáveis de modo a permitir a extinção de um processo judicial sem resolução do mérito quando para essa mesma questão existir uma convenção de arbitragem. A extinção do processo se justiça pois tanto o Judiciário quanto a arbitragem são métodos de solução de conflitos jurisdicionais e, assim, só um deles poderá julgar determinada demanda aplicando o direito ao caso concreto. Embora o instituto da arbitragem não fosse novo no Brasil, estabeleceu-se um período da adaptação dadas as relevantes alterações. Outro inconveniente é que o réu precisa não só indicar este argumento em contestação, mas também todos os outros, antecipando-os a eventual arbitragem. Em um dos textos projetados do CPC de 2015, previa-se uma fase preliminar para isso.

"Art. 301..

IX – convenção de arbitragem;" (1)

1. Matérias que Devem ser Alegadas em Contestação e que são Cognoscíveis de Ofício. A convenção de arbitragem e o processo judicial. Embora o instituto da arbitragem não fosse novo no Brasil, estabeleceu-se um período de adaptação, dadas as relevantes alterações. A grande polêmica deste artigo diz respeito diz respeito ao seu parágrafo quarto, que permaneceu com a redação de origem do Código e indica que, com exceção do compromisso arbitral, a matéria deste artigo será conhecida de ofício. Com isso, a outra espécie de convenção de arbitragem, cláusula compromissória, é cognoscível de ofício, sem a necessidade de alegação em contestação, embora o inciso X do art. 337 do CPC indique que a convenção de arbitragem deva ser alegada. Talvez fosse o caso de se realizar uma adequação de modo a deixar, sem dúvidas, o compromisso arbitral das matérias cognoscíveis de ofício. E tal situação faz todo o sentido já que o compromisso arbitral via de regra é celebrado após o litígio e já contém o seu objeto. Com isso, a existência de um processo judicial em relação a essa mesma questão pode ser entendida ou presumida de modo relativo como um distrato do compromisso, devendo a parte ré nessa demanda com sua alegação de existência do compromisso arbitral demonstrar que não há esse distrato. De outro lado, se ficar em silêncio, a discussão prosseguirá no Judiciário.

"Art. 584..

III – a sentença arbitral e a sentença homologatória de transação ou de conciliação;" (1)

1. Títulos Executivos. Disposição já alterada também pela Lei nº 11.232/2005, art. 475-N, inc. IV. Hoje art. 515, incs. III e VII. Embora não tenha havido coordenação entre o legislador da Lei de Arbitragem e do Código de Processo, a sentença arbitral, portanto, passou a ser um título executivo judicial por expressa disposição legal. Buscou-se também com essa alteração incentivar outros métodos de solução conflitos, como a conciliação e a transação. De qualquer modo, a referência à transação pareceu incorreta na medida em que ela não é um método de solução de conflito. Mas sim uma espécie de contrato, de acordo com o Código Civil, sendo que no Código Civil de 1916 era considerada uma forma de extinção de obrigações.

STJ - RESP 1169841; RESP 1302900; RESP 1288251; RESP 935003; RESP 880049; RESP 933371; RESP 944917; AgRg 936372; AgRg MS 11308; RESP 612439; RESP 712566;

RECURSO ESPECIAL Nº 1.169.841 - RJ (2009/0239399-0)

RELATORA: MINISTRA NANCY ANDRIGHI

RECORRENTE: CZ6 EMPREENDIMENTO COMERCIAIS LTDA E OUTROS

ADVOGADO: FELISBERTO CALDEIRA BRANT JUNIOR E OUTRO(S)

RECORRIDO: DAVIDSON ROBERTO DE FARIA MEIRA JÚNIOR

ADVOGADOS: MARCUS FLÁVIO HORTA CALDEIRA E OUTRO(S) ELLIS HERMYDIO FIGUEIRA

EMENTA DIREITO PROCESSUAL CIVIL E CONSUMIDOR. CONTRATO DE ADESÃO. CONVENÇÃO DE ARBITRAGEM. LIMITES E EXCEÇÕES. ARBITRAGEM EM CONTRATOS DE FINANCIAMENTO IMOBILIÁRIO. CABIMENTO. LIMITES.

1. Com a promulgação da Lei de Arbitragem, passaram a conviver, em harmonia, três regramentos de diferentes graus de especificidade: (i) a regra geral, que obriga a observância da arbitragem quando pactuada pelas partes, com derrogação da jurisdição estatal; (ii) a regra específica, contida no art. 4º, § 2º, da Lei nº 9.307/96 e aplicável a contratos de adesão genéricos, que restringe a eficácia da cláusula compromissória; e (iii) a regra ainda mais específica, contida no art. 51, VII, do CDC, incidente sobre contratos derivados de relação de consumo, sejam eles de adesão ou não, impondo a nulidade de cláusula que determine a utilização compulsória da arbitragem, ainda que satisfeitos os requisitos do art. 4º, § 2º, da Lei nº 9.307/96.

2. O art. 51, VII, do CDC se limita a vedar a adoção prévia e compulsória da arbitragem, no momento da celebração do contrato, mas não impede que, posteriormente, diante de eventual litígio, havendo consenso entre as partes (em especial a aquiescência do consumidor), seja instaurado o procedimento arbitral.

3. As regras dos arts. 51, VIII, do CDC e 34 da Lei nº 9.514/97 não são incompatíveis. Primeiro porque o art. 34 não se refere exclusivamente a financiamentos imobiliários sujeitos ao CDC e segundo porque, havendo relação de consumo, o dispositivo legal não fixa o momento em que deverá ser definida a efetiva utilização da arbitragem.

4. Recurso especial a que se nega provimento.

***

RECURSO ESPECIAL Nº 1.302.900 – MG (2012/0006413-5)
RELATOR: MINISTRO SIDNEI BENETI
RECORRENTE: SAMARCO MINERAÇÃO S/A
ADVOGADO: JOÃO DÁCIO ROLIM E OUTRO(S)
RECORRIDO: ARISTIDES LUIZ VITÓRIO
ADVOGADO: ANTÔNIO MARQUES CARRARO JÚNIOR E OUTRO(S)
EMENTA DIREITO CIVIL E PROCESSUAL CIVIL. ARBITRAGEM. ACORDO OPTANDO PELA ARBITRAGEM HOMOLOGADO EM JUÍZO. PRETENSÃO ANULATÓRIA. COMPETÊNCIA DO JUÍZO ARBITRAL. INADMISSIBILIDADE DA JUDICIALIZAÇÃO PREMATURA.

1.- Nos termos do artigo 8º, parágrafo único, da Lei de Arbitragem a alegação de nulidade da cláusula arbitral instituída em Acordo Judicial homologado e, bem assim, do contrato que a contém, deve ser submetida, em primeiro lugar, à decisão do próprio árbitro, inadmissível a judicialização prematura pela via oblíqua do retorno ao Juízo.

2.- Mesmo no caso de o acordo de vontades no qual estabelecida a cláusula arbitral no caso de haver sido homologado judicialmente, não se admite prematura ação anulatória diretamente perante o Poder Judiciário, devendo ser preservada a solução arbitral, sob pena de se abrir caminho para a frustração do instrumento alternativo de solução da controvérsia.

3.- Extingue-se, sem julgamento do mérito (CPC, art. 267, VII), ação que visa anular acordo de solução de controvérsias via arbitragem, preservando-se a jurisdição arbitral consensual para o julgamento das controvérsias entre as partes, ante a opção das partes pela forma alternativa de jurisdição.

4.- Recurso Especial provido e sentença que julgou extinto o processo judicial restabelecida.

***

RECURSO ESPECIAL Nº 1.288.251 – MG (2011/0250287-8)
RELATOR: MINISTRO SIDNEI BENETI

RECORRENTE: ÁLVARO DE SOUZA TAVARES
ADVOGADO: WELLINGTON QUEIROZ DE CASTRO E OUTRO(S)
RECORRIDO: SAMARCO MINERAÇÃO S/A
ADVOGADO: PATRÍCIA PILO B REDIG E OUTRO(S)
EMENTA DIREITO CIVIL E PROCESSUAL CIVIL. ARBITRAGEM. ACORDO OPTANDO PELA ARBITRAGEM HOMOLOGADO EM JUÍZO. PRETENSÃO ANULATÓRIA. COMPETÊNCIA DO JUÍZO ARBITRAL. INADMISSIBILIDADE DA JUDICIALIZAÇÃO PREMATURA.

1.- Nos termos do artigo 8º, parágrafo único, da Lei de Arbitragem a alegação de nulidade da cláusula arbitral instituída em Acordo Judicial homologado e, bem assim, do contrato que a contém, deve ser submetida, em primeiro lugar, à decisão do próprio árbitro, inadmissível a judicialização prematura pela via oblíqua do retorno ao Juízo.

2.- Mesmo no caso de o acordo de vontades no qual estabelecida a cláusula arbitral no caso de haver sido homologado judicialmente, não se admite prematura ação anulatória diretamente perante o Poder Judiciário, devendo ser preservada a solução arbitral, sob pena de se abrir caminho para a frustração do instrumento alternativo de solução da controvérsia.

3.- Extingue-se, sem julgamento do mérito (CPC, art. 267, VII), ação que visa anular acordo de solução de controvérsias via arbitragem, preservando-se a jurisdição arbitral consensual para o julgamento das controvérsias entre as partes, ante a opção das partes pela forma alternativa de jurisdição.

4.- Recurso Especial a que se nega provimento.

***

RECURSO ESPECIAL Nº 935.003 – BA (2006/0267942-5)
RELATOR: MINISTRO RICARDO VILLAS BÔAS CUEVA
RECORRENTE: APOTEX DO BRASIL LTDA
ADVOGADOS: FLÁVIO LUIZ YARSHELL E OUTRO(S) CARLOS ROBERTO FORNES MATEUCCI E OUTRO(S) MAISE GERBASI MORELLI PAULO ROBERTO MURRAY JOSÉ LUIZ CABELLO CAMPOS E OUTRO(S)

RECORRIDO: DPM BAHIA DISTRIBUIDORA DE PERFUMARIA E MEDICAMENTOS LTDA E OUTROS

ADVOGADO: ARNALDO ROCHA MUNDIM JÚNIOR

INTERES.: ALBERTO MURRAY NETO

ADVOGADO: CARLOS ROBERTO FORNES MATEUCCI E OUTRO(S)

EMENTA RECURSO ESPECIAL. DIREITO PROCESSUAL CIVIL. AÇÃO DE INDENIZAÇÃO. NEGATIVA DE PRESTAÇÃO JURISDICIONAL. ART. 535 DO CPC. NÃO OCORRÊNCIA. PREQUESTIONAMENTO. AUSÊNCIA. SÚMULA Nº 211/STJ. RETIFICAÇÃO DE VOTO. POSSIBILIDADE, ATÉ A PROCLAMAÇÃO DO RESULTADO FINAL DO JULGAMENTO. AGRAVO RETIDO. MATÉRIA PRELIMINAR AO JULGAMENTO DA APELAÇÃO. CLÁUSULA COMPROMISSÓRIA E LAUDO ARBITRAL. REEXAME DE CLÁUSULAS CONTRATUAIS E DE PROVAS. INVIABILIDADE. SÚMULAS Nº 5 E Nº 7/STJ. PRECEDENTES DO SUPERIOR TRIBUNAL DE JUSTIÇA E DOUTRINA.

1. Não há falar em negativa de prestação jurisdicional se o tribunal de origem motiva adequadamente sua decisão, solucionando a controvérsia com a aplicação do direito que entende cabível à hipótese, apenas não no sentido pretendido pela parte.

2. A ausência de prequestionamento da matéria suscitada no recurso especial, a despeito da oposição de embargos de declaração, impede o conhecimento do recurso especial (Súmula nº 211 do STJ).

3. Nos órgãos colegiados dos tribunais, enquanto não encerrado o julgamento – pela proclamação do resultado final, após a coleta de todos os votos – qualquer dos seus membros pode retificar o voto anteriormente proferido, inclusive quanto a questões preliminares já apreciadas.

4. O agravo retido, apesar de constituir recurso distinto da apelação, com objeto e fundamento próprios, possui sua apreciação condicionada, não só à reiteração expressa nas razões ou na resposta da apelação, mas também à própria admissibilidade do recurso de apelação. Constitui, portanto, matéria preliminar ao julgamento da apelação.

5. As conclusões da Corte de origem acerca da inaplicabilidade da cláusula compromissária ao caso dos autos, bem como da ausência de identidade entre a causa de pedir e pedido desta ação de indenização e o conflito que gerou a instalação do juízo arbitral, decorreram inques-

tionavelmente do exame das cláusulas insertas no acordo de quotistas e da análise do conjunto probatório dos autos. A revisão desse entendimento é procedimento inadmissível no âmbito do recurso especial, nos termos das Súmulas nº 5 e nº 7/STJ.

6. Recurso especial conhecido em parte e, nessa parte, não provido.

***

RECURSO ESPECIAL Nº 880.049 – RS (2006/0186859-0)

RELATOR: MINISTRO BENEDITO GONÇALVES

R.P/ACÓRDÃO: MINISTRO HAMILTON CARVALHIDO

RECORRENTE: MINISTÉRIO PÚBLICO DO ESTADO DO RIO GRANDE DO SUL

RECORRIDO: ACYR GIRONDI

ADVOGADO: ZOLAIR ZANCHI E

OUTRO INTERES.: DAMASIO SOBIESIEAK

ADVOGADO: EDUARDO ANTONIO LUCHO FERRÃO E OUTRO(S)

INTERES.: ESTADO DO RIO GRANDE DO SUL

EMENTA RECURSO ESPECIAL. DIREITO PROCESSUAL CIVIL. AÇÃO DE INDENIZAÇÃO POR DANOS MORAIS AJUIZADA CONTRA PROMOTOR DE JUSTIÇA. MINISTÉRIO PÚBLICO. INTERVENÇÃO. DESNECESSIDADE. LEGITIMIDADE PARA RECORRER. AUSÊNCIA.

1. Somente a parte sucumbente, o terceiro prejudicado e o Ministério Público, enquanto parte ou fiscal da lei, podem recorrer (Código de Processo Civil, artigo 499).

2. Em se cuidando de ação indenizatória por dano moral, proposta contra promotor de justiça, não há falar na intervenção do Ministério Público Estadual como custos legis, faltando-lhe, assim, legitimidade para recorrer, eis que também não ostenta a qualidade de parte.

3. Recurso especial não conhecido.

***

RECURSO ESPECIAL Nº 933.371 – RJ (2007/0050090-8)

RELATOR: MINISTRO ARNALDO ESTEVES LIMA

RECORRENTE: ITAIPU BINACIONAL
ADVOGADO: SERGIO BERMUDES E OUTRO(S)
RECORRIDO: LOGOS ENGENHARIA S/A
ADVOGADOS: VERA CARLA NELSON CRUZ SILVEIRA ANTÔNIO GLAUCIUS DE MORAIS E OUTRO(S)

EMENTA ADMINISTRATIVO E PROCESSUAL CIVIL. RECURSO ESPECIAL. LEI 9.307/96 – LEI DE ARBITRAGEM. APLICAÇÃO IMEDIATA. CONTRATO CELEBRADO ANTES DE SUA VIGÊNCIA. POSSIBILIDADE. PRECEDENTES DO STJ. CLÁUSULA CONTRATUAL DE ARBITRAGEM. QUESTÃO NÃO EXAMINADA PELO TRIBUNAL REGIONAL. SENTENÇA MANTIDA POR NOVO FUNDAMENTO, ORA REFORMADO. RECURSO PARCIALMENTE PROVIDO.

1. A Corte Especial deste STJ, por ocasião do julgamento da Sentença Estrangeira 349/EX, de relatoria da Min. ELIANA CALMON (DJ 21/5/07), pacificou entendimento no sentido de que as disposições contidas na Lei 9.307/96 têm incidência imediata nos contratos em que estiver incluída cláusula arbitral, inclusive naqueles celebrados anteriormente à sua vigência, ante a natureza processual da referida norma. Naquela oportunidade, S.Exa. confirmou orientação consagrada no REsp 712.566/RJ (Rel. Min. NANCY ANDRIGHI, DJ 5/9/05) e na SEC 5.847-1, do Supremo Tribunal Federal (Rel. Min. MAURÍCIO CORRÊA, DJ 17/12/99).

2. Colhe-se do voto condutor da Min. NANCY ANDRIGHI no REsp 712.566/RJ, que: "... com a alteração do art. 267, VII, do CPC pela Lei de Arbitragem, a pactuação tanto do compromisso como da cláusula arbitral passou a ser considerada hipótese de extinção do processo sem julgamento do mérito". Assim, "impõe-se a extinção do processo sem julgamento do mérito se, quando invocada a existência de cláusula arbitral, já vigorava a Lei de Arbitragem, ainda que o contrato tenha sido celebrado em data anterior à sua vigência, pois, as normas processuais têm aplicação imediata". Ademais, "pelo Protocolo de Genebra de 1923, subscrito pelo Brasil, a eleição de compromisso ou cláusula arbitral imprime às partes contratantes a obrigação de submeter eventuais conflitos à arbitragem, ficando afastada a solução judicial. Nos contratos internacionais, devem prevalecer os princípios gerais de direito internacional em detrimento da normatização específica de cada país, o que justifica a análise da cláusula arbitral sob a ótica do Protocolo de Genebra de 1923".

3. Não prosperam os argumentos expendidos pela empresa recorrida, na medida em que: a) o recurso especial não encontra óbice na Súmula 5/STJ, porquanto não se trata de interpretar as Cláusulas Contratuais 6.2 e 6.3, mas analisar os efeitos temporais da Lei de Arbitragem, impondo, ou não, sua aplicação aos contratos celebrados anteriormente à sua vigência; b) também não incidem as Súmulas 282, 283 e 356/STF, uma vez que os temas relativos à existência no contrato de cláusula de arbitragem e atinentes à prescrição foram devidamente prequestionados na instância de origem, assim como todos os fundamentos essenciais do acórdão recorrido, inerentes a essa questão, foram impugnados na petição recursal; e c) houve a correta comprovação da divergência jurisprudencial, inclusive com a juntada de acórdãos paradigmas que demonstravam a similitude fática entre os casos confrontados.

4. Lado outro, as referências superficiais constantes das notas taquigráficas em relação a efetividade das cláusulas contratuais de arbitramento à hipótese, o foram de forma meramente incidental e concisa, verdadeiro obiter dictum, não integrando o decisum, este, sim, representado pelo voto claro e preciso do relator em seu fundamento nuclear, qual seja, a não aplicação da Lei de Arbitragem ao caso por ter sido o contrato celebrado anteriormente à sua vigência.

5. Uma vez reformado o acórdão recorrido, e impossibilitado a este Tribunal Superior examinar cláusulas contratuais, por óbice da Súmula 5/STJ, devem os autos retornar ao Tribunal de origem para pronunciamento explicito quanto ao fundamento primordial adotado na sentença de procedência, afastando, assim, inclusive, eventual risco de supressão de grau jurisdicional, diante da dúvida, plausível, quanto ao exame, ou não, de tal aspecto pelo TRF2.

5. Recurso Especial parcialmente provido para afastar o fundamento da irretroatividade da Lei de Arbitragem ao contrato celebrado anteriormente à sua vigência e determinar o retorno dos autos ao TRF2 para novo julgamento do recurso de apelação, no ponto em foco. Prejudicadas demais questões.

***

RECURSO ESPECIAL Nº 944.917 – SP (2007/0093096-6)
RELATORA: MINISTRA NANCY ANDRIGHI

RECORRENTE: COROL COOPERATIVA AGROINDUSTRIAL
ADVOGADO: MARCUS VINÍCIUS BOSSA GRASSANO E OUTRO(S)
RECORRIDO: ITOCHU INTERNATIONAL INC E OUTROS
ADVOGADOS: DÉBORA RIBEIRO FLEISCHMANN E OUTRO(S)
CARLOS FELIPE DE AGUIAR NERY E OUTRO(S)
INTERES.: COOPERATIVA DOS AGRICULTORES DA REGIÃO DE ORLÂNDIA CAROL
ADVOGADO: JOSÉ JORGE MARCUSSI E OUTRO(S)
INTERES.: COOPERMOTA COOPERATIVA DOS CAFEICULTORES DA MEDIA SOROCABANA E OUTROS
ADVOGADO: PIERRE MOREAU E OUTRO(S)

EMENTA PROCESSO CIVIL. POSSIBILIDADE DE EXECUÇÃO DE TÍTULO QUE CONTÉM CLÁUSULA COMPROMISSÓRIA. EXCEÇÃO DE PRÉ-EXECUTIVIDADE AFASTADA. CONDENAÇÃO EM HONORÁRIOS DEVIDA. – Deve-se admitir que a cláusula compromissória possa conviver com a natureza executiva do título. Não se exige que todas as controvérsias oriundas de um contrato sejam submetidas à solução arbitral. Ademais, não é razoável exigir que o credor seja obrigado a iniciar uma arbitragem para obter juízo de certeza sobre uma confissão de dívida que, no seu entender, já consta do título executivo. Além disso, é certo que o árbitro não tem poder coercitivo direto, não podendo impor, contra a vontade do devedor, restrições a seu patrimônio, como a penhora, e nem excussão forçada de seus bens. – São devidos honorários tanto na procedência quanto na improcedência da exceção de pré-executividade, desde que nesta última hipótese tenha se formado contraditório sobre a questão levantada. Recurso Especial improvido.

***

AgRg no RECURSO ESPECIAL Nº 936.372 – PB (2007/0064713-9)
RELATOR: MINISTRO HERMAN BENJAMIN
AGRAVANTE: UNIÃO
AGRAVADO: JOSÉ DOS SANTOS
ADVOGADO: SEM REPRESENTAÇÃO NOS AUTOS

EMENTA RECURSO ESPECIAL. PROCESSO CIVIL. PROCESSO DE EXECUÇÃO. TÍTULO EXTRAJUDICIAL. EXTINÇÃO POR

ABANDONO. ARTIGO 267, INCISO III, § 1º, DO CPC. AUSÊNCIA DE INTIMAÇÃO PESSOAL DO CREDOR. SÚMULA 7/STJ. EXECUÇÃO NÃO EMBARGADA. SÚMULA 240/STJ. INAPLICABILIDADE.

1. Extingue-se o processo, sem resolução de mérito, quando o autor abandonar a causa por mais de 30 (trinta) dias e quedar-se silente após ser intimado, pessoalmente, a fim de dar prosseguimento ao feito em 48 (quarenta e oito) horas.

2. Hipótese em que o Tribunal de origem afirmou expressamente que a exeqüente foi intimada de acordo com o art. 267, III, § 1º, do CPC. Rever essa questão ensejaria o reexame de matéria fática (Súmula 7/STJ).

3. A Súmula 240 não se refere à execução não embargada. Precedentes do STJ.

4. Agravo Regimental não provido.

***

AgRg no MANDADO DE SEGURANÇA Nº 11.308 - DF (2005/0212763-0)

RELATOR: MINISTRO LUIZ FUX

AGRAVANTE: UNIÃO

PROCURADOR: MOACIR ANTÔNIO MACHADO DA SILVA

AGRAVADO: TMC TERMINAL MULTIMODAL DE COROA GRANDE SPE S/A

ADVOGADO: MÁRCIO HERLEY TRIGO DE LOUREIRO E OUTROS

EMENTA ADMINISTRATIVO. MANDADO DE SEGURANÇA. PERMISSÃO DE ÁREA PORTUÁRIA. CELEBRAÇÃO DE CLÁUSULA COMPROMISSÓRIA. JUÍZO ARBITRAL. SOCIEDADE DE ECONOMIA MISTA. POSSIBILIDADE. ATENTADO.

1. Mandado de segurança impetrado contrato do Ministro de Estado da Ciência e Tecnologia, ante a publicação da Portaria Ministerial nº 782, publicada no dia 07 de dezembro de 2005, que anuiu com a rescisão contratual procedida pela empresa NUCLEBRÁS EQUIPAMENTOS PESADOS S/A - NUCLEP, com a ora impetrante, empresa TMC - TERMINAL MULTIMODAL DE COROA GRANDE -SPE - S/A.

2. Razões do pedido apoiadas nas cláusulas 21.1 e 21.2, do Contrato de Arrendamento para Administração, Exploração e Operação do Terminal Portuário e de Área Retroportuária (Complexo Portuário),

lavrado em 16/12/1997 (fls.31/42), de seguinte teor: "Cláusula 21.1 – Para dirimir as controvérsias resultantes deste Contrato e que não tenham podido ser resolvidas por negociações amigáveis, fica eleito o foro da Comarca do Rio de Janeiro, RJ, em detrimento de outro qualquer, por mais privilegiado que seja. Cláusula 21.2 – Antes de ingressar em juízo, as partes recorrerão ao processo de arbitragem previsto na Lei 9.307, de 23.09.06.

3. Questão gravitante sobre ser possível o juízo arbitral em contrato administrativo, posto relacionar-se a direitos indisponíveis.

4. O STF, sustenta a legalidade do juízo arbitral em sede do Poder Público, consoante precedente daquela corte acerca do tema, in "Da Arbitrabilidade de Litígios Envolvendo Sociedades de Economia Mista e da Interpretação de Cláusula Compromissória", publicado na Revista de Direito Bancário do Mercado de Capitais e da Arbitragem, Editora Revista dos Tribunais, Ano 5, outubro – dezembro de 2002, coordenada por Arnold Wald, e de autoria do Ministro Eros Grau, esclarece às páginas 398/399, in litteris: "Esse fenômeno, até certo ponto paradoxal, pode encontrar inúmeras explicações, e uma delas pode ser o erro, muito comum de relacionar a indisponibilidade de direitos a tudo quanto se puder associar, ainda que ligeiramente, à Administração." Um pesquisador atento e diligente poderá facilmente verificar que não existe qualquer razão que inviabilize o uso dos tribunais arbitrais por agentes do Estado. Aliás, os anais do STF dão conta de precedente muito expressivo, conhecido como 'caso Lage', no qual a própria União submeteu-se a um juízo arbitral para resolver questão pendente coma Organização Lage, constituída de empresas privadas que se dedicassem a navegação, Documento: 635893 – Inteiro Teor do Acórdão – Site certificado – DJ: 14/08/2006 Página 1de 5 Superior Tribunal de Justiça estaleiros e portos. A decisão nesse caso unanimemente proferida pelo Plenário do STF é de extrema importância porque reconheceu especificamente 'a legalidade do juízo arbitral, que o nosso direito sempre admitiu e consagrou, até mesmo nas causas contra a Fazenda.' Esse acórdão encampou a tese defendida em parecer da lavra do eminente Castro Nunes e fez honra a acórdão anterior, relatado pela autorizada pena do Min, Amaral Santos. Não só o uso da arbitragem não é defeso aos agentes da administração, como, antes é recomendável, posto que privilegia o interesse público," (...) (grifou-se)

5. Contudo, naturalmente não seria todo e qualquer direito público sindicável na via arbitral, mas somente aqueles conhecidos como "disponíveis", porquanto de natureza contratual ou privada.

6. A escorreita exegese da dicção legal impõe a distinção jus-filosófica entre o interesse público primário e o interesse da administração, cognominado "interesse público secundário". Lições de Carnelutti, Renato Alessi, Celso Antônio Bandeira de Mello e Min. Eros Roberto Grau.

7. O Estado, quando atestada a sua responsabilidade, revela-se tendente ao adimplemento da correspectiva indenização, coloca-se na posição de atendimento ao "interesse público". Ao revés, quando visa a evadir-se de sua responsabilidade no afã de minimizar os seus prejuízos patrimoniais, persegue nítido interesse secundário, subjetivamente pertinente ao aparelho estatal em subtrair-se de despesas, engendrando locupletamento à custa do dano alheio.

8. Deveras, é assente na doutrina e na jurisprudência que indisponível é o interesse público, e não o interesse da administração.

9. Nesta esteira, saliente-se que dentre os diversos atos praticados pela Administração, para a realização do interesse público primário, destacam-se aqueles em que se dispõe de determinados direitos patrimoniais, pragmáticos, cuja disponibilidade, em nome do bem coletivo, justifica a convenção da cláusula de arbitragem em sede de contrato administrativo.

10. Nestes termos, as sociedades de economia mista, encontram-se em situação paritária em relação às empresas privadas nas suas atividades comerciais, consoante leitura do artigo 173, § 1º, inciso II, da Constituição Federal, evidenciando-se a inocorrência de quaisquer restrições quanto à possibilidade de celebrarem convenções de arbitragem para solução de conflitos de interesses, uma vez legitimadas para tal as suas congêneres.

11. Destarte, é assente na doutrina que "Ao optar pela arbitragem o contratante público não está transigindo com o interesse público, nem abrindo mão de instrumentos de defesa de interesses públicos, Está, sim, escolhendo uma forma mais expedita, ou um meio mais hábil, para a defesa do interesse público. Assim como o juiz, no procedimento judicial deve ser imparcial, também o árbitro deve decidir com imparcialidade, O interesse público não se confunde com o mero interesse da

Administração ou da Fazenda Pública; o interesse público está na correta aplicação da lei e se confunde com a realização correta da Justiça." (grifou-se) (In artigo intitulado "Da Validade de Convenção de Arbitragem Pactuada por Sociedade de Economia Mista", de autoria dos professores Arnold Wald, Atlhos Gusmão Carneiro, Miguel Tostes de Alencar e Ruy Janoni Doutrado, Documento: 635893 – Inteiro Teor do Acórdão – Site certificado – DJ: 14/08/2006 Página 2 de 5 Superior Tribunal de Justiça publicado na Revista de Direito Bancário do Mercado de Capitais e da Arbitragem, nº 18, ano 5, outubro-dezembro de 2002, página 418.)

12.Em verdade, não há que se negar a aplicabilidade do juízo arbitral em litígios administrativos, em que presente direitos patrimoniais do Estado, mas ao contrário, até mesmo incentivá-la, porquanto mais célere, nos termos do artigo 23 da Lei 8987/95, que dispõe acerca de concessões e permissões de serviços e obras públicas, que prevê em seu inciso XV, entre as cláusulas essenciais do contrato de concessão de serviço público, as relativas ao "foro e ao modo amigável de solução de divergências contratuais"

13. Precedentes do Supremo Tribunal Federal: SE 5206 AgR / EP, de relatoria do Min. SEPÚLVEDA PERTENCE, publicado no DJ de 30-04-2004 e AI. 52.191, Pleno, Rel. Min. Bilac Pinto. in RTJ 68/382 – "Caso Lage". Cite-se ainda MS 199800200366-9, Conselho Especial, TJDF, J. 18.05.1999, Relatora Desembargadora Nancy Andrighi, DJ 18.08.1999,

14. Assim, é impossível desconsiderar a vigência da Lei 9.307/96 e do artigo 267, inc. VII do CPC, que se aplicam inteiramente à matéria sub judice, afastando definitivamente a jurisdição estatal no caso dos autos, sob pena de violação ao princípio do juízo natural (artigo 5º, LII da Constituição Federal de 1988).

15.É cediço que o juízo arbitral não subtrai a garantia constitucional do juiz natural, ao contrário, implica realizá-la, porquanto somente cabível por mútua concessão entre as partes, inaplicável, por isso, de forma coercitiva, tendo em vista que ambas as partes assumem o "risco" de serem derrotadas na arbitragem. Precedente: Resp nº 450881 de relatoria do Ministro Castro Filho, publicado no DJ 26.05.2003:

16. Deveras, uma vez convencionado pelas partes cláusula arbitral, será um árbitro o juiz de fato e de direito da causa, e a decisão que então proferir não ficará sujeita a recurso ou à homologação judicial, segundo

dispõe o artigo 18 da Lei 9.307/96, o que significa dizer que terá os mesmos poderes do juiz togado, não sofrendo restrições na sua competência.

17. Outrossim, vige na jurisdição privada, tal como sucede naquela pública, o princípio do Kompetenz-Kompetenz, que estabelece ser o próprio juiz quem decide a respeito de sua competência.

18. Consequentemente, o fumus boni iuris assenta-se não apenas na cláusula compromissória, como também em decisão judicial que não pode ser infirmada por Portaria ulterior, porquanto a isso corresponderia verdadeiro "atentado" (art. 880 do CPC) em face da sentença proferida pelo Juízo da 42ª Vara Cível da Comarca do Rio de Janeiro

19. Agravo Regimental desprovido.

***

RECURSO ESPECIAL Nº 612.439 - RS (2003/0212460-3)

RELATOR: MINISTRO JOÃO OTÁVIO DE NORONHA

RECORRENTE: AES URUGUAIANA EMPREENDIMENTOS LTDA ADVOGADO: ARNOLDO WALD E OUTRO

RECORRIDO: COMPANHIA ESTADUAL DE ENERGIA ELÉTRICA CEEE

ADVOGADO: MARCELO SILVEIRA TORCATO E OUTROS

EMENTA PROCESSO CIVIL. JUÍZO ARBITRAL. CLÁUSULA COMPROMISSÓRIA. EXTINÇÃO DO PROCESSO. ART. 267, VII, DO CPC. SOCIEDADE DE ECONOMIA MISTA. DIREITOS DISPONÍVEIS. EXTINÇÃO DA AÇÃO CAUTELAR PREPARATÓRIA POR INOBSERVÂNCIA DO PRAZO LEGAL PARA A PROPOSIÇÃO DA AÇÃO PRINCIPAL.

1. Cláusula compromissória é o ato por meio do qual as partes contratantes formalizam seu desejo de submeter à arbitragem eventuais divergências ou litígios passíveis de ocorrer ao longo da execução da avença. Efetuado o ajuste, que só pode ocorrer em hipóteses envolvendo direitos disponíveis, ficam os contratantes vinculados à solução extrajudicial da pendência.

2. A eleição da cláusula compromissória é causa de extinção do processo sem julgamento do mérito, nos termos do art. 267, inciso VII, do Código de Processo Civil.

3. São válidos e eficazes os contratos firmados pelas sociedades de economia mista exploradoras de atividade econômica de produção ou

comercialização de bens ou de prestação de serviços (CF, art. 173, § 1º) que estipulem cláusula compromissória submetendo à arbitragem eventuais litígios decorrentes do ajuste.

4. Recurso especial parcialmente provido.

***

RECURSO ESPECIAL Nº 712.566 – RJ (2004/0180930-0)

RELATORA: MINISTRA NANCY ANDRIGHI

RECORRENTE: ESPAL REPRESENTAÇÕES E CONTA PRÓPRIA LTDA

ADVOGADO: GUILHERME STUSSI NEVES E OUTROS

RECORRIDO: WILHELM FETTE GMBH

ADVOGADO: JOSÉ EDUARDO COELHO BRANCO JUNQUEIRA FERRAZ E OUTROS EMENTA Processual civil. Recurso especial. Cláusula arbitral. Lei de Arbitragem. Aplicação imediata. Extinção do processo sem julgamento de mérito. Contrato internacional. Protocolo de Genebra de 1923. – Com a alteração do art. 267, VII, do CPC pela Lei de Arbitragem, a pactuação tanto do compromisso como da cláusula arbitral passou a ser considerada hipótese de extinção do processo sem julgamento do mérito. – Impõe-se a extinção do processo sem julgamento do mérito se, quando invocada a existência de cláusula arbitral, já vigorava a Lei de Arbitragem, ainda que o contrato tenha sido celebrado em data anterior à sua vigência, pois, as normas processuais têm aplicação imediata. – Pelo Protocolo de Genebra de 1923, subscrito pelo Brasil, a eleição de compromisso ou cláusula arbitral imprime às partes contratantes a obrigação de submeter eventuais conflitos à arbitragem, ficando afastada a solução judicial. – Nos contratos internacionais, devem prevalecer os princípios gerais de direito internacional em detrimento da normatização específica de cada país, o que justifica a análise da cláusula arbitral sob a ótica do Protocolo de Genebra de 1923. Precedentes. Recurso especial parcialmente conhecido e improvido.

***

Art. 42. O art. 520 do Código de Processo Civil passa a ter mais um inciso, com a seguinte redação:

"Art. 520..

VI – julgar procedente o pedido de instituição de arbitragem."

1. Apelação sem Efeito Suspensivo. Via de regra o recurso de apelação é dotado dos efeitos suspensivo e devolutivo. Mas existem algumas exceções e a Lei de Arbitragem impôs mais uma, que a bem da verdade já estava e permanece no Código (Art. 1.012, § 1º, inc. IV). Com essa alteração, o recurso de apelação da sentença arbitral deixou de ter efeito suspensivo. Dessa maneira, a sentença que julgue improcedente a ação de instituição de arbitragem pode ser executada provisoriamente de acordo com as regras do art. 1.012 do Código de Processo Civil (art. 520 do Código de Processo Civil de 1973). E tal dispositivo se justifica pelos princípios do *favor arbitralis* e a presunção de manutenção da sentença arbitral.

Art. 43. Esta Lei entrará em vigor sessenta dias após a data de sua publicação (1).

1. *Vacatio legis.* Embora o instituto da arbitragem não fosse novo no Brasil, estabeleceu-se um período da adaptação dadas as relevantes alterações. Surgiu na jurisprudência uma discussão grande acerca da aplicação da Lei de Arbitragem para convenções de arbitragem celebradas antes da sua entrada em vigor. A conclusão do STJ foi a de que a Lei de Arbitragem, por ser de natureza processual, se aplicava diretamente e imediatamente a essas convenções. Tal entendimento foi inclusive sumulado pelo referido tribunal.

STJ - Súmula 485, REsp 712566, REsp 791260, REsp 934771, SEC 894, SEC 831, SEC 349 e REsp 712566.

Súmula 485

A Lei de Arbitragem aplica-se aos contratos que contenham cláusula arbitral, ainda que celebrados antes da sua edição. (SÚMULA 485, CORTE ESPECIAL, julgado em 28/06/2012, DJe 01/08/2012)

***

RECURSO ESPECIAL Nº 712.566 – RJ (2004/0180930-0)

RELATORA: MINISTRA NANCY ANDRIGHI

RECORRENTE: ESPAL REPRESENTAÇÕES E CONTA PRÓPRIA LTDA

ADVOGADO: GUILHERME STUSSI NEVES E OUTROS

RECORRIDO: WILHELM FETTE GMBH

ADVOGADO: JOSÉ EDUARDO COELHO BRANCO JUNQUEIRA FERRAZ E OUTROS EMENTA Processual civil. Recurso especial. Cláusula arbitral. Lei de Arbitragem. Aplicação imediata. Extinção do processo sem julgamento de mérito. Contrato internacional. Protocolo de Genebra de 1923. - Com a alteração do art. 267, VII, do CPC pela Lei de Arbitragem, a pactuação tanto do compromisso como da cláusula arbitral passou a ser considerada hipótese de extinção do processo sem julgamento do mérito. - Impõe-se a extinção do processo sem julgamento do mérito se, quando invocada a existência de cláusula arbitral, já vigorava a Lei de Arbitragem, ainda que o contrato tenha sido celebrado em data anterior à sua vigência, pois, as normas processuais têm aplicação imediata. – Pelo Protocolo de Genebra de 1923, subscrito pelo Brasil, a eleição de compromisso ou cláusula arbitral imprime às partes contratantes a obrigação de submeter eventuais conflitos à arbitragem, ficando afastada a solução judicial. – Nos contratos internacionais, devem prevalecer os princípios gerais de direito internacional em detrimento da normatização específica de cada país, o que justifica a análise da cláusula arbitral sob a ótica do Protocolo de Genebra de 1923. Precedentes. Recurso especial parcialmente conhecido e improvido.

***

RECURSO ESPECIAL Nº 791.260 – RS (2005/0175166-1)

RELATOR: MINISTRO PAULO FURTADO (DESEMBARGADOR CONVOCADO DO TJ/BA)

RECORRENTE: AESCOM SUL LTDA

ADVOGADOS: GILBERTO DEON CORRÊA JUNIOR E OUTRO(S) GUILHERME HENRIQUE MAGALDI NETTO ARTHUR LIMA GUEDES

ADVOGADA: PATRICIA VASQUES DE LYRA PESSOA

RECORRIDO: DARIO BRANDÃO BESTETTI E OUTROS

ADVOGADO: GUILHERME PUCHALSKI TEIXEIRA E OUTRO(S) EMENTA PROCESSUAL CIVIL.

ARBITRAGEM. OBRIGATORIEDADE DA SOLUÇÃO DO LITÍGIO PELA VIA ARBITRAL, QUANDO EXISTENTE CLÁUSULA PREVIAMENTE AJUSTADA ENTRE AS PARTES NESTE SENTIDO. INTELIGÊNCIA DOS ARTS. 1º, 3º e 7º DA LEI 9.307/96. PRECEDENTES. PROVIMENTO NESTE PONTO. ALEGADA OFENSA AO ART. 535 DO CPC. NÃO OCORRÊNCIA. RECURSO ESPECIAL PARCIALMENTE PROVIDO.

***

RECURSO ESPECIAL Nº 934.771 – SP (2007/0063183-9)

RELATOR: MINISTRO LUIS FELIPE SALOMÃO

RECORRENTE: LABORATÓRIO DOM PEDRO II SOCIEDADE CIVIL LTDA E OUTROS

ADVOGADO: MICHEL CALFAT ABUSSAMRA E OUTRO(S)
RECORRIDO: FUNDAÇÃO NELSON LÍBERO
ADVOGADO: ANTÔNIO JOSÉ TEIXEIRA JUNIOR E OUTRO(S)
EMENTA DIREITO CIVIL E PROCESSUAL CIVIL. OMISSÃO NÃO CONSTATADA. ARBITRAGEM. CLÁUSULA COMPROMISSÓRIA PACTUADA EM DATA PRETÉRITA AO ADVENTO DA LEI 9.307/1996. INCIDÊNCIA IMEDIATA, MESMO EM CONTRATOS CELEBRADOS ANTES DE SEU ADVENTO, DESDE QUE NELES ESTEJA INSERIDA A CLÁUSULA ARBITRAL.

1. É vedada a esta Corte apreciar violação a dispositivos constitucionais, sob pena de usurpação da competência do Supremo Tribunal Federal.

2. Não há que se falar em violação ao art. 535 do Código de Processo Civil, pois o tribunal de origem dirimiu as questões pertinentes ao litígio, afigurando-se dispensável que venha examinar uma a uma as alegações e fundamentos expendidos pelas partes.

3. Esta Corte pacificou que, tratando-se a arbitragem de instituto eminentemente processual, as disposições da Lei 9.307/96 têm incidência imediata nos contratos celebrados antecedentemente, se neles estiver inserida a cláusula arbitral.

4. No caso ora em análise, o acórdão hostilizado encontra-se em harmonia com a jurisprudência deste egrégio STJ. Incidência da Súmula 83/STJ.

5. Recurso especial a que se nega provimento

***

SENTENÇA ESTRANGEIRA CONTESTADA Nº 349 - EX (2005/0023892-2)
RELATORA: MINISTRA ELIANA CALMON
REQUERENTE: MITSUBISHI ELECTRIC CORPORATION
ADVOGADO: FÁBIO DE CAMPOS LILLA E OUTROS
REQUERIDO: EVADIN INDÚSTRIAS AMAZÔNIA S/A
ADVOGADO: CARLOS ROBERTO SIQUEIRA CASTRO E OUTROS
EMENTA SENTENÇA ESTRANGEIRA - JUÍZO ARBITRAL - CONTRATO INTERNACIONAL ASSINADO ANTES DA LEI DE ARBITRAGEM (9.307/96).

1. Contrato celebrado no Japão, entre empresas brasileira e japonesa, com indicação do foro do Japão para dirimir as controvérsias, é contrato internacional.

2. Cláusula arbitral expressamente inserida no contrato internacional, deixando superada a discussão sobre a distinção entre cláusula arbitral e compromisso de juízo arbitral (precedente: REsp 712.566/RJ).

3. As disposições da Lei 9.307/96 têm incidência imediata nos contratos celebrados antecedentemente, se neles estiver inserida a cláusula arbitral.

4. Sentença arbitral homologada.

***

SENTENÇA ESTRANGEIRA CONTESTADA Nº 831 - FR (2005/ 0031310-2)

RELATOR: MINISTRO ARNALDO ESTEVES LIMA

REQUERENTE: SPIE ENERTRANS S/A

ADVOGADO: HUGO IBEAS E OUTRO(S)

REQUERIDO: INEPAR S/A INDÚSTRIA E CONSTRUÇÕES

ADVOGADO: MARIA DE FÁTIMA TEMER BARBOSA CURSINO E OUTRO(S)

EMENTA SENTENÇA ESTRANGEIRA. JUÍZO ARBITRAL. CONTRATO INTERNACIONAL FIRMADO ANTERIORMENTE À EDIÇÃO DA LEI DE ARBITRAGEM (9.307/96). ACORDO DE CONSÓRCIO INADIMPLIDO. EMPRESA BRASILEIRA QUE INCORPORA A ORIGINAL CONTRATANTE. SENTENÇA HOMOLOGADA.

1. Acordo de consórcio internacional, com cláusula arbitral expressa, celebrado entre empresas francesa e brasileira.

2. A empresa requerida, ao incorporar a original contratante, assumiu todos os direitos e obrigações da cedente, inclusive a cláusula arbitral em questão, inserida no Acordo de Consórcio que restou por ela inadimplido.

3. Imediata incidência da Lei de Arbitragem aos contratos que contenham cláusula arbitral, ainda que firmados anteriormente à sua edição. Precedente da Corte Especial.

4. Sentença arbitral homologada.

***

SENTENÇA ESTRANGEIRA CONTESTADA Nº 894 - UY (2005/ 0203077-2)

RELATORA: MINISTRA NANCY ANDRIGHI

REQUERENTE: LITSA LÍNEAS DE TRANSMISIÓN DEL LITORAL S/A

ADVOGADO: ALEXANDRE KRUEL JOBIM E OUTRO(S)

REQUERIDO: SV ENGENHARIA S/A

ADVOGADOS: CELSO RENATO D'ÁVILA E OUTRO(S) CLÁUDIO FINKELSTEIN E OUTRO(S)

ADVOGADA: DIVINA DAS GRAÇAS TORRES E OUTRO(S)

REQUERIDO: INEPAR S/A INDÚSTRIA E CONSTRUÇÕES

ADVOGADO: CELSO RENATO D'ÁVILA E OUTRO(S)

ADVOGADA: DIVINA DAS GRAÇAS TORRES E OUTRO(S)

EMENTA Homologação de sentença arbitral estrangeira prolatada no Uruguai. Trânsito em julgado de ação judicial que contesta a sentença arbitral. Desnecessidade. Súmula 420/STF. Inaplicabilidade. Incorporação de empresa por outra. Sujeição à arbitragem. Contraditório. Violação. Inocorrência. Questões intrínsecas à própria arbitragem. Lei de Arbitragem brasileira. Norma de caráter processual. Incidência imediata. Controle judicial. Limitação aos aspectos dos arts. 38 e 39 da Lei 9.307/96. Inexistência de motivos para que seja denegada a homologação. – Pedido de homologação de sentença arbitral estrangeira obtida perante a Corte Internacional de Arbitragem da Câmara de Comércio Internacional, na cidade de Montevidéu, Uruguai, versando sobre cumprimento de obrigações de índole contratuais. – Pede-se a homologação de sentença arbitral proferida em maio de 2003 e não sujeita a recursos. Não subsiste a necessidade de trânsito em julgado de ação judicial no Uruguai que questiona a arbitragem, especialmente na espécie, em que a ação judicial foi indeferida. – A requerida Inepar, ao incorporar duas outras empresas contratantes, assumiu todos os direitos e obrigações das cedentes, inclusive a cláusula arbitral em questão. – A Lei de Arbitragem brasileira tem incidência imediata aos contratos que contenham cláusula arbitral, ainda que firmados anteriormente à sua edição. Precedentes da Corte Especial. – A análise do STJ na homologação de sentença arbitral estrangeira está limitada aos aspectos previstos nos artigos 38 e 39 da Lei 9.307/96. Não compete a esta Corte a apreciação do mérito da relação material objeto da sentença arbitral. Sentença arbitral estrangeira homologada

***

Art. 44. Ficam revogados os arts. 1.037 a 1.048 da Lei nº 3.071, de 1º de janeiro de 1916, Código Civil Brasileiro; os arts. 101 e 1.072 a 1.102 da Lei nº 5.869, de 11 de janeiro de 1973, Código de Processo Civil; e demais disposições em contrário (1).

1. Revogações expressas e tácitas. Com a entrada em vigor da Lei de Arbitragem foram revogadas as disposições relativas ao instituto constantes dos Códigos Civil de 1916 e do Código de Processo Civil de 1973, que continham capítulos específicos sobre o instituto. O Código Civil em vigor, de 2002, também contém disposições relativas à arbitragem que não conflitam com as disposições da lei. Nas discussões legislativas exclui-se a revogação de dispositivos do Código de do Consumidor, especialmente o art. 51, inc. VII, que trata da instituição de "arbitragem compulsória".

Brasília, 23 de setembro de 1996; 175º da Independência e 108º da República.

Fernando Henrique Cardoso
Nelson A. Jobim